日本《にほん》の
都市伝説《としでんせつ》
大事典《だいじてん》

監修／朝里 樹

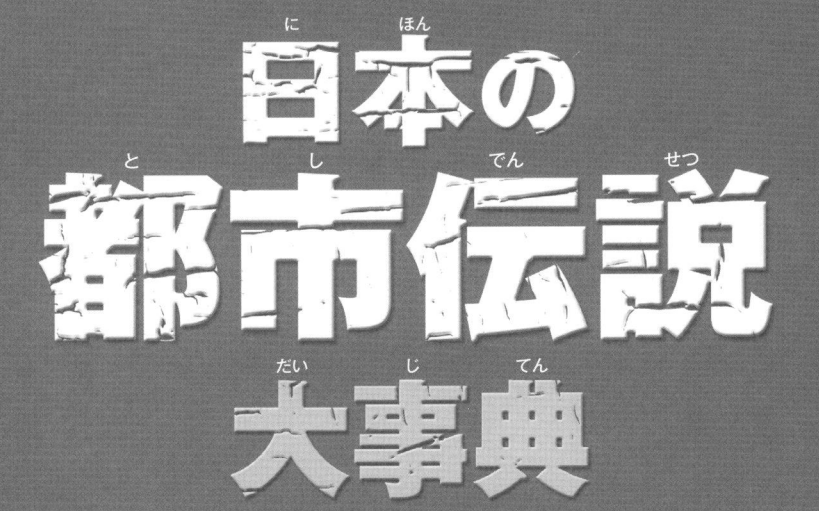

はじめに

皆《みな》さんは、都市伝説《としでんせつ》という言葉《ことば》を知《し》っているでしょうか。都市伝説《としでんせつ》は最近《さいきん》の時代《じだい》になって人々《ひとびと》の間《あいだ》でうわさされたり、語《かた》り合《あ》われるようになったりした、本当《ほんとう》かどうか分《わ》からない話《はなし》です。

その種類《しゅるい》も様々《さまざま》で、例《たと》えば芸能人《げいのうじん》のうわさであったり、犯罪者《はんざいしゃ》の話《はなし》であったり、事故《じこ》の話《はなし》であったりします。その中《なか》でも、この本《ほん》で紹介《しょうかい》するのは、不思議《ふしぎ》なものたちが登場《とうじょう》するこわい話《はなし》として語《かた》られる都市伝説《としでんせつ》です。

口裂《くちさ》け女《おんな》にトイレの花子《はなこ》さん、テケテケにひきこさんなど、そんな名前《なまえ》を聞《き》いたことがあるかもしれません。彼《かれ》らは普通《ふつう》の人間《にんげん》にはない特殊《とくしゅ》な力《ちから》を持《も》っ物《ぶつ》、怪人《かいじん》、そんな風《ふう》に呼《よ》ばれるものたちが都市伝説《としでんせつ》にはたくさん登場《とうじょう》します。

彼《かれ》らはその武器《ぶき》や能力《のうりょく》を使《つか》って、人《ひと》を傷《きず》つけたり、助《たす》けたりします。確《たし》かに彼《かれ》らはおそろしい存在《そんざい》です。でも、同時《どうじ》に楽《たの》しく、ゆかいで、魅力的《みりょくてき》でもあるのです。どんなに時代《じだい》が新《あたら》しくなって、夜《よる》が明《あか》るくなっても、この世界《せかい》にお化《ば》けたちが消《き》えてしまうことはありません。私《わたし》たちの時代《じだい》には、必《かなら》ずその時代《じだい》のお化《ば》けが生《い》きているのです。

さあ、ページをめくってみましょう。そんな都市《とし》伝説《でんせつ》の世界《せかい》が、あなたを待《ま》っています。

朝里《あさざと》 樹《いつき》

もくじ

日本《に ほん》の都市伝説大事典《と し でん せつ だい じ てん》

あ行《ぎょう》……19

か行《ぎょう》……51

さ行《ぎょう》……91

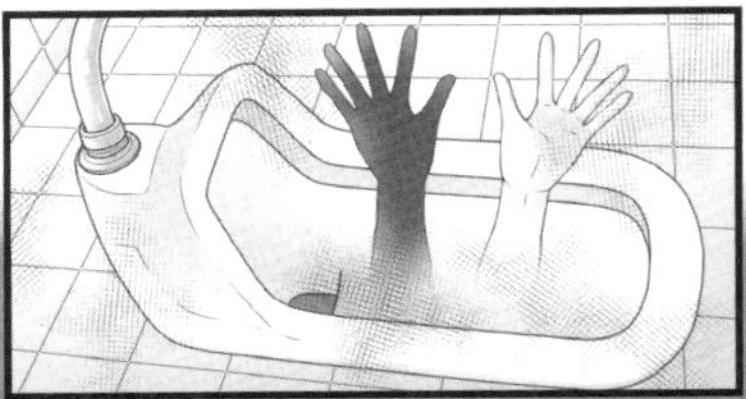

な行《ぎょう》

は行《ぎょう》……165

ま行《ぎょう》

や行《ぎょう》 ら行《ぎょう》 わ行《ぎょう》……241

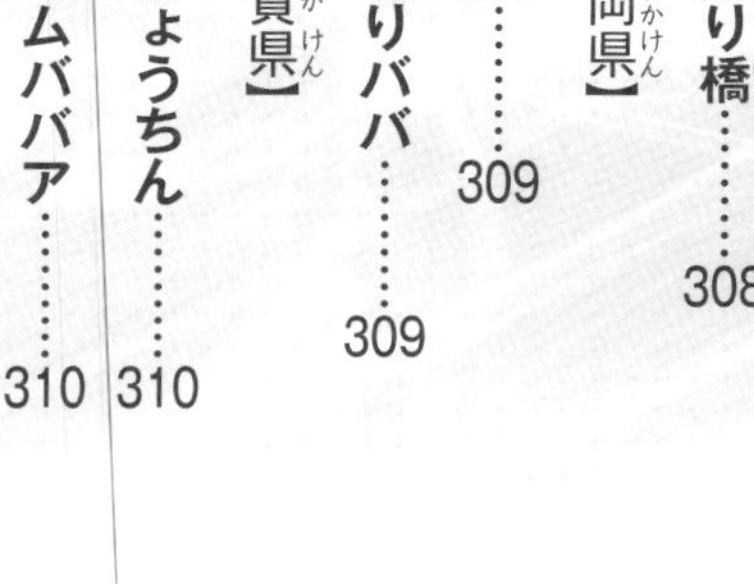
乗せてください

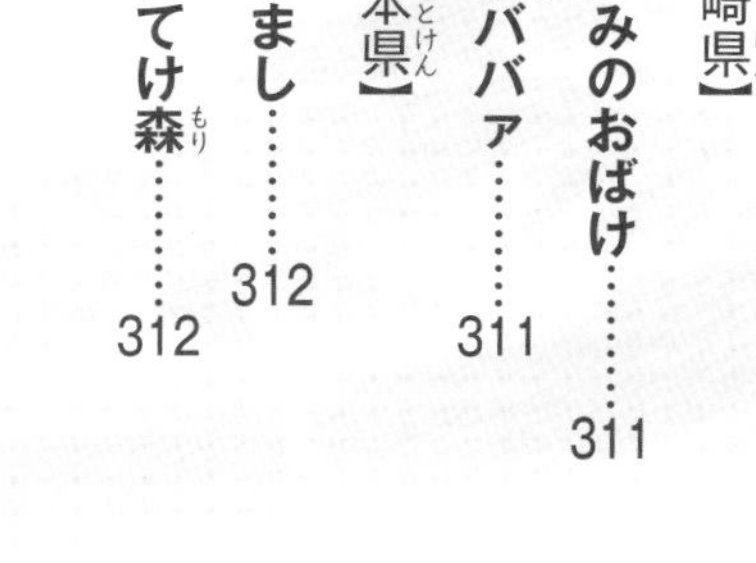

あ行《ぎょう》

青《あお》い目《め》の人形《にんぎょう》、赤《あか》い部屋《へや》、
牛《うし》の首《くび》、海《うみ》から伸《の》びる手《て》、
おんぶ幽霊《ゆうれい》など全《ぜん》29話《わ》。

青《あお》い目《め》の人形《にんぎょう》

私《わたし》を見《み》つけて…

その学校《がっこう》には、戦前《せんぜん》に建《た》てられた古《ふる》い校舎《こうしゃ》があった。夜《よる》になると、古《ふる》い校舎《こうしゃ》の二階《にかい》から「マミー、マミー…。」と、ひどく悲《かな》しそうな泣《な》き声《ごえ》が聞《き》こえてくるのだ。泣《な》き声《ごえ》を聞《き》いた先生《せんせい》が※下宿先《げしゅくさき》のおばさんにその話《はなし》をすると、おばさんは真剣《しんけん》な表情《ひょうじょう》で学校《がっこう》へ連《つ》れていってくれという。

夕方学校《ゆうがたがっこう》へ行《い》くと、おばさんは二階《にかい》の教室《きょうしつ》へと向《む》かった。

おばさんは昔《むかし》、あるものをその教室《きょうしつ》の天井裏《てんじょううら》に隠《かく》したと話《はな》してくれたのだ。先生《せんせい》が天井《てんじょう》裏《うら》を探《さが》すと、黄《き》ばんだ新聞紙《しんぶんし》の包《つつ》みがあり、中《なか》から青《あお》い目《め》をした西洋人形《せいようにんぎょう》が出《で》てきた。

おばさんは子《こ》どもの頃《ころ》にこの学校《がっこう》に通《かよ》っていたが、第二《だいに》次世界大戦《じせかいたいせん》が起《お》こったとき、この青《あお》い目《め》の人形《にんぎょう》を教室《きょうしつ》の天《てん》井裏《じょううら》に隠《かく》したのだ。

青《あお》い目《め》の人形《にんぎょう》は戦前《せんぜん》、友好《ゆうこう》の証《あかし》にアメリカから日本《にほん》にたくさん送《おく》られてきて、全国《ぜんこく》の学校《がっこう》に寄贈《きぞう》された。しかし、戦争《せんそう》が始《はじ》まると、敵国《てきこく》の人形《にんぎょう》を捨《す》てるように命令《めいれい》されたのだ。人形《にんぎょう》たちの多《おお》くは焼《や》かれて処分《しょぶん》された。おばさんは人《にん》形《ぎょう》がかわいそうで、そっと天《てん》井裏《じょううら》に隠《かく》したのだった。数十《すうじゅう》年《ねん》ぶりに再会《さいかい》した人形《にんぎょう》を、おばさんは涙《なみだ》を流《なが》しながらしっかりと抱《だき》きしめた。その後《ご》、青《あお》い目《め》の人形《にんぎょう》は泣《な》かなくなったという。現在《げんざい》もその学校《がっこう》に大切《たいせつ》に飾《かざ》られているそうだ。

※下宿《げしゅく》…ほかの家《いえ》の部屋《へや》を借《か》りて住《す》むこと。

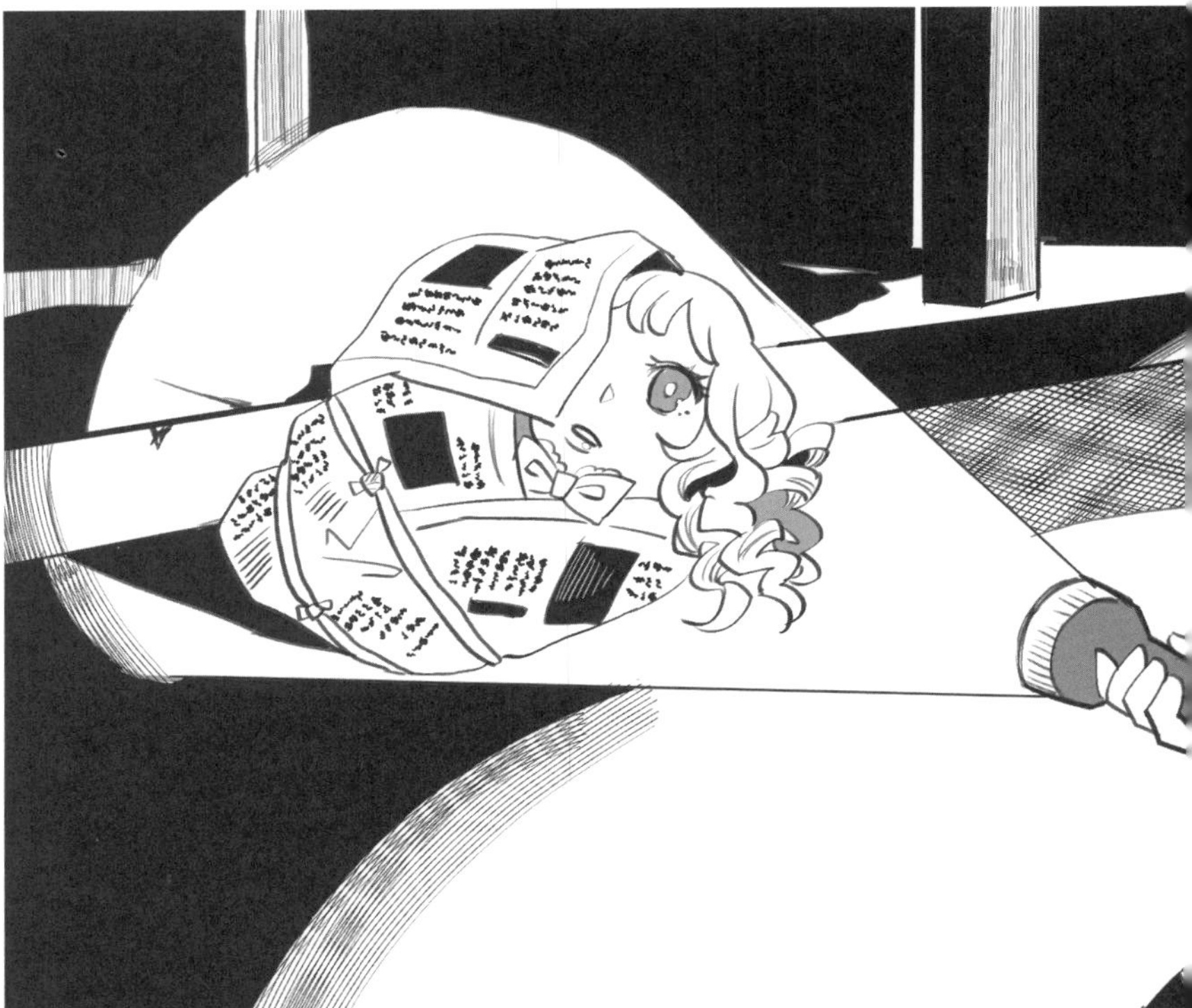

涙《なみだ》を流《なが》す彫像《ちょうぞう》

青《あお》いもの

　ある小学校《しょうがっこう》でのできごとだ。二人《ふたり》の男《おとこ》の子《こ》が教室《きょうしつ》に残《のこ》って図工《ずこう》の学習作業《がくしゅうさぎょう》をしていた。暗《くら》くなってきたので、帰《かえ》る準《じゅん》備《び》をしていると、二人《ふたり》のいる教室《きょうしつ》に白《しろ》い霧《きり》のようなものが出《で》てきた。そして廊下《ろうか》のほうを見《み》ると青《あお》いものが教室《きょうしつ》の前《まえ》を通《とお》って図工室《ずこうしつ》に入《はい》っていくのが見《み》えた。男《おとこ》の子《こ》の一人《ひとり》は帰宅《きたく》したが、もう一人《ひとり》は図工《ずこう》室《しつ》へ様子《ようす》を見《み》に行《い》き、その日《ひ》の夕方以来《ゆうがたいらい》、彼《かれ》は行方不明《ゆくえふめい》になってしまったのだ。

　その数週間後《すうしゅうかんご》、帰宅《きたく》したほうの男《おとこ》の子《こ》が図工室《ずこうしつ》へ入《はい》っていくと、見覚《みおぼ》えのある姿《すがた》が目《め》に飛《と》び込《こ》んできた。それは行《ゆく》方不明《えふめい》になった男《おとこ》の子《こ》の顔《かお》の彫像《ちょうぞう》で、目《め》からは青《あお》い涙《なみだ》を流《なが》していた。その後《ご》、夜《よる》になると「帰《かえ》りたいよぉ。」と男《おとこ》の子《こ》の泣《な》き声《ごえ》が図工室《ずこうしつ》から聞《き》こえてくるようになったという。

恐怖《きょうふ》の質問《しつもん》が待《ま》っている

赤《あか》い紙《かみ》・青《あお》い紙《かみ》

　この恐怖《きょうふ》は主《おも》に学校《がっこう》のトイレに出現《しゅつげん》する。トイレで用《よう》を足《た》した後《あと》に紙《かみ》がないことに気《き》づくと「赤《あか》い紙《かみ》はいらんか？青《あお》い紙《かみ》はいらんか？」という声《こえ》がするのだ。「赤《あか》い紙《かみ》をください。」と答《こた》えると、全身《ぜんしん》から出血《しゅっけつ》して死《し》んでしまったり、ナイフで殺《ころ》されたりする。青《あお》い紙《かみ》と答《こた》えると、首《くび》を絞《し》められて窒息死《ちっそくし》したり、全身《ぜんしん》の血《ち》を抜《ぬ》かれたりするのだ。

　白《しろ》や黄色《きいろ》い紙《かみ》の場合《ばあい》もあり、選《えら》んだ色《いろ》によって、さまざまな恐《おそ》ろしい結末《けつまつ》が待《ま》っている。

　昔《むかし》、便所神《べんじょがみ》を祀《まつ》るときに、赤《あか》と白《しろ》の紙《かみ》、または赤《あか》と青《あお》の紙《かみ》で作《つく》った男女《だんじょ》の人形《にんぎょう》を供《そな》えて、人《ひと》の尻《しり》を撫《な》でる厠《かわや》（トイレ）の妖怪《ようかい》が現《あらわ》れないように、「赤《あか》い紙《かみ》やろうか。白《しろ》い紙《かみ》やろうか。」と呪文《じゅもん》を唱《とな》えていた。この風習《ふうしゅう》から都市伝説《としでんせつ》が生《う》まれたのだと思《おも》われる。

恐《おそ》ろしすぎるウェブサイト

赤《あか》い部《へ》屋《や》

インターネットを見《み》ていると、あるポップアップ広告《こうこく》が出《で》てくる。

真《ま》っ赤《か》な背景《はいけい》に、「あなたは好《す》きですか?」と文字《もじ》が出《で》てくるのだ。この広告《こうこく》は何度《なんど》消《け》しても現《あらわ》れて、「あなたは」と「好《す》きですか?」の間《あいだ》から隠《かく》れていた文字《もじ》が徐々《じょじょ》に出《で》てきて、「あなたは赤《あか》い部屋《へや》が好《す》きですか?」というメッセージが出現《しゅつげん》する。その途《と》端《たん》、別《べつ》のウェブサイトへ飛《と》んでしまうのだ。そのサイトは、真《ま》っ赤《か》な背景《はいけい》に黒《くろ》い文字《もじ》で大《おお》勢《ぜい》の人《ひと》の名前《なまえ》がびっしりと書《か》かれている。

この画面《がめん》を見《み》た人《ひと》は動脈《どうみゃく》を切《き》り、部屋中《へやじゅう》を赤《あか》い血《ち》で染《そ》めて死《し》んでしまうという。

真《ま》っ赤《か》な背景《はいけい》に書《か》かれている名前《なまえ》は、このウェブサイトを見《み》て亡《な》くなった犠牲者《ぎせいしゃ》たちの名前《なまえ》なのだ。

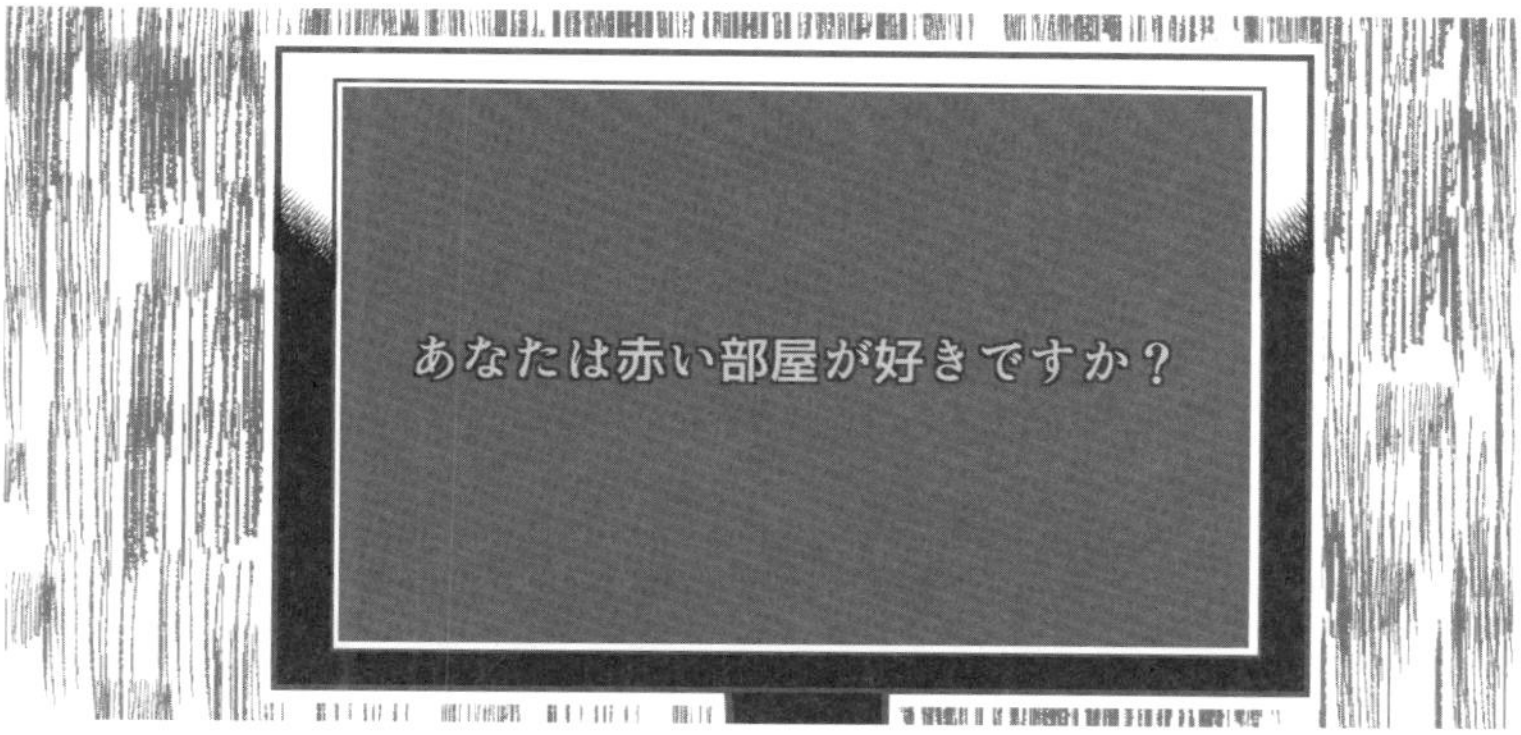

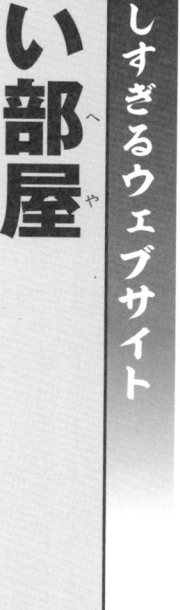

マフラーに隠《かく》された秘密《ひみつ》

赤《あか》いマフラーの女《おんな》

決《けっ》して赤《あか》いマフラーを外《はず》さない女《おんな》の話《はなし》である。彼女《かのじょ》は幼《おさな》い頃《ころ》からいつも赤《あか》いマフラーを巻《ま》いていた。近所《きんじょ》の少年《しょうねん》が、なぜいつもマフラーをしているのか尋《たず》ねると少女《しょうじょ》は「もう少《すこ》し大《おお》きくなったら教《おし》えてあげる。」と答《こた》えた。数年後《すうねんご》、少年《しょうねん》はまた聞《き》いてみたが少女《しょうじょ》は「もう少《すこ》し大人《おとな》になったらね。」と言《い》うだけで教《おし》えてくれない。数年経《すうねんた》つごとに質問《しつもん》するのだが、少女《しょうじょ》は教《おし》えてくれない。

やがて大人《おとな》になった二人《ふたり》はつきあうようになり、結婚《けっこん》することになった。式《しき》を挙《あ》げた夜《よる》、彼女《かのじょ》は「これ以上《いじょう》は秘密《ひみつ》にできないね。」と言《い》ってマフラーを取《と》った。すると、頭《あたま》が首《くび》から外《はず》れて地面《じめん》に転《ころ》がったのだ。

二人《ふたり》はその後《ご》も幸《しあわ》せに暮《く》らしている。妻《つま》は今《いま》まで通《どお》りに

赤《あか》いマフラーを、夫《おっと》は青《あお》いマフラーを首《くび》に必《かなら》ず巻《ま》いて……。

ある日《ひ》突然《とつぜん》、消《き》えた姉《あね》

赤《あか》いワンピース

ある姉妹《しまい》の話《はなし》だ。姉《あね》にはクラスに片思《かたおも》いの男《おとこ》の子《こ》がいたが、好《す》きな気持《きも》ちを伝《つた》えることができないうちに、男《おとこ》の子《こ》は転校《てんこう》してしまった。姉《あね》は思《おも》い切《き》って男《おとこ》の子《こ》にラブレターを出《だ》した。すると数日後《すうじつご》、彼《かれ》からダンボール箱《ばこ》が届《とど》いたのだ。中《なか》には、赤《あか》いワンピースと手紙《てがみ》が入《はい》っていた。手紙《てがみ》には、そのワンピースを着《き》て会《あ》いに来《き》てほしいと書《か》かれていた。姉《あね》は自分《じぶん》の気持《きも》ちが通《つう》じたことがうれしくて赤《あか》いワンピースを着《き》て男《おとこ》の子《こ》に会《あ》いに行《い》った。その後《ご》も彼《かれ》とデートをするときには、必《かなら》ずその赤《あか》いワンピースを着《き》て出《で》かけた。

ところが、何回目《なんかいめ》かのデートの日《ひ》、姉《あね》は夜《よる》になっても家《いえ》に帰《かえ》ってこなかったのだ。姉《あね》から何《なん》の連絡《れんらく》もなく、翌日《よくじつ》も帰《かえ》ってこなかった。心配《しんぱい》した妹《いもうと》は男《おとこ》の子《こ》の家《いえ》に行《い》ってみたが、その家《いえ》には誰《だれ》も住《す》んでい

なかった。男《おとこ》の子《こ》の家族《かぞく》は、引《ひ》っ越してすぐに事故《じこ》で全員《ぜんいん》亡《な》くなっていたのだった。

そして、姉《あね》はどこへ行《い》ったのかわからないまま、何日《なんにち》経《た》っても帰《かえ》ってこなかった。

その後《ご》、男《おとこ》の子《こ》一家《いっか》が住《す》んでいた家《いえ》の近所《きんじょ》の人《ひと》から、姉《あね》を見《み》たという連絡《れんらく》があった。赤《あか》いワンピースを着《き》た姉《あね》の顔《かお》色《いろ》は真《ま》っ青《さお》で、全身《ぜんしん》が青《あお》い人《じん》物《ぶつ》と歩《ある》いていたそうだ。

数日後《すうじつご》、差《さ》し出《だ》し人《にん》の名前《なまえ》が書《か》かれていないダンボール箱《ばこ》が妹宛《いもうとあ》てに届《とど》いた。中《なか》には、赤《あか》いワンピースが入《はい》っていた。

子《こ》どもを狙《ねら》う怪人《かいじん》

赤《あか》マント

赤《あか》いマントを羽織《はお》った怪《かい》人《じん》・赤《あか》マントは、夕暮《ゆうぐ》れどきに現《あらわ》れては子《こ》どもをさらって殺《ころ》してしまうという。

赤《あか》マントの都市伝説《としでんせつ》は八十年《はちじゅうねん》以上前《いじょうまえ》からある。当時《とうじ》、子《こ》どもだけではなく多《おお》くの人々《ひとびと》が赤《あか》マントに襲《おそ》われ、あちこちに散乱《さんらん》した死体《したい》を警察《けいさつ》や軍《ぐん》隊《たい》が片《かた》づけて回《まわ》っていると噂《うわさ》された。

赤《あか》マントの伝説《でんせつ》の誕生《たんじょう》は、当時実際《とうじじっさい》にあった事件《じけん》の影響《えいきょう》が大《おお》きいようだ。青《あお》い毛布《もうふ》をかぶった犯人《はんにん》による殺人事件《さつじんじけん》があったが、いつしか青色《あおいろ》が血《ち》の色《いろ》の赤色《あかいろ》となり都市伝説《としでんせつ》が生《う》まれたとも語《かた》られている。

近年《きんねん》では、学校《がっこう》のトイレで「赤《あか》いマントが欲《ほ》しいか。」と言《い》う声《こえ》が聞《き》こえ「ください。」と答《こた》えると、熊《くま》に似《に》た手《て》で襲《おそ》われ鋭《するど》い爪《つめ》で背中《せなか》を切《き》り裂《さ》かれてしまうという話《はなし》がある。

このなぞなぞの答《こた》えは…

あぎょうさん

老婆《ろうば》の姿《すがた》をして、学校《がっこう》の天井裏《てんじょううら》などの暗《くら》い場所《ばしょ》に潜《ひそ》んでいる妖怪《ようかい》が、あぎょうさんだ。

放課後《ほうかご》、一人《ひとり》で学校《がっこう》に残《のこ》っていると、いきなり老婆《ろうば》が天井《てんじょう》から飛《と》び降《お》りてきて、蜘蛛《くも》のような黒《くろ》く長《なが》い腕《うで》で、背中《せなか》に抱《だ》きついてくる。そして、首筋《くびすじ》をペロペロと舐《な》めながら「あぎょうさん，さぎょうごご、いかに？」と耳元《みみもと》で繰《く》り返《かえ》しささやき続《つづ》ける。

このなぞなぞにすぐに正解《せいかい》すれば、老婆《ろうば》は天井《てんじょう》に戻《もど》っていく。だが、間違《まちが》えたり答《こた》えられないと、首筋《くびすじ》をずっと舐《な》め続《つづ》け、しまいには鋭《するど》い歯《は》で首《くび》に咬《か》みつくのだ。

ちなみに、あ行《ぎょう》の三番目《さんばんめ》は「う」、さ行《ぎょう》の五番目《ごばんめ》は「そ」で、このなぞなぞの答《こた》えは、「うそ」である。

足《あし》はいらんかね？

足《あし》売《う》りババア

少年《しょうねん》が一人《ひとり》で歩《ある》いていると、大《おお》きな風呂敷包《ふろしきづつ》みを背負《せお》った老婆《ろうば》が前《まえ》から歩《ある》いてきた。老《ろう》婆《ば》は少年《しょうねん》に近《ちか》づくと、「足《あし》はいらんかね？」と言《い》った。少《しょう》年《ねん》が突然《とつぜん》の質問《しつもん》に何《なん》と答《こた》えていいか困《こま》っていると、老婆《ろうば》は何度《なんど》も同《おな》じ質問《しつもん》をしてきた。

大《おお》きな風呂敷包《ふろしきづつ》みに目《め》をやった少年《しょうねん》は、あることに気《き》づいた。『あの包《つつ》みの中《なか》には大量《たいりょう》の人間《にんげん》の足《あし》が入《はい》っているに違《ちが》いない。』そう思《おも》った少《しょう》年《ねん》は「足《あし》なんかいらない！」と叫《さけ》んだ。するとその途端《とたん》に、老婆《ろうば》はものすごい力《ちから》で少年《しょうねん》の片足《かたあし》をもぎ取《と》って風呂敷包《ふろしきづつ》みに入《い》れると、去《さ》っていった。

この老婆《ろうば》に遭遇《そうぐう》した別《べつ》の少《しょう》年《ねん》は、「いる。」と答《こた》えた。すると、老婆《ろうば》は風呂敷包《ふろしきづつ》みから足《あし》を一本《いっぽん》出《だ》して、その少年《しょうねん》の腰《こし》に無理《むり》やりくっつけて三本《さんぼん》足《あし》にしてしまったそうだ。

足《あし》をください

セメントを固《かた》める男《おとこ》

　ある少女《しょうじょ》が工事現場《こうじげんば》の横《よこ》を通《とお》りかかると、足《あし》のない男《おとこ》がセメントを固《かた》めているのが見《み》えた。何《なん》とその男《おとこ》は、セメントの中《なか》に自分《じぶん》の頭《あたま》を突《つ》っ込《こ》んで固《かた》めていたのだ。その光景《こうけい》に怯《おび》えた少女《しょうじょ》は、あわててその場《ば》を去《さ》った。

　その晩《ばん》、寝《ね》ていた少女《しょうじょ》の部屋《へや》にその男《おとこ》が入《はい》ってきて「お嬢《じょう》さんの足《あし》をください。」と言《い》ったのだ。驚《おどろ》いた少女《しょうじょ》が悲鳴《ひめい》を上《あ》げると、男《おとこ》は手《て》に持《も》っていた大《おお》きな鎌《かま》で少女《しょうじょ》の足《あし》を刈《か》り取《と》って、笑《わら》いながら部屋《へや》を出《で》ていった。

　そして、この話《はなし》を聞《き》いた人《ひと》のところにも、夜《よる》になると男《おとこ》はやってくるのだ。セメントで固《かた》めた頭《あたま》を振《ふ》り回《まわ》しながら、「足《あし》をください。」と言《い》ってくる。「私《わたし》の足《あし》は使《つか》えません。」と答《こた》えれば、男《おとこ》は消《き》え去《さ》るといわれている。

床《ゆか》から伸《の》びた手《て》から逃《のが》れられない

足《あし》をつかむ手《て》

三人《さんにん》の男《おとこ》がドライブに出《で》かけたときのことだ。しばらく車《くるま》で走《はし》っていたが、運転《うんてん》している男《おとこ》の様子《ようす》がおかしい。顔《かお》色《いろ》がどんどんと青白《あおじろ》くなり、やがて車《くるま》を止《と》めた。心配《しんぱい》をする二人《ふたり》に、その男《おとこ》は「俺《おれ》たち、友《とも》だちだよな？ 何《なに》があっても友《とも》だちだよな？」と聞《き》いた。二人《ふたり》が「もちろんだよ。俺《おれ》たちは親友《しんゆう》だよ。」と答《こた》えると、男《おとこ》は「じゃあ、俺《おれ》の足元《あしもと》を見《み》てくれ。」と言《い》った。

二人《ふたり》が彼《かれ》の足元《あしもと》を見《み》ると、車《くるま》の下《した》のほうから白《しろ》い手《て》が出《で》ていて彼《かれ》の足首《あしくび》をぎゅっとつかんでいたのだ。二人《ふたり》は悲鳴《ひめい》を上《あ》げながら車《くるま》から飛《と》び出《だ》して、一目散《いちもくさん》に走《はし》って逃《に》げた。

その後《ご》、友《とも》だちを見捨《みす》てて逃《に》げたことを後悔《こうかい》した二人《ふたり》は、車《くるま》のあった場所《ばしょ》に戻《もど》ってみたが、そこには車《くるま》も男《おとこ》の姿《すがた》もなかった。

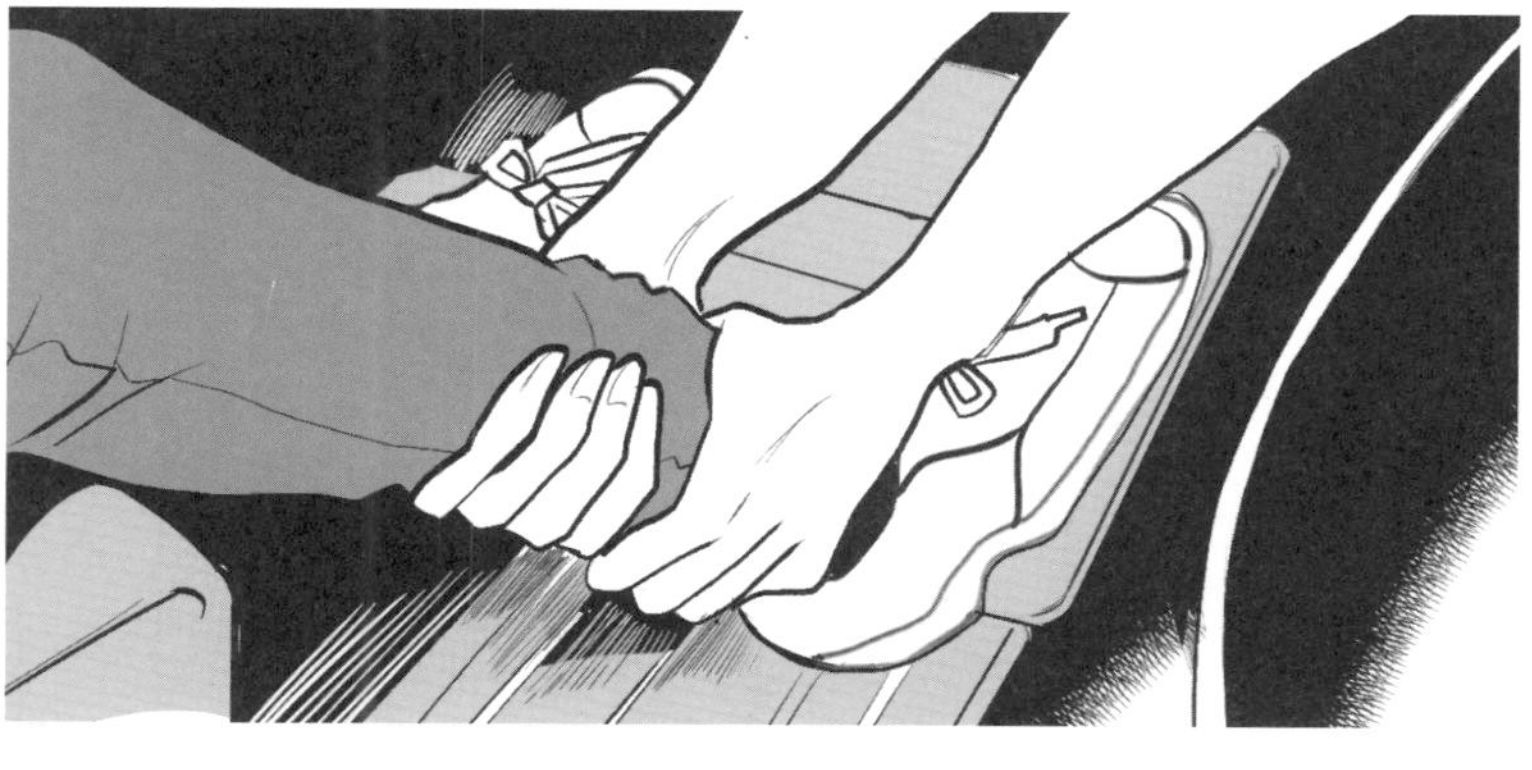

悪魔《あくま》が未来《みらい》を見《み》せてくれたが…

合《あ》わせ鏡《かがみ》の悪魔《あくま》

決《き》まった時刻《じこく》に、二枚《にまい》の鏡《かがみ》で合《あ》わせ鏡《かがみ》をすると、不思議《ふしぎ》なものが映《うつ》ることがある。

ある学校《がっこう》では深夜十二時《しんやじゅうにじ》に合《あ》わせ鏡《かがみ》をすると未来《みらい》の自分《じぶん》が映《うつ》り、三時三十三分三十三秒《さんじさんじゅうさんぷんさんじゅうさんびょう》だと未来《みらい》の結婚相手《けっこんあいて》が映《うつ》り、四時四十四分四十四秒《よじよんじゅうよんぷんよんじゅうよんびょう》だと鏡《かがみ》の中《なか》の悪魔《あくま》が映《うつ》るという噂《うわさ》がある。その学校《がっこう》の女子生徒《じょしせいと》が、家庭科室《かていかしつ》で合《あ》わせ鏡《かがみ》をしたところ未来《みらい》の自分《じぶん》が映《うつ》ったのだ。

その後《ご》、合《あ》わせ鏡《かがみ》をするごとに、鏡《かがみ》に映《うつ》る未来《みらい》の自分《じぶん》の姿《すがた》はどんどん老《お》いていき、ついには鏡《かがみ》の中《なか》の姿《すがた》は、しわだらけの老婆《ろうば》となって、彼女《かのじょ》は死《し》んでしまった。死因《しいん》は老衰《ろうすい》だった。彼女《かのじょ》は鏡《かがみ》の中《なか》の悪魔《あくま》に、催眠術《さいみんじゅつ》をかけられたのだ。鏡《かがみ》の老《お》いた姿《すがた》を見《み》るごとに、現在《げんざい》の自分《じぶん》も同《おな》じように年老《としお》いてしまっていると思《おも》わせて、衰弱死《すいじゃくし》させたのだった。

気《き》に入《い》った腕《うで》が見《み》つからない

あわない

あるゴミ集積所《しゅうせきじょ》に出没《しゅつぼつ》する幽霊《ゆうれい》の話《はなし》だ。

夜《よる》にそこの前《まえ》を通《とお》ると、腕《うで》のない幽霊《ゆうれい》が現《あらわ》れて、通《とお》りかかった人《ひと》を襲《おそ》い腕《うで》を切《き》り落《お》とすという。そして、その腕《うで》を自分《じぶん》の腕《うで》に合《あ》わせてみるのだが、合《あ》わないと「あわない。」とつぶやき、ゴミ集積所《しゅうせきじょ》にその腕《うで》を捨《す》てて立《た》ち去《さ》るそうだ。

人間《にんげん》の腕《うで》を切《き》り落《お》としたり、その腕《うで》を自分《じぶん》の腕《うで》に合《あ》わせてみたりしているので、片腕《かたうで》の幽霊《ゆうれい》かと思《おも》われる。その幽霊《ゆうれい》は、どのような腕《うで》を探《さが》しているのだろうか。片方《かたほう》の腕《うで》と大《おお》きさや形《かたち》がそっくりな腕《うで》を求《もと》めているのか。

しかし、なかなか納得《なっとく》のいく腕《うで》が見《み》つからずに、通《とお》る人《ひと》の腕《うで》を切《き》り落《お》としては、「あわない。」とつぶやき続《つづ》けているのかもしれない。

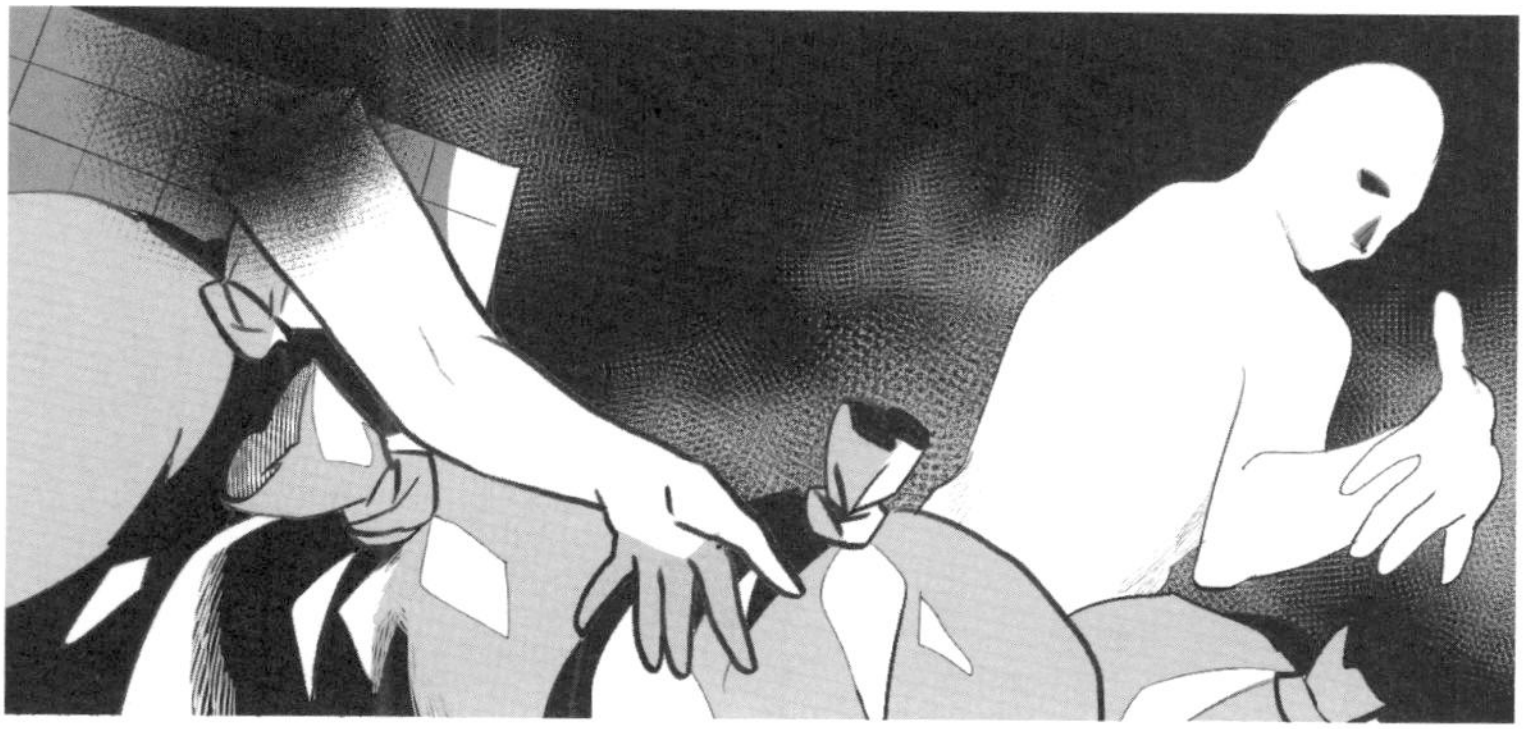

石女《いしおんな》

その石像《せきぞう》を見《み》てしまうと…

ある場所《ばしょ》に恐怖《きょうふ》の石像《せきぞう》が立《た》っている。それはピンク色《いろ》の傘《かさ》を差《さ》した女《おんな》の像《ぞう》で、顔《かお》には目《め》も眉《まゆ》も鼻《はな》もなく、真《ま》っ赤《か》な口《くち》がついているだけだ。

石像《せきぞう》の額《ひたい》から血《ち》が流《なが》れていることがあるが、それを見《み》た人《ひと》は高熱《こうねつ》を出《だ》して寝込《ねこ》んでしまう。また、口元《くちもと》が笑《わら》っているときがあるが、それを見《み》た人《ひと》も同《おな》じように高熱《こうねつ》に苦《くる》しんで寝込《ねこ》んでしまうのだ。

石女《いしおんな》は額《ひたい》から血《ち》を流《なが》しながら、同時《どうじ》に口元《くちもと》が笑《わら》っていることがある。それを見《み》てしまうと、石女《いしおんな》が家《いえ》までやってきて、見《み》た人《ひと》を真《ま》っ赤《か》な口《くち》で食《た》べてしまう。全速力《ぜんそくりょく》で走《はし》って家《いえ》に逃《に》げ帰《かえ》っても、石女《いしおんな》は必《かなら》ず家《いえ》にやってくる。

石女《いしおんな》からは絶対《ぜったい》に逃《に》げられないのだ。だから石女《いしおんな》を見《み》つけても、決《けっ》してその顔《かお》を見《み》てはいけない。

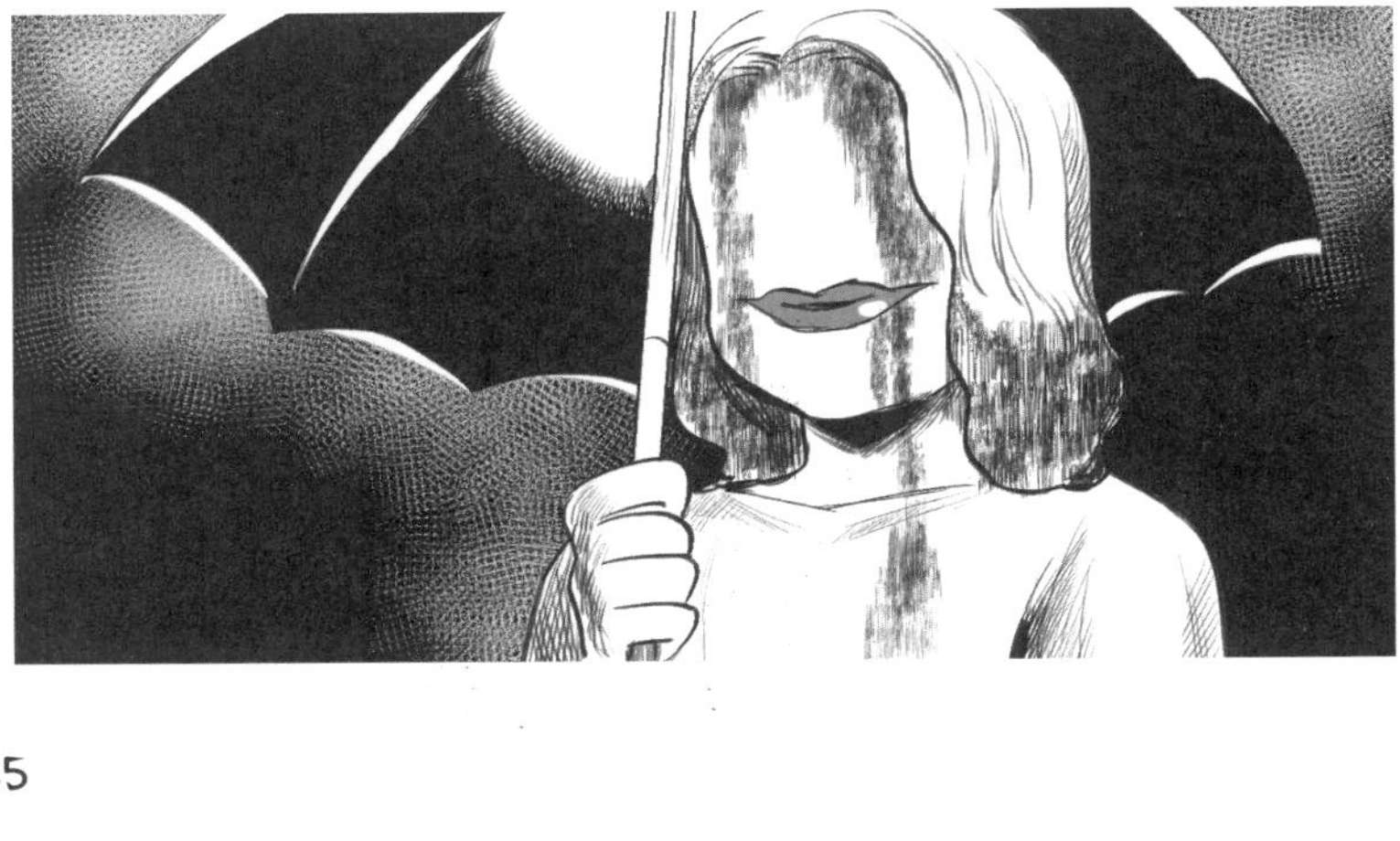

異世界《いせかい》への案内人《あんないにん》

異世界《いせかい》に行《い》く方法《ほうほう》

十階以上《じっかいいじょう》の建物《たてもの》のエレベーターを使《つか》って異世界《いせかい》に行《い》く方法《ほう》があるという噂《うわさ》がインターネットに書《か》き込まれた。まず一人《ひとり》でエレベーターに乗《の》る。そして、四階《よんかい》、二階《にかい》、六階《ろっかい》、二階《にかい》、十階《じっかい》、五階《ごかい》の順《じゅん》にエレベーターを移動《いどう》させる。途中《とちゅう》で誰《だれ》かが乗《の》ってきたら失敗《しっぱい》だ。誰《だれ》も乗《の》ってこないまま五階《ごかい》に到着《とうちゃく》すると若《わか》い女性《じょせい》が乗《の》ってくるので、一階《いっかい》のボタンを押《お》す。するとエレベーターは一階《いっかい》ではなく十階《じっかい》へと向《む》かいドアが開《ひら》くと、そこは自分《じぶん》しか人間《にんげん》のいない異世界《いせかい》なのだ。

それからどうなるかは不明《ふめい》である。いったん異世界《いせかい》に足《あし》を踏《ふ》み入《い》れた者《もの》は、二度《にど》とこちらの世界《せかい》に戻《もど》ってくることができないのかもしれない。五階《ごかい》から乗《の》ってくる女性《じょせい》は、異世界《いせかい》への案内人《あんないにん》だが、人間《にんげん》ではないという。

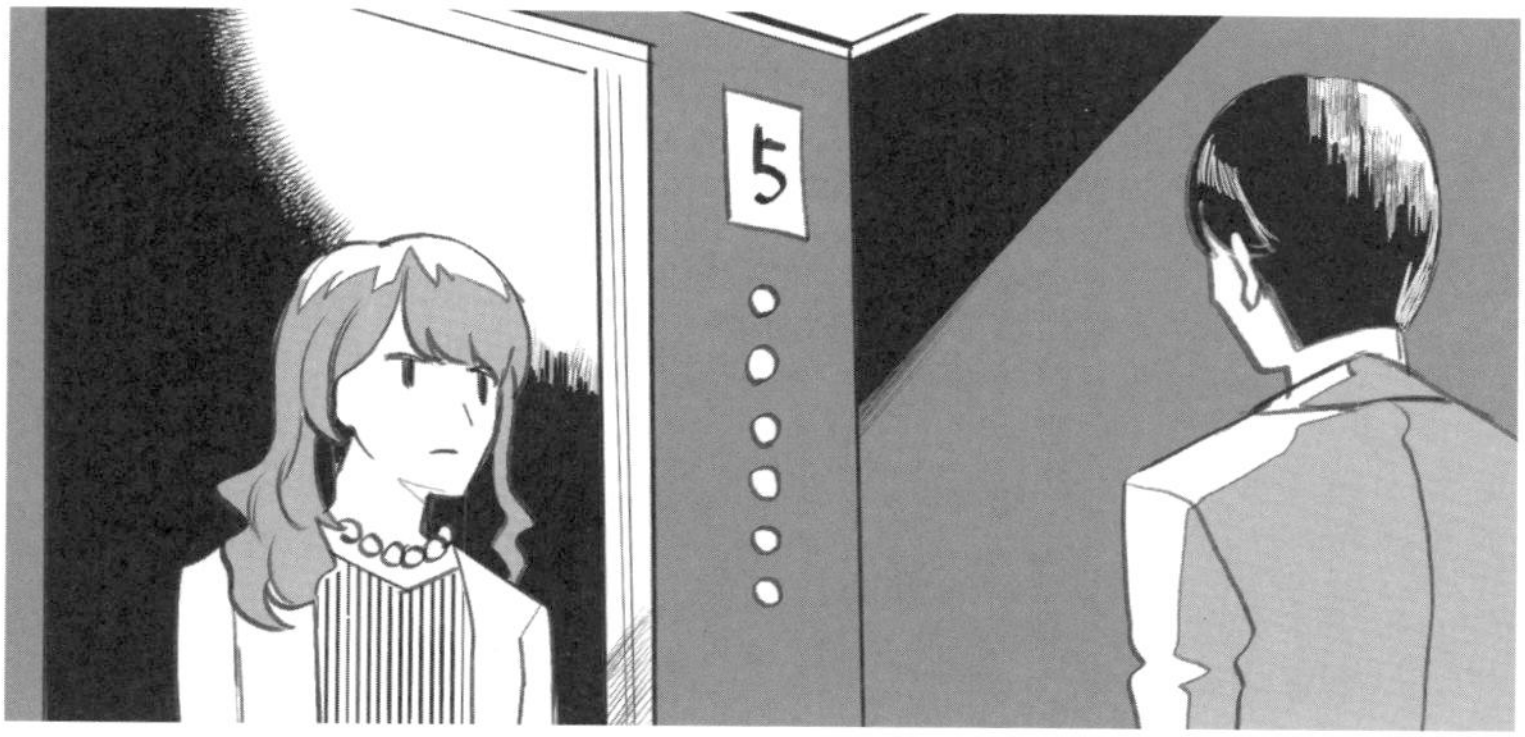

にんじんをかじる女《おんな》

ウサギの祟《たた》り

男《おとこ》が山《やま》で狩《か》りをしていたところ、ウサギが一羽《いちわ》、罠《わな》にかかった。さっそく男《おとこ》はウサギの頭《あたま》を切《き》り落《お》として、体《からだ》の肉《にく》を焼《や》いて食《た》べたが、いつの間《ま》にかウサギの頭部《とうぶ》がなくなっているのに気《き》がついた。

その夜《よる》、山小屋《やまごや》のドアをたたく音《おと》がした。ドアを開《あ》けると一人《ひとり》の女《おんな》が立《た》っていて、道《みち》に迷《まよ》ったので一晩泊《ひとばんと》めてもらえないか聞《き》いてきた。男《おとこ》が承諾《しょうだく》するとお礼《れい》に夕飯《ゆうはん》を作《つく》ると言《い》って女《おんな》は料理《りょうり》を始《はじ》めた。だが、できた料理《りょうり》はにんじんを煮《に》ただけのもので、女《おんな》はそれを前歯《まえば》でかじり出《だ》した。よく見《み》ると、女《おんな》の体《からだ》は枝《えだ》のように細《ほそ》くて手《て》は骨《ほね》だけなのだ。男《おとこ》が、なぜ体《からだ》に肉《にく》がないのか聞《き》くと、急《きゅう》に女《おんな》の目《め》が赤《あか》くなり前歯《まえば》は長《なが》く伸《の》びた。女《おんな》は鎌《かま》を振《ふ》りかざしながら「お前《まえ》に食《く》われたんだよ！」と叫《さけ》んだ。

あまりにも恐《おそ》ろしすぎる話《はなし》

牛《うし》の首《くび》

すごく恐《おそ》ろしい内容《ないよう》の「牛《うし》の首《くび》」という怪談話《かいだんばなし》がある。話《はなし》の内容《ないよう》そのものが伝《つた》えられず、あまりに恐《おそ》ろしすぎる話《はなし》なので題名《だいめい》だけが伝《つた》わっているという都市伝説《としでんせつ》だ。この怪《かい》談話《だんばなし》は古《ふる》くからあり、江戸《えど》時代《じだい》から伝《つた》わっているという。恐《おそ》ろしさだけを伝《つた》えるこんな話《はなし》がある。

ある小学校《しょうがっこう》の先生《せんせい》が遠足《えんそく》のバスの中《なか》で「牛《うし》の首《くび》」という怪談話《かいだんばなし》を話《はな》し始《はじ》めると、突然《とつぜん》バスの中《なか》に異変《いへん》が起《お》きた。話《はなし》があまりに恐《おそ》ろしすぎるので、子《こ》どもたちが先生《せんせい》にその話《はなし》をやめるように言《い》ったのだが、先生《せんせい》は「牛《うし》の首《くび》」の話《はなし》をやめなかったのだ。しばらくすると、バスが急停車《きゅうていしゃ》した。先生《せんせい》がバスの中《なか》を見渡《みわた》すと、運転《うんてん》手《しゅ》が脂汗《あぶらあせ》を流《なが》して震《ふる》えていて、子《こ》どもたちはみんな口《くち》から泡《あわ》を吹《ふ》いて気絶《きぜつ》していたという。

渦《うず》人《にん》形《ぎょう》

笑《わら》い続《つづ》ける人形《にんぎょう》

インターネット上《じょう》で知《し》られる呪《のろ》いの人形《にんぎょう》の話《はなし》である。

日本人形《にほんにんぎょう》のような真《ま》っ白《しろ》な肌《はだ》のその人形《にんぎょう》は、ほほえんでいるように見《み》える。しかし、目《め》の部分《ぶぶん》は真《ま》っ黒《くろ》な二《ふた》つの穴《あな》が空《あ》いているだけで目玉《めだま》はない。口《くち》の部分《ぶぶん》も、三日月《みかづき》の形《かたち》の穴《あな》が空《あ》いているが唇《くちびる》はない。

驚《おどろ》くことに、人形《にんぎょう》の首《くび》は細《ほそ》長《なが》い棒《ぼう》の形《かたち》で、長《なが》さが約一《やくいち》メートルもある。その首《くび》を前《ぜん》後《ご》に動《うご》かして、頭《あたま》を窓《まど》に何度《なんど》もたたきつけながら「ほほほほほ…。」と抑揚《よくよう》のない一本《いっぽん》調子《ぢょうし》の声音《こわね》で笑《わら》い続《つづ》けるのだ。

この渦人形《うずにんぎょう》に目《め》をつけられて呪《のろ》いをかけられた人《ひと》は、涙《なみだ》を流《なが》しながら、無表情《むひょうじょう》のままいつまでも笑《わら》い続《つづ》ける。この呪《のろ》いを解《と》くには、渦人形《うずにんぎょう》を壊《こわ》すしかない。渦人形《うずにんぎょう》は江戸《えど》時代《だい》に、呪《のろ》いをかける道具《どうぐ》として作《つく》られたといわれている。

海《うみ》から伸《の》びる手《て》

水中《すいちゅう》に引《ひ》き込《こ》む無数《むすう》の白《しろ》い手《て》

海《うみ》から無数《むすう》の白《しろ》い手《て》が伸《の》びてきて、人《ひと》を海中《かいちゅう》に引《ひ》きずり込《こ》む怪異《かいい》が、全国各地《ぜんこくかくち》で撮影《さつえい》されている。場所《ばしょ》は海《うみ》だけではなく、川《かわ》や湖《みずうみ》や池《いけ》、プールなどの場合《ばあい》もある。

また、手《て》だけではなく、若《わか》い女《おんな》や老婆《ろうば》の姿《すがた》をした妖怪《ようかい》が水面《すいめん》に現《あらわ》れて、人《ひと》を水中《すいちゅう》に引《ひ》きずり込《こ》むこともある。

友人《ゆうじん》が犠牲《ぎせい》になった体験談《たいけんだん》がある。ある青年《せいねん》たちが、海《かい》水浴《すいよく》に行《い》ったときのことだ。一人《ひとり》の青年《せいねん》が、海《うみ》に飛《と》び込《こ》んだまま行方不明《ゆくえふめい》になり、溺死《できし》したものと思《おも》われた。後日《ごじつ》、悲《かな》しみに暮《く》れる友人《ゆうじん》たちが海《かい》水浴《すいよく》のときの写真《しゃしん》を見《み》ていると、彼《かれ》の最後《さいご》の姿《すがた》を撮《と》った写《しゃ》真《しん》に妙《みょう》なものを発見《はっけん》した。青《せい》年《ねん》が海《うみ》に飛《と》び込《こ》んだ瞬間《しゅんかん》、海《かい》中《ちゅう》から無数《むすう》の白《しろ》い手《て》が伸《の》びてきて、彼《かれ》を海《うみ》に引《ひ》きずり込《こ》む様子《ようす》が写《うつ》し出《だ》されていたのだ。

その姿《すがた》を見《み》てはいけない

海《うみ》からやってくるモノ

海岸沿《かいがんぞ》いのある町《まち》に、毎年《まいとし》決《き》まった日《ひ》に海中《かいちゅう》から現《あらわ》れる妖怪《ようかい》がいる。その姿《すがた》は黒煙《こくえん》の塊《かたまり》のようで、上《うえ》のほうには顔《かお》のようなものがある。それが現《あらわ》れると、吐《は》き気《け》を催《もよお》すほどひどい悪臭《あくしゅう》が漂《ただよ》い、音《おと》は出《だ》さないが人々《ひとびと》に不快《ふかい》な耳鳴《みみな》りを起《お》こさせる。姿《すがた》を見《み》た人間《にんげん》は原因不明《げんいんふめい》の高熱《こうねつ》にうなされ、動物《どうぶつ》は錯乱《さくらん》してしまう。

これと似《に》た妖怪《ようかい》がいる。江《え》戸時代《どじだい》、悪代官《あくだいかん》に苦《くる》しめられていた伊豆七島《いずしちとう》の島民《とうみん》が、わざと海《うみ》の荒《あ》れる日《ひ》に島巡《しまめぐ》りをするように代官《だいかん》に勧《すす》めた。その計画《けいかく》にひっかかった代官《だいかん》は、波《なみ》にのまれて死《し》んだのだった。それ以来《いらい》、悪代官《あくだいかん》の怨霊《おんりょう》が「海難法師《かいなんほうし》」となって年《ねん》に一《いち》度海《どうみ》から現《あらわ》れ、島民《とうみん》に災《わざわ》いを起《お》こそうとするようになった。「海難法師《かいなんほうし》」と共通点《きょうつうてん》が多《おお》いが、同《おな》じ存在《そんざい》なのかは不明《ふめい》である。

女子《じょし》トイレに現《あらわ》れる

海《うみ》坊《ぼう》主《ず》

海坊主《うみぼうず》というと、海《うみ》に出没《しゅつぼつ》して船《ふね》を沈《しず》めたり、人間《にんげん》を海中《かいちゅう》に引《ひ》きずり込《こ》んだりする妖怪《ようかい》が有名《ゆうめい》だ。

しかし、体育館《たいいくかん》の女子《じょし》トイレにも海坊主《うみぼうず》が現《あらわ》れるといわれている。

女《おんな》の子《こ》が体育館《たいいくかん》の女子《じょし》トイレを掃除《そうじ》すると、海坊主《うみぼうず》が現《あらわ》れるのだ。その姿《すがた》は水色《みずいろ》の塊《かたまり》で、大《おお》きさは初《はじ》めは水洗《すいせん》トイレに流《なが》せるくらいの大《おお》きさだ。

だが、流《なが》しても流《なが》してもまたすぐに現《あらわ》れる。大《おお》きさもだんだんと大《おお》きくなり、流《なが》すことができなくなって、しまいには女子《じょし》トイレに入《はい》りきれないほど巨大《きょだい》になるのだ。

そして、そのトイレの掃除《そうじ》をした女《おんな》の子《こ》は、そのままいなくなってしまう。海坊主《うみぼうず》が女《おんな》の子《こ》をのみ込《こ》んで、異次元《いじげん》の世界《せかい》に連《つ》れ去《さ》っているのかもしれない。

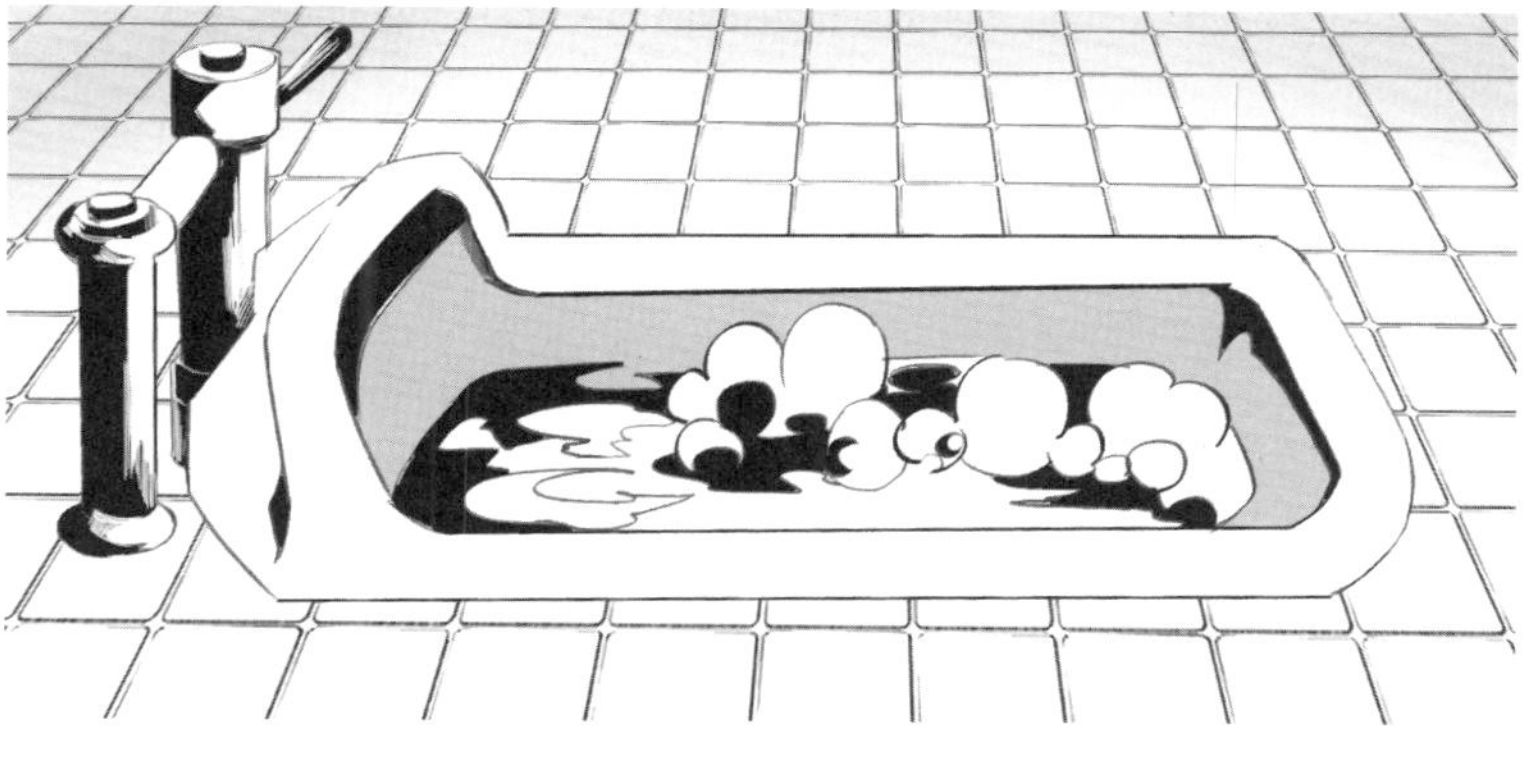

夜中《よなか》の公園《こうえん》に現《あらわ》れる少年《しょうねん》

噂《うわさ》のマキオ

夜中《よなか》に公園《こうえん》で遊《あそ》んでいると、マキオという少年《しょうねん》が近《ちか》づいてきて「一緒《いっしょ》に遊《あそ》ぼう。」と誘《さそ》ってくる。一緒《いっしょ》に遊《あそ》ぶと、どこかへ連《つ》れ去《さ》られて二度《にど》と帰《かえ》ってこられなくなるという。ブランコで遊《あそ》んでいるマキオが「一緒《いっしょ》にブランコに乗《の》ろう。」と言《い》ってくることもあるが、やはり誘《さそ》いに乗《の》ると消《け》されてしまう。

この話《はなし》は、テレビのドラマ番組《ばんぐみ》で放送《ほうそう》されて広《ひろ》まったものだ。ドラマでは、女子高生《じょしこうせい》がマキオという架空《かくう》の少年《しょうねん》の噂《うわさ》を作《つく》ってインターネットに流《なが》すと、その噂《うわさ》は学校《がっこう》で話題《わだい》になり、彼女《かのじょ》が公園《こうえん》に行《い》くとマキオが現《あらわ》れて消《け》されてしまうというストーリーだ。

このように、怪談《かいだん》を創作《そうさく》して世間《せけん》に広《ひろ》めると、その話《はなし》が実現《じつげん》してしまう場合《ばあい》があるといわれている。

えみこちゃん

あの世《よ》へ誘《さそ》う女《おんな》の子《こ》

その話《はなし》を聞《き》くだけで、話《はなし》の中《なか》の女《おんな》の子《こ》が現《あらわ》れるといわれている。

その話《はなし》とは…、えみこちゃんという名前《なまえ》の女《おんな》の子《こ》が、車《くるま》に乗《の》っているときに友《とも》だちとお菓子《かし》を半分《はんぶん》ずつ分《わ》けていた。そのとき交通事故《こうつうじこ》が起《お》きて、運悪《うんわる》くえみこちゃんだけが亡《な》くなってしまった。

この話《はなし》を聞《き》いた人《ひと》のところには、三日後《みっかご》の夜《よる》、えみこちゃんが現《あらわ》れてその人《ひと》をあの世《よ》に連《つ》れていってしまう。連《つ》れていかれないようにするには、寝《ね》るとき枕元《まくらもと》に、お菓子《かし》を半《はん》分《ぶん》にして置《お》いておくとよい。

えみこちゃんは、友《とも》だちと半《はん》分《ぶん》こしたお菓子《かし》を食《た》べる直前《ちょくぜん》に死《し》んでしまった。楽《たの》しみを奪《うば》われたえみこちゃんのために、せんべいやチョコレートなどを半分《はんぶん》に割《わ》って供《そな》えるのだ。

誰《だれ》もいない廃墟《はいきょ》の病院《びょういん》から…

お預《あず》かりしています

ある廃墟《はいきょ》の病院《びょういん》に、五人《ごにん》の少年《しょうねん》たちが忍《しの》び込《こ》み、地下《ちか》の霊安室《れいあんしつ》に入《はい》った。しかし、特《とく》におもしろいこともなかったので、五人《ごにん》はそのまま病院《びょういん》を出《で》て帰《かえ》ることにしたが、その途中《とちゅう》で、一人《ひとり》の少年《しょうねん》が霊安《れいあん》室《しつ》に忘《わす》れものをしたことに気《き》づく。少年《しょうねん》は、ほかの友《とも》だちには先《さき》に帰《かえ》ってもらい、一人《ひとり》で病院《びょういん》に取《と》りに戻《もど》った。

だが、少年《しょうねん》は夜《よる》になっても家《いえ》に帰《かえ》ってこなかった。その後《ご》も戻《もど》ってこないので、家族《かぞく》が心配《しんぱい》をしていると、数日《すうじつ》がすぎた頃《ころ》、少年《しょうねん》の家《いえ》に電話《でんわ》がかかってきた。「こちらは○○病院《びょういん》ですが、お宅《たく》の息子《むすこ》さんをお預《あず》かりしています。」と言《い》う。それはあの廃墟《はいきょ》の病《びょう》院《いん》からの電話《でんわ》だった。連絡《れんらく》を受《う》けた警察《けいさつ》が廃病院《はいびょういん》へ行《い》ってみると、霊安室《れいあんしつ》から少年《しょうねん》の死《し》体《たい》が見《み》つかったのだった。

髪《かみ》の毛《け》が伸《の》び続《つづ》ける人形《にんぎょう》

お菊《きく》人形《にんぎょう》

北海道《ほっかいどう》の萬念寺《まんねんじ》には、「お菊人形《きくにんぎょう》」と呼《よ》ばれる髪《かみ》の毛《け》が伸《の》び続《つづ》ける少女《しょうじょ》の人形《にんぎょう》がある。

大正時代《たいしょうじだい》、ある青年《せいねん》が菊子《きくこ》という名前《なまえ》の幼《おさな》い妹《いもうと》のために、おかっぱ頭《あたま》で胸《むね》を押《お》すと音《おと》が鳴《な》る人形《にんぎょう》を買《か》った。菊子《きくこ》は人形《にんぎょう》をとても気《き》に入《い》ってかわいがっていたが、不幸《ふこう》にもわずか三歳《さんさい》で亡《な》くなってしまった。

それから不思議《ふしぎ》なことが起《お》こるようになる。菊子《きくこ》の遺骨《いこつ》と一緒《いっしょ》に仏壇《ぶつだん》に祀《まつ》った人形《にんぎょう》の髪《かみ》の毛《け》が、伸《の》びるようになったのだ。

青年《せいねん》の一家《いっか》が北海道《ほっかいどう》を離《はな》れることになったとき、菊子《きくこ》の遺骨《いこつ》とともに人形《にんぎょう》は萬念寺《まんねんじ》に預《あず》けられた。数年後《すうねんご》、青年《せいねん》が萬念寺《まんねんじ》を訪《おとず》れると、人形《にんぎょう》の髪《かみ》はさらに伸《の》びていて、おかっぱ頭《あたま》だったのが肩《かた》にかかるまでになっていた。「お菊人形《きくにんぎょう》」の髪《かみ》は今《いま》も伸《の》び続《つづ》けている。

突然《とつぜん》に現《あらわ》れる幻《まぼろし》の駅《えき》

お狐《きつね》さんの駅《えき》

ある私鉄《してつ》の沿線《えんせん》に大《おお》きな神社《じんじゃ》があり、そこの巫女《みこ》さんたちの間《あいだ》で語《かた》られている不思議《ふしぎ》な駅《えき》の話《はなし》だ。電車《でんしゃ》が山間部《さんかんぶ》の線路《せんろ》を走《はし》っていると、見覚《みおぼ》えのない駅《えき》が、いきなり出現《しゅつげん》することがあるという。

電車《でんしゃ》はその駅《えき》を通過《つうか》するが、まれに停車《ていしゃ》することがある。ホームや駅舎《えきしゃ》はごく普通《ふつう》の駅《えき》と変《か》わらないが、駅員《えきいん》や客《きゃく》の姿《すがた》は目撃《もくげき》されたことがなく、その駅《えき》の名前《なまえ》は、駅《えき》が現《あらわ》れるたびに変《か》わるのだ。ただし、駅名《えきめい》は必《かなら》ずひらがなだけで記《しる》されている。改札口《かいさつぐち》の向《む》こうには、山奥《やまおく》へ続《つづ》いている細《ほそ》い道《みち》が見《み》えるだけで、あとは何《なに》も見《み》えない。

神社《じんじゃ》の関係者《かんけいしゃ》たちは、この駅《えき》のことを「お狐《きつね》さんの駅《えき》」と呼《よ》んでいる。ここで電車《でんしゃ》を降《お》りると、二度《にど》と帰《かえ》ってこれなくなるそうだ。

保健室《ほけんしつ》に現《あらわ》れる霊《れい》

おだいじに

ある小学校《しょうがっこう》で、二年生《にねんせい》の女《おんな》の子《こ》が風邪《かぜ》をひいて熱《ねつ》が高《たか》いにもかかわらず、登校《とうこう》してきた。授業中《じゅぎょうちゅう》、咳《せき》がひどいので保健室《ほけんしつ》へ行《い》って休《やす》んでいたが、家《いえ》に帰《かえ》ることにした。しかし、女《おんな》の子《こ》は家《いえ》に帰《かえ》る途中《とちゅう》で倒《たお》れてしまい亡《な》くなった。

それ以来《いらい》、放課後《ほうかご》になると保健室《ほけんしつ》のベッドに布団《ふとん》をかぶって寝《ね》ている女《おんな》の子《こ》の霊《れい》が現《あらわ》れるようになった。その布《ふ》団《とん》をめくると、やせ細《ほそ》り真《ま》っ青《さお》な顔色《かおいろ》の女《おんな》の子《こ》が咳《せき》をしている。その女《おんな》の子《こ》の霊《れい》を見《み》た後《あと》は、学校《がっこう》のどこにいても咳《せき》が聞《き》こえてくる。咳《せき》は女《おんな》の子《こ》の霊《れい》を見《み》た人《ひと》のみに聞《き》こえるという。そして、保健室《ほけんしつ》でその霊《れい》を見《み》てしまうと、風邪《かぜ》がうつって必《かなら》ず亡《な》くなってしまうのだ。この恐怖《きょうふ》から逃《のが》れるには、「おだいじに。」と三回《さんかい》唱《とな》えれば大丈夫《だいじょうぶ》だ。

赤《あか》ん坊《ぼう》を抱《だ》いた妖怪《ようかい》

オバリョ山《やま》の怪女《かいじょ》

ある高校《こうこう》の裏《うら》にオバリョ山《やま》と呼《よ》ばれる山《やま》がある。その高《こう》校《こう》で語《かた》られている怪談《かいだん》だ。

女性教師《じょせいきょうし》が、夜《よる》になって山《やま》に行《い》った。山《やま》の頂上近《ちょうじょうちか》くを歩《ある》いていると、「すみません。」と後《うし》ろから、か細《ぼそ》い女《おんな》の声《こえ》がした。振《ふ》り返《かえ》ると、やせ細《ほそ》った女《おんな》が赤《あか》ちゃんを抱《だ》いて立《た》っていた。その女《おんな》は「少《すこ》しの間《あいだ》だけ、この子《こ》を抱《だ》っこしてくれませんか。」と先生《せんせい》に尋《たず》ねた。「いいですよ。」と先生《せんせい》が赤《あか》ちゃんを受《う》け取《と》ると、その女《おんな》はニヤリとうすら笑《わら》いを浮《う》かべながら「これでやっと人《にん》間《げん》の世界《せかい》に戻《もど》れるわ。」と言《い》い残《のこ》し、暗《くら》い森《もり》の中《なか》に消《き》えていったのだ。

その夜以来《よいらい》、先生《せんせい》は行方不《ゆくえふ》明《めい》になり、オバリョ山《やま》には、赤《あか》ちゃんを抱《だ》いた先生《せんせい》によく似《に》た女性《じょせい》が現《あらわ》れるようになったという。

息子《むすこ》が見《み》たものは…

おんぶ幽《ゆう》霊《れい》

夫婦《ふうふ》と息子《むすこ》の三人家族《さんにんかぞく》の家庭《かてい》に起《お》きた話《はなし》だ。

ある日《ひ》、夫婦《ふうふ》はちょっとしたことで言《い》い争《あらそ》いを始《はじ》め、夫《おっと》が妻《つま》を殺《ころ》してしまった。夫《おっと》は妻《つま》の死体《したい》を床下《ゆかした》に埋《う》めて、息《む》子《す》《こ》には「お母《かあ》さんは仕事《しごと》で帰《かえ》ってこられないんだよ。」と嘘《うそ》をついた。すると息子《むすこ》は不思議《ふしぎ》そうな顔《かお》をした。

その表情《ひょうじょう》を見《み》た夫《おっと》は、息子《むすこ》に殺人現場《さつじんげんば》を見《み》られたのかもしれないと心配《しんぱい》になり、息子《むすこ》も殺《ころ》すことにした。数日後《すうじつご》、息子《むすこ》を部屋《へや》に呼《よ》び寄《よ》せて「お前《まえ》に話《はなし》がある。」と言《い》うと、「僕《ぼく》もお父《とう》さんに聞《き》きたいことがあるんだ。」と息子《むすこ》が言《い》う。殺人《さつじん》を見《み》ていたと確信《かくしん》した夫《おっと》は息子《むすこ》の話《はなし》の続《つづ》きを聞《き》いた。「何《なん》でお父《とう》さんは、いつもお母《かあ》さんをおんぶしているの？」殺《ころ》された妻《つま》の霊《れい》が夫《おっと》の背中《せなか》に取《と》り憑《つ》いていたのだ。

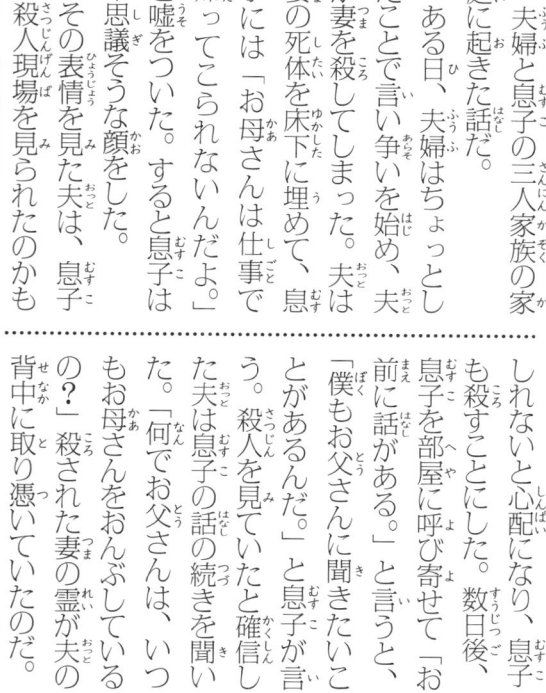

か行《ぎょう》

骸骨少女《がいこつしょうじょ》、怪人《かいじん》アンサー、
口裂《くちさ》け女《おんな》、首取《くびと》り幽霊《ゆうれい》、
こっくりさんなど全《ぜん》32話《わ》。

動《うご》く模型《もけい》…

骸骨少女《がいこつしょうじょ》

学校《がっこう》の理科室《りかしつ》で、授業《じゅぎょう》の後《あと》、一人《ひとり》の生徒《せいと》が実験《じっけん》の後片《あとかた》づけをしていた。すると、いきなり照明《しょうめい》が消《き》えて、棚《たな》が大《おお》きく揺《ゆ》れ始《はじ》めた。実験道具《じっけんどうぐ》が床《ゆか》に転《ころ》がり落《お》ち薬品《やくひん》がこぼれ出《で》た。

その生徒《せいと》は何《なに》が起《お》きたのかわからず呆然《ぼうぜん》としていると、理科室《りかしつ》の隅《すみ》に立《た》っていた骸骨《がいこつ》の模型《もけい》が動《うご》き出《だ》して、少女《しょうじょ》の姿《すがた》になったのである。少女《しょうじょ》はその生徒《せいと》に向《む》かって手招《てまね》きをしながら「お願《ねが》い…。一緒《いっしょ》に来《き》て…。私《わたし》はここよ…。」と言《い》ったのだ。生徒《せいと》は気《き》を失《うしな》ってしまい、意識《いしき》が戻《もど》ると保健《ほけん》室《しつ》のベッドの上《うえ》にいた。

生徒《せいと》が後《あと》で聞《き》いた話《はなし》では、何年《なんねん》も前《まえ》のこと、その理科室《りかしつ》で薬品《やくひん》の扱《あつか》いを間違《まちが》えて死亡《しぼう》した女子生徒《じょしせいと》がいたそうだ。彼女《かのじょ》の霊《れい》が骸骨《がいこつ》の模型《もけい》に乗《の》り移《うつ》り、友人《ゆうじん》がほしくて現《あらわ》れたのかもしれない。

凶暴《きょうぼう》だったりダンス好《ず》きだったり

骸《がい》骨《こつ》模《も》型《けい》の怪《かい》

学校《がっこう》の理科室《りかしつ》にある骸骨模《がいこつも》型《けい》にまつわる都市伝説《としでんせつ》はたいへんに多《おお》い。夜中《よなか》になると動《うご》き出《だ》して走《はし》ったり踊《おど》ったり、人間《にんげん》に襲《おそ》いかかったりとさまざまだ。

大《おお》きな被害《ひがい》を及《およ》ぼすことは少《すく》ないが、ときに凶暴《きょうぼう》な面《めん》を見《み》せる。理科室《りかしつ》の水道《すいどう》で手《て》を洗《あら》った子《こ》どもを食《く》い殺《ころ》したり、「一緒《いっしょ》に遊《あそ》ぼうよ。」と子《こ》どもを誘《さそ》って、遊《あそ》んでしまった子《こ》どもを骸骨模型《がいこつもけい》にしてしまったという話《はなし》もある。

踊《おど》り好《ず》きな骸骨模型《がいこつもけい》もいる。音楽室《おんがくしつ》のピアノの音色《ねいろ》に合《あ》わせて、階下《かいか》の理科室《りかしつ》で骸骨模《がいこつも》型《けい》が踊《おど》っていたという。給食《きゅうしょく》の時間《じかん》に流《なが》れるヒップホップの曲《きょく》に乗《の》って、華麗《かれい》なダンスを披露《ひろう》する骸骨模型《がいこつもけい》もいる。そのとき、一緒《いっしょ》に踊《おど》った生徒《せいと》と友《とも》だちになったという話《はなし》もある。

携帯電話《けいたいでんわ》で呼《よ》び出《だ》すと…

怪人《かいじん》アンサー

インターネット上《じょう》で知《し》られるようになった怪人《かいじん》アンサーは、どんな質問《しつもん》にも答《こた》えてくれるといわれている。アンサーを呼《よ》び出《だ》すには、携帯電話《けいたいでんわ》を使《つか》う。

十台《じゅうだい》の携帯電話《けいたいでんわ》を用意《ようい》し、十人《じゅうにん》が集《あつ》まって輪《わ》になって並《なら》ぶ。そして、それぞれが隣《となり》の人《ひと》に電話《でんわ》を同時《どうじ》にかけるのだ。一台目《いちだいめ》の携帯電話《けいたいでんわ》から隣《となり》の二《に》台目《だいめ》に、二台目《にだいめ》からその隣《となり》の三台目《さんだいめ》に、三台目《さんだいめ》から隣《となり》の四《よん》台目《だいめ》に……、そして十台目《じゅうだいめ》から隣《となり》の一台目《いちだいめ》の携帯電話《けいたいでんわ》に十《じゅう》台同時《だいどうじ》に発信《はっしん》ボタンを押《お》す。

普通《ふつう》ならばどの電話《でんわ》も話《はな》し中《ちゅう》になるのだが、なぜか知《し》らないところに繋《つな》がり、怪人《かいじん》アンサーが電話《でんわ》に出《で》てくるのだ。

十人《じゅうにん》がアンサーに電話《でんわ》で質《しつ》問《もん》をすると、九人《きゅうにん》にはあらゆる分野《ぶんや》のどんな質問《しつもん》にも答《こた》えてくれる。

しかし、最後《さいご》の一人《ひとり》の質問《しつもん》

には答《こた》えてくれずに、アンサーのほうから質問《しつもん》をする。その質問《しつもん》はとてつもなくむずかしいが、正《ただ》しく答《こた》えられないと、携帯電話《けいたいでんわ》の液晶画面《えきしょうがめん》から腕《うで》がぬっと出《で》てきて、その人《ひと》の体《からだ》の一部分《いちぶぶん》を引《ひ》きちぎって奪《うば》い取《と》るのだ。

　怪人《かいじん》アンサーの体《からだ》は、最初《さいしょ》は頭《あたま》だけだったが、携帯電話《けいたいでんわ》を使《つか》って人間《にんげん》の体《からだ》のパーツを集《あつ》め、体《からだ》を完成《かんせい》させようとしているのだった。

　現在《げんざい》、どの程度《ていど》のパーツを集《あつ》めたのかは不明《ふめい》だ。

人形《にんぎょう》を捨《す》てると…
帰《かえ》ってくる人形《にんぎょう》

ある女《おんな》の子《こ》が古《ふる》くなった市《いち》松人形《まつにんぎょう》をごみ捨《す》て場《ば》に捨《す》てたのだが、翌朝《よくあさ》、なぜか人形《にんぎょう》は今《いま》まで飾《かざ》ってあったタンスの上《うえ》に座《すわ》っていた。家族《かぞく》に尋《たず》ねても知《し》らないと言《い》う。

女《おんな》の子《こ》は怖《こわ》くなって、あわてて人形《にんぎょう》をごみ捨《す》て場《ば》に捨《す》てに行《い》った。しかし、また翌朝《よくあさ》になると、人形《にんぎょう》は戻《もど》っているのだ。捨《す》てても捨《す》てても人形《にんぎょう》は帰《かえ》ってくる。どうしたらいいのか困《こま》っていると、人形《にんぎょう》が女《おんな》の子《こ》のほうを振《ふ》り向《む》いて、にやりと笑《わら》ったのだった。

捨《す》てた人形《にんぎょう》が帰《かえ》ってくる話《はなし》はたくさんある。人形《にんぎょう》の種類《しゅるい》も、日本人形《にほんにんぎょう》、西洋人形《せいようにんぎょう》、ミルク飲《の》み人形《にんぎょう》、兵隊《へいたい》の人形《にんぎょう》などさまざまである。人形《にんぎょう》には魂《たましい》が宿《やど》っていて、自分《じぶん》を捨《す》てた人間《にんげん》に復讐《ふくしゅう》をしようと帰《かえ》ってくるのだ。供養《くよう》をして人形《にんぎょう》の魂《たましい》を鎮《しず》めるといいとされる。

遊《あそ》び相手《あいて》を探《さが》す少女《しょうじょ》は…

鏡《かがみ》の中《なか》のナナちゃん

ナナちゃんは鏡《かがみ》の中《なか》だけに存在《そんざい》する少女《しょうじょ》で、鏡《かがみ》に映《うつ》っていても実際《じっさい》の同《おな》じ場所《ばしょ》には、その姿《すがた》は存在《そんざい》しない。またナナちゃんは特定《とくてい》の人《ひと》にしか見《み》えず、その人《ひと》と鏡越《かがみご》しに会話《かいわ》をすることができる。ある少《しょう》年《ねん》がナナちゃんと会話《かいわ》するようになり、彼女《かのじょ》は鏡《かがみ》の中《なか》で一《いっ》緒《しょ》に遊《あそ》ぼうと少年《しょうねん》を誘《さそ》った。だが、恐《おそ》ろしくなった少年《しょうねん》は鏡《かがみ》を納戸《なんど》にしまってナナちゃんには会《あ》わないようにした。月日《つきひ》が流《なが》れ、彼《かれ》は大人《おとな》になり結婚《けっこん》をした。ある日《ひ》、鏡《かがみ》の中《なか》にナナちゃんが再《ふたた》び現《あらわ》れたのだ。彼女《かのじょ》は「こっちで遊《あそ》ぼう。」と誘《さそ》うが、彼《かれ》は断《ことわ》った。すると彼女《かのじょ》は「だったら私《わたし》はその子《こ》と遊《あそ》ぶ。」と言《い》うと消《き》えてしまった。二日後《ふつかご》、妊娠《にんしん》中《ちゅう》の彼《かれ》の妻《つま》が流産《りゅうざん》をしたのだ。ナナちゃんは遊《あそ》び相手《あいて》に、彼《かれ》の赤《あか》ちゃんを選《えら》んだのだった。

雨《あめ》の降《ふ》る夜《よる》、その女《おんな》は現《あらわ》れる

傘《かさ》の女《おんな》

とある火葬場《かそうば》の裏山《うらやま》に、人《ひと》も車《くるま》もあまり通《とお》らない寂《さび》しいトンネルがある。雨《あめ》の降《ふ》る夜《よる》、白《しろ》い着物《きもの》を着《き》た長《なが》い黒髪《くろかみ》の女《おんな》がそのトンネルに現《あらわ》れる。

午前二時頃《ごぜんにじごろ》、唐傘《からかさ》を差《さ》したその女《おんな》は、傘《かさ》を持《も》たずに雨《あめ》に濡《ぬ》れたままトンネルのほうへやってくる人《ひと》に声《こえ》をかけるのだ。「家《いえ》まで送《おく》ってあげましょうか。」断《ことわ》れば何《なに》も起《お》こらないが、その誘《さそ》いに乗《の》ると、女《おんな》はその人《ひと》を自分《じぶん》の傘《かさ》に入《い》れて、トンネルの中《なか》に入《はい》っていく。トンネルを進《すす》むにつれて、傘《かさ》を差《さ》した二人《ふたり》の後《うし》ろ姿《すがた》はだんだんと薄《うす》くなっていき、トンネルを出《で》る頃《ころ》には消《き》えてしまう。誘《さそ》いに乗《の》った人《ひと》は、そのままトンネルから永久《えいきゅう》に出《で》ることはない。

そしてまた、女《おんな》は雨《あめ》の日《ひ》の夜《よる》に、トンネルで次《つぎ》の獲物《えもの》を狙《ねら》っているという。

話《はなし》を聞《き》いた人《ひと》の元《もと》に現《あらわ》れる

カシマさん

学校《がっこう》でカシマさんの怪談《かいだん》を聞《き》いた少女《しょうじょ》がいた。その晩《ばん》、夢《ゆめ》の中《なか》にカシマさんが現《あらわ》れた。話《はなし》で聞《き》いた通《とお》り、片手《かたて》と片足《かたあし》のない女《おんな》の幽霊《ゆうれい》だった。女《おんな》は「手《て》をよこせ。」と言《い》う。少女《しょうじょ》が答《こた》えられないでいると少女《しょうじょ》の手《て》を奪《うば》った。次《つぎ》に女《おんな》は「足《あし》をよこせ。」と言《い》った。また答《こた》えられないでいると少女《しょうじょ》の足《あし》を奪《うば》ったのだ。それから女《おんな》は「この話《はなし》は誰《だれ》から聞《き》いた？」と聞《き》いた。少女《しょうじょ》は友《とも》だちの名《な》前《まえ》を告《つ》げた。翌朝《よくあさ》、手足《てあし》をもぎ取《と》られた少女《しょうじょ》の死体《したい》が発見《はっけん》された。家《いえ》に人《ひと》が侵入《しんにゅう》した形跡《けいせき》はないのに、少女《しょうじょ》の手足《てあし》は見《み》つからなかったのだ。

この話《はなし》を聞《き》いた人《ひと》の元《もと》には、三日以内《みっかいない》にカシマさんの幽霊《ゆうれい》が現《あらわ》れる。彼女《かのじょ》に「手《て》をよこせ。」と言《い》われたら「今使《いまつか》っています。」と答《こた》える。「足《あし》をよこせ。」と言《い》われたら「今《いま》必要《ひつよう》です。」と答《こた》える。「その話《はなし》は誰《だれ》から聞《き》いた？」の問《と》いには「カシマさん。カは仮面《かめん》の仮《か》、シは死人《しにん》の死《し》、マは悪《あく》魔《ま》の魔《ま》。」と答《こた》える。そう答《こた》えなければ、手足《てあし》を奪《うば》われてしまうのだ。

恐《おそ》ろしい形相《ぎょうそう》の老婆《ろうば》の妖怪《ようかい》が…

学校《がっこう》鬼婆《おにばば》

ある学校《がっこう》で深夜《しんや》、警備員《けいびいん》が校舎《こうしゃ》の見回《みまわ》りをしていた。階《かい》段《だん》を上《のぼ》って屋上《おくじょう》のドアを開《あ》けようとしたとき、背後《はいご》に何者《なにもの》かの気配《けはい》を感《かん》じた。振《ふ》り向《む》くと、着物《きもの》を着《き》た白髪《はくはつ》の老婆《ろうば》が階段《かいだん》の途中《とちゅう》に立《た》って警備員《けいびいん》を見上《みあ》げていたのだ。真《ま》っ赤《か》な口《くち》が耳《みみ》まで裂《さ》けた恐《おそ》ろしい形《ぎょう》相《そう》の鬼婆《おにばば》だった。その姿《すがた》を見《み》た警備員《けいびいん》は腰《こし》が抜《ぬ》けて、その場《ば》に座《すわ》り込《こ》んでしまった。警《けい》備員《びいん》は何《なん》とか立《た》ち上《あ》がろうともがくのだが動《うご》けない。その間《かん》も鬼婆《おにばば》は、階段《かいだん》を一歩《いっぽ》一歩《いっぽ》上《あ》がってくる。警備員《けいびいん》は追《お》い払《はら》おうと手《て》を必死《ひっし》に振《ふ》り回《まわ》した。すると鬼婆《おにばば》は警備員《けいびいん》に飛《と》びかかり首《くび》を絞《し》め始《はじ》めた。

その後《ご》、警備員《けいびいん》は気《き》を失《うしな》って倒《たお》れているところを同僚《どうりょう》の警備員《けいびいん》に発見《はっけん》された。結局《けっきょく》、鬼婆《おにばば》の行方《ゆくえ》はわからないままだったそうだ。

七《なな》つ全《すべ》てを知《し》ってしまうと…

学《が》校《こう》の七《なな》不《ふ》思《し》議《ぎ》

学校《がっこう》に伝《つた》わる七不思議《ななふしぎ》を七《なな》つ全部《ぜんぶ》知《し》ってしまうと、恐《おそ》ろしいことが起《お》こるので、全部《ぜんぶ》知《し》ってはならないという。

七不思議《ななふしぎ》を全部《ぜんぶ》知《し》ると、翌《よく》日死《じつし》んでしまう、二十歳《はたち》までに七不思議《ななふしぎ》を忘《わす》れてしまわないと死《し》んでしまう、口《くち》に出《だ》して七不思議《ななふしぎ》を全《すべ》て言《い》うと事故《じこ》に遭《あ》うなどさまざまな恐怖《きょうふ》が待《ま》っている。

ある小学校《しょうがっこう》で、六人《ろくにん》の小学《しょうがく》生《せい》が一人《ひとり》一話《いちわ》ずつ学校《がっこう》の怪談《かいだん》を披露《ひろう》していた。すると、六《ろく》人目《にんめ》が話《はな》し終《お》えたところで花《はな》子《こ》さんが現《あらわ》れ、七《なな》つ目《め》の怪談《かいだん》を語《かた》ったという。そこで六人《ろくにん》の小学生《しょうがくせい》は学校《がっこう》の七不思議《ななふしぎ》を全《すべ》て知《し》ってしまったのだ。

学校《がっこう》によって七不思議《ななふしぎ》の内《ない》容《よう》は異《こと》なる。また、八《やっ》つ以上《いじょう》の不思議《ふしぎ》な話《はなし》が語《かた》られる学校《がっこう》もあり、その場合《ばあい》は八《やっ》つ以上《いじょう》知《し》ることで、学校《がっこう》の七不思議《ななふしぎ》の恐怖《きょうふ》を避《さ》けることができるともいわれている。だが、七《なな》つ目《め》までは知《し》っても何《なに》も起《お》こらないが、八《やっ》つ目《め》を知《し》ると死《し》んでしまうという話《はなし》もある。

河童《かっぱ》

河童《かっぱ》が教《おし》えてくれたこと

今《いま》から数十年前《すうじゅうねんまえ》、福井県《ふくいけん》のある村《むら》でのできごとだ。

この村《むら》には河童《かっぱ》が住《す》んでおり、村人《むらびと》との仲《なか》は良好《りょうこう》だった。ある日《ひ》、河童《かっぱ》たちが「川《かわ》の水《みず》を変《か》えてくれ。川《かわ》の水《みず》が恐《おそ》ろしい。」と悲痛《ひつう》な声《こえ》で訴《うった》えた。それを聞《き》いた村人《むらびと》は近《ちか》くを流《なが》れる九頭龍川《くずりゅうがわ》を見《み》に行《い》ったが、川《かわ》の水《みず》はいつも通《どお》りに澄《す》んでいて何《なん》の変化《へんか》もない。しかし、河童《かっぱ》たちは「こんなところには住《す》めない。」と口々《くちぐち》に言《い》うのだ。面倒《めんどう》になった村人《むらびと》たちが冷《つめ》たく接《せっ》するようになると、河童《かっぱ》たちは村《むら》を去《さ》り山《やま》へ行《い》ってしまった。

それから数年後《すうねんご》、村人《むらびと》からたまたま河童《かっぱ》の話《はなし》を聞《き》いた学《がく》生《せい》が九頭龍川《くずりゅうがわ》の水質調査《すいしつちょうさ》を依《い》頼《らい》した。すると、川《かわ》の水《みず》が有《ゆう》毒《どく》な物質《ぶっしつ》に汚染《おせん》されていることがわかったのだ。川《かわ》の上流《じょうりゅう》の鉱山《こうざん》からカドミウムが漏《も》れ出《だ》していたのである。

「川《かわ》の水《みず》が恐《おそ》ろしい。」とはこのことだった。河童《かっぱ》たちのおかげで、公害《こうがい》が判明《はんめい》したのだ。話《はなし》を取《と》り合《あ》わずに冷《つめ》たくあしらったことを悔《く》いた村人《むらびと》たちは、河童《かっぱ》のいる山《やま》を登《のぼ》り謝《あやま》った。「河童《かっぱ》たち、あのときは話《はなし》を信《しん》じてやれずにたいへん申《もう》しわけなかった。お前《まえ》たちのおかげで村《むら》は助《たす》かった。ありがとう。」すると、霧《きり》の中《なか》から「百年《ひゃくねん》したら、村《むら》に戻《もど》ります。それまで川《かわ》の水《みず》をきれいにしておいてください…。」と、か細《ぼそ》い声《こえ》が聞《き》こえたそうだ。

カマキリさん

カマキリにいたずらをすると…

カマキリさんは、ある学校《がっこう》のトイレに出現《しゅつげん》する。

カマキリにいたずらをした子《こ》どもがトイレに入《はい》ると、カマキリさんの声《こえ》が聞《き》こえてくる。「お前《まえ》の手《て》がほしい。足《あし》がほしい。体《からだ》がほしい。頭《あたま》がほしい。」と言《い》うのだ。

それに対《たい》して決《けっ》して声《こえ》を出《だ》してはいけない。一言《ひとこと》でも声《こえ》を発《はっ》すると、カマキリさんに異次元《いじげん》の世界《せかい》へ連《つ》れていかれる。そして、両手《りょうて》、両足《りょうあし》、胴《どう》体《たい》、頭《あたま》を奪《うば》われて、気絶《きぜつ》をしてしまう。

意識《いしき》が戻《もど》ると、カマキリになっていて、人間《にんげん》の自分《じぶん》に殺《ころ》されてしまうのだ。

もしそのときに「ごめんなさい。」とカマキリさんに謝《あやま》れば、殺《ころ》されることはない。しかし、一生《いっしょう》カマキリとして生《い》きていかなければならないという。

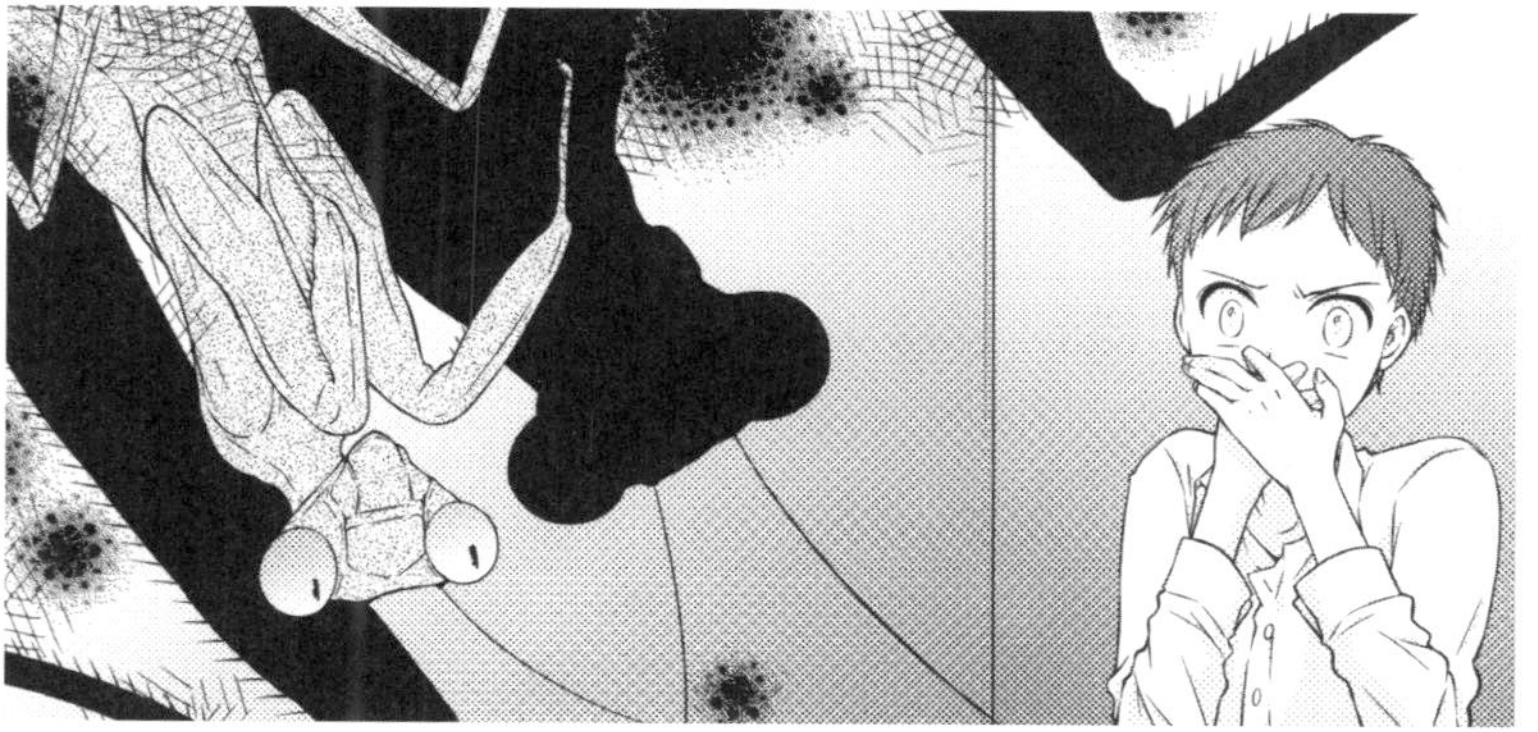

神《かみ》隠《かく》し

わけもなく消《き》えてしまう…

昔《むかし》から全国各地《ぜんこくかくち》で「神隠《かみかく》し」は起《お》きている。突如《とつじょ》わけもなく、人《ひと》が行方不明《ゆくえふめい》になってしまうのだ。

ある小学校《しょうがっこう》で、子《こ》どもたちが昼休《ひるやす》みの時間《じかん》に校庭《こうてい》でかくれんぼをしていたとき、いくら探《さが》しても見《み》つらない女《おんな》の子《こ》がいた。その子《こ》は昼休《ひるやす》みが終《お》わっても出《で》てくることはなく、それきり行方不明《ゆくえふめい》になってしまった。

それから十二年後《じゅうにねんご》、小学校《しょうがっこう》で同窓会《どうそうかい》があった。当時《とうじ》かくれんぼをしたメンバーが校庭《こうてい》に出《で》て、行方不明《ゆくえふめい》の女《おんな》の子《こ》の名前《なまえ》を呼《よ》んでみると、何《なん》とその女《おんな》の子《こ》が十二年前《じゅうにねんまえ》の子《こ》どもの姿《すがた》のまま現《あらわ》れたのだ。

別《べつ》の学校《がっこう》では、トイレに入《はい》ったまま出《で》てこなくなり、一年後《いちねんご》にそのトイレから当時《とうじ》のままの姿《すがた》で出《で》てきた女《おんな》の子《こ》がいる。

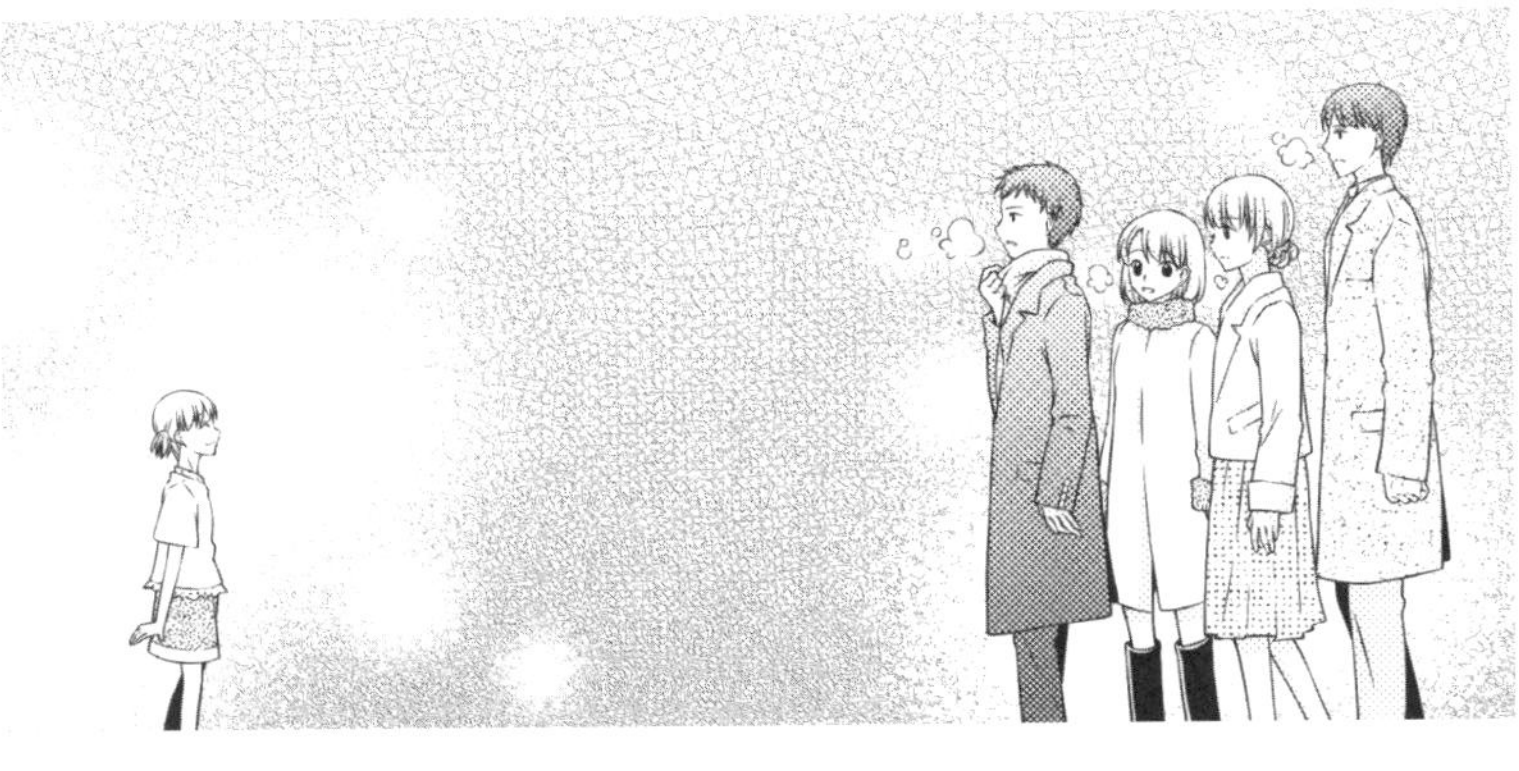

カン、カン

人《ひと》を狂《くる》わせる怪奇《かいき》な音《おと》

その妖怪《ようかい》はやせた女《おんな》の姿《すがた》をしていて、カン、カンと金属《きんぞく》音《おん》を立《た》てながら現《あらわ》れる。腰《こし》まで伸《の》びた長《なが》い髪《かみ》に着物姿《きものすがた》で、手《て》には硬《かた》くて重《おも》そうな凶器《きょうき》を握《にぎ》りしめているという。

体験《たいけん》した人《ひと》の話《はなし》では、ある日《ひ》、カン、カンと音《おと》がするので、居間《いま》をのぞくとこちらに背中《せなか》を向《む》けて正座《せいざ》をしている女《おんな》がいた。驚《おどろ》いて声《こえ》を上《あ》げるとその女《おんな》が振《ふ》り返《かえ》った。女《おんな》の両目《りょうめ》には、眼孔《がんこう》と同《おな》じ大《おお》きさの鉄《てつ》の釘《くぎ》が刺《さ》さっていたのだ。そして、笑《わら》いながら「あなたも、あなたの家族《かぞく》もおしまいよ。ふふふ。」と言《い》って消《き》えた。

その後《ご》もカン、カンという音《おと》は、幾度《いくど》となく家《いえ》の中《なか》に鳴《な》り響《ひび》き、その人《ひと》の母親《ははおや》は、しだいに異常《いじょう》な行動《こうどう》をとるようになった。それから八年《はちねん》たってもこの怪奇《かいき》な現象《げんしょう》は続《つづ》いているそうだ。

時《とき》の狭間《はざま》に入《はい》った女性《じょせい》

きさらぎ駅《えき》

ある女性《じょせい》がインターネットの掲示板《けいじばん》に、電車《でんしゃ》に乗《の》ってからのできごとをリアルタイムで書《か》き込《こ》んでいた。

「いつもは数分《すうふん》ごとに駅《えき》に停《てい》車《しゃ》するのにもう二十分《にじっぷん》以上《いじょう》走《はし》り続《つづ》けてる。すごく不安《ふあん》。」

「あ、駅《えき》に着《つ》いた。降《お》りよう。」

「きさらぎ駅《えき》って聞《き》いたことがない。無人駅《むじんえき》みたい。」

「父《ちち》に電話《でんわ》した。調《しら》べてくれたけどそんな駅《えき》はないって。」

「線路沿《せんろぞ》いを歩《ある》いてる。」

「見覚《みおぼ》えのあるトンネルだ！」

「トンネルを抜《ぬ》けて、通《とお》りかかった車《くるま》に乗《の》せてもらった。」

「おかしい。車《くるま》はいつまでたっても街《まち》に着《つ》かない。」

「運転手《うんてんしゅ》に聞《き》いたけど無言《むごん》のまま。今《いま》から運転手《うんてんしゅ》の隙《すき》を見《み》て逃《に》げる。」……と、ここで彼女《かのじょ》の書《か》き込《こ》みは終《お》わった。

それから七年《ななねん》が経《た》ち、同一《どういつ》人物《じんぶつ》と思《おも》われる人《ひと》の書《か》き込《こ》みがあった。あの後《あと》、車《くるま》は暗《くら》い森《もり》の中《なか》で止《と》まり、そこに現《あらわ》れた男性《だんせい》の言《い》う通《とお》りにしばらく歩《ある》いていくと、彼女《かのじょ》が知《し》っている駅《えき》に無事《ぶじ》にたどり着《つ》いた。

だが、その駅《えき》に着《つ》いたとき、彼女《かのじょ》がきさらぎ駅《えき》を降《お》りてから七年《ななねん》が経《た》っていた。

全身包帯男《ぜんしんほうたいおとこ》の霊《れい》が現《あらわ》れる

キジマさん

キジマさんの話《はなし》を聞《き》くと、キジマさんが現《あらわ》れるという。

その話《はなし》とは……。ある日《ひ》、キジマさんが轢《ひ》き逃《に》げに遭《あ》い友人《ゆうじん》たちが病院《びょういん》に行《い》くと、キジマさんは両手足《りょうてあし》を切断《せつだん》され、全身《ぜんしん》ぐるぐる巻《ま》きの包帯《ほうたい》の中《なか》から片目《かため》だけをのぞかせていた。「犯人《はんにん》を探《さが》し出《だ》してくれ。」と言《い》うキジマさんに友人《ゆうじん》たちが「必《かなら》ず見《み》つける。」と約束《やくそく》をすると、息《いき》を引《ひ》き取《と》った。

だが、犯人《はんにん》は見《み》つからないまま一年《いちねん》がすぎた。友人《ゆうじん》たちが墓前《ぼぜん》でそのことを謝《あやま》ると、そこにキジマさんが現《あらわ》れたのだ。両手足《りょうてあし》がなく、片目《かため》だけを出《だ》して全身包帯《ぜんしんほうたい》を巻《ま》いた姿《すがた》で、「俺《おれ》を殺《ころ》したのはお前《まえ》だろ!」と友人《ゆうじん》たちに言《い》った。「違《ちが》う!」と全員《ぜんいん》が答《こた》えるとキジマさんは消《き》えた……。

この話《はなし》を聞《き》いた人《ひと》のところには、キジマさんが現《あらわ》れるという。そして、キジマさんは自分《じぶん》で犯人《はんにん》を探《さが》していると噂《うわさ》されている。

実《じつ》はこの話《はなし》は作《つく》り話《ばなし》だったのだが、キジマさんに会《あ》ったと証言《しょうげん》する人《ひと》たちに、包帯《ほうたい》から出《で》ていた目《め》は左右《さゆう》どちらか尋《たず》ねると、恐《おそ》ろしいことに全員必《ぜんいんかなら》ず左目《ひだりめ》と答《こた》えるそうだ。

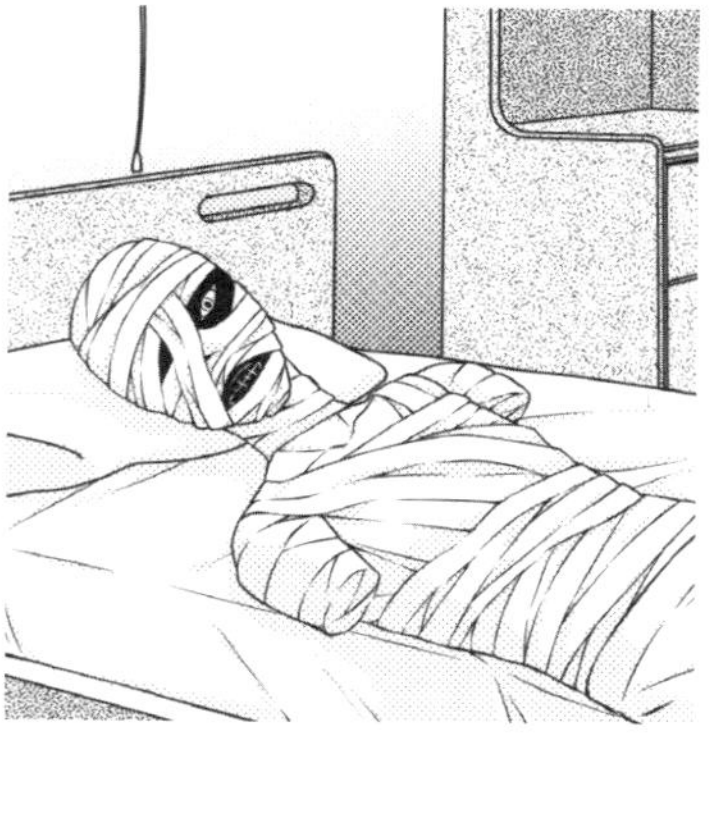

霊《れい》に誘《さそ》われた少女《しょうじょ》

キューピッドさん

霊《れい》を呼《よ》び出《だ》して行《おこな》う占《うらな》いの一種《いっしゅ》である。白《しろ》い紙《かみ》に0から9までの数字《すうじ》と五十音順《ごじゅうおんじゅん》のひらがな、ハートのマーク、そしてイエス、ノーという文字《もじ》を書《か》く。窓《まど》を開《あ》けてから紙《かみ》の上《うえ》の十円硬貨《じゅうえんこうか》に人差《ひとさ》し指《ゆび》を置《お》き、キューピッドさんを呼《よ》び出《だ》すのだ。そして質問《しつもん》をすると、硬貨《こうか》が文字《もじ》の上《うえ》を移動《いどう》して答《こた》えてくれるという。

この占《うらな》いに凝《こ》っているうちにキューピッドさんと親《した》しくなった少女《しょうじょ》がいた。ある日《ひ》、キューピッドさんが〝じぬのってこわいね いっしょにきてくれる〟と聞《き》いてきた。連《つ》れていかれると思《おも》った少女《しょうじょ》が「まだ死《し》にたくない！」と叫《さけ》ぶと〝ほんとのことをいってくれてありがとう さようなら〟と言《い》って消《き》えたのだ。キューピッドさんは、いじめられて自殺《じさつ》した生徒《せいと》の霊《れい》だったのだ。

不思議《ふしぎ》な名前《なまえ》の村《むら》

巨頭《きょとう》オ

豊《ゆた》かな自然《しぜん》にあふれたその村《むら》には、心《こころ》のこもったもてなしをしてくれる居心地《いごこち》のいい小《ちい》さな旅館《りょかん》があった。

以前《いぜん》にそこを訪《おとず》れたことのある一人《ひとり》の青年《せいねん》が、再《ふたた》びその旅館《りょかん》に泊《と》まろうと、車《くるま》を走《はし》らせていた。記憶《きおく》を頼《たよ》りに道《みち》を進《すす》んでいくと、村《むら》への方向《ほうこう》を示《しめ》す看板《かんばん》が見《み》えてきた。しかし、以前《いぜん》その看板《かんばん》を見《み》たときと何《なに》か違《ちが》う。看板《かんばん》には「巨頭《きょとう》オ」と記《しる》されているのだ。何《なん》のことかわからなかったが、青年《せいねん》は村《むら》へと向《む》かった。

だが、村《むら》に到着《とうちゃく》すると、そこは荒《あ》れ果《は》てた廃村《はいそん》となっていた。もう長《なが》らく放置《ほうち》されていたのか、どの建物《たてもの》にも草《くさ》が巻《ま》きつき、見《み》る影《かげ》もないありさまなのだ。かつての村《むら》の情景《じょうけい》を思《おも》い出《だ》しながら、青年《せいねん》が車《くるま》を降《お》りようとしたそのとき、少《すこ》し先《さき》に生《お》い茂《しげ》っている草《くさ》むらから異様《いよう》に頭《あたま》の大《おお》きい人間《にんげん》に似《に》たようなものがたくさん現《あらわ》れて、車《くるま》を囲《かこ》むように立《た》った。彼《かれ》らは両腕《りょううで》を足《あし》にぴったりとくっつけて、その巨大《きょだい》な頭《あたま》を左右《さゆう》に大《おお》きく揺《ゆ》らしながら車《くるま》に近《ちか》づいてきたのだ。青《せい》年《ねん》はあわてて車《くるま》を発進《はっしん》させて村《むら》を抜《ぬ》け出《だ》した。帰宅後《きたくご》、地《ち》図《ず》で確《たし》かめたが、そこは以前《いぜん》に訪《おとず》れた村《むら》に間違《まちが》いなかった。

「巨頭《きょとう》オ」とは「巨頭村《きょとうむら》」の「村《むら》」の木偏《きへん》の部分《ぶぶん》が消《き》えてしまったか、あるいは木偏《きへん》の右側《みぎがわ》のはらいと「寸」が消《き》えてしまって「オ」になったものではないかと思《おも》われる。

口裂《くちさ》け女《おんな》

マスクを外《はず》すと…

背《せ》が高《たか》いその女性《じょせい》は、いつも赤《あか》いコートを着《き》ていて、大《おお》きな白《しろ》いマスクをして現《あらわ》れるという。

目撃者《もくげきしゃ》の少年《しょうねん》がその女性《じょせい》に出会《であ》ったのは、学校《がっこう》の帰《かえ》り道《みち》だった。前方《ぜんぽう》から歩《ある》いてきた女性《じょせい》とすれ違《ちが》ったとき、その女性《じょせい》は、「私《わたし》、きれい?」と話《はな》しかけてきた。マスク越《ご》しにも美人《びじん》のように見《み》えたので、少年《しょうねん》が「きれいだと思《おも》います。」と答《こた》えると、その女性《じょせい》はマスクに手《て》をかけて、ゆっくりとマスクを外《はず》した。マスクを外《はず》した顔《かお》を見《み》ると、口《くち》が耳元《みみもと》まで大《おお》きく裂《さ》けていたのだ。大《おお》きく裂《さ》けた口《くち》で女性《じょせい》は、「これでも私《わたし》、きれい?」と尋《たず》ねてきた。

びっくりした少年《しょうねん》が逃《に》げようとすると、いきなり腕《うで》をつかまれ、その女性《じょせい》は手《て》にハサ

ミを持《も》ってすごい形相《ぎょうそう》で迫《せま》ってきた。

口裂《くちさ》け女《おんな》に出会《であ》って、「私《わたし》、きれい？」と話《はな》しかけられたときに、「きれい。」と答《こた》えると、マスクを取《と》り「これでも、私《わたし》、きれい？」と言《い》って、ハサミを持《も》って迫《せま》ってくるし、「きれいじゃない。」と答《こた》えると、その場《ば》で殺《ころ》されてしまうという噂《うわさ》だ。そのときは「まあまあです。」とか、「普通《ふつう》です。」とか、あいまいに答《こた》えるのがいい。女性《じょせい》があいまいな答《こた》えに迷《まよ》っているうちに、逃《に》げることができるといわれている。

見《み》てはいけない…
くねくね

　これはインターネット上《じょう》で語《かた》られるようになった存在《そんざい》で、田畑《たはた》や海岸《かいがん》などに現《あらわ》れて、白《しろ》い体《からだ》をくねくねとくねらせて動《うご》く。その関節《かんせつ》は人間《にんげん》では不《ふ》可能《かのう》な曲《まが》がり方《かた》をする。

　これを遠《とお》くから見《み》るだけならば何《なん》の問題《もんだい》もないが、近《ちか》くで見《み》たり双眼鏡《そうがんきょう》などで見《み》たりして、正体《しょうたい》を知《し》ってしまうと精神的《せいしんてき》におかしくなるという。

　海岸《かいがん》でこれがいるのを見《み》た少女《しょうじょ》がいる。彼女《かのじょ》はとても視《し》力《りょく》がいいので、遠《とお》くからでもはっきりと見《み》えてしまった。すると、叫《さけ》び声《ごえ》を上《あ》げておかしくなり、脳《のう》に後遺症《こういしょう》を負《お》ってしまったという。

　また、くねくねを見《み》て正体《しょうたい》を知《し》ってしまった子《こ》どもが、突然狂《とつぜんくる》ったように笑《わら》いながら体《からだ》をくねらせ始《はじ》めたという話《はなし》もある。この子《こ》が新《あら》たなくねくねになった可能性《かのうせい》がある。

僕《ぼく》の首《くび》はどこに…

首《くび》探《さが》し

ある踏切《ふみきり》に現《あらわ》れる幽霊《ゆうれい》の話《はなし》だ。その近《ちか》くの中学校《ちゅうがっこう》に、短《たん》距離走《きょりそう》の選手《せんしゅ》をしている足《あし》の速《はや》い生徒《せいと》がいた。生徒《せいと》は、通《つう》学途中《がくとちゅう》のこの踏切《ふみきり》で電車《でんしゃ》に轢《ひ》かれて亡《な》くなってしまった。その際《さい》、生徒《せいと》の切断《せつだん》された首《くび》がどこかへ飛《と》んでいき、結局《けっきょく》見《み》つかることはなかった。

事故《じこ》が起《お》きて以来《いらい》、その踏《ふみ》切周辺《きりしゅうへん》で首《くび》のない幽霊《ゆうれい》が目撃《もくげき》されるようになった。幽霊《ゆうれい》は、自分《じぶん》の首《くび》を探《さが》して、毎夜《まいよ》さまよっているといわれている。

また、線路《せんろ》の上《うえ》を歩《ある》いている人間《にんげん》がいると、その踏切《ふみきり》からどんなに離《はな》れていても、首《くび》のない幽霊《ゆうれい》がものすごい速《はや》さで走《はし》ってくるそうだ。電車《でんしゃ》に轢《ひ》かれる危険《きけん》から守《まも》ろうとしているのか、あるいは、その人《ひと》を自分《じぶん》と同《おな》じ電車事故《でんしゃじこ》に遭《あ》わせて、首《くび》を狙《ねら》っているのかは定《さだ》かではない。

おんぶした赤《あか》ん坊《ぼう》の首《くび》が…

首《くび》取《と》り幽《ゆう》霊《れい》

ある話《はなし》を聞《き》いて右《みぎ》から振《ふ》り向《む》くと、幽霊《ゆうれい》に首《くび》を取《と》られてしまうという。その話《はなし》とは、こうである…。昔《むかし》、赤《あか》ちゃんの子守《こも》りをしていた女《おんな》の子《こ》が、赤《あか》ちゃんをおんぶして村《むら》の近《ちか》くの神社《じんじゃ》へ行《い》った。賽銭箱《さいせんばこ》の上《うえ》に美《うつく》しい櫛《くし》が置《お》いてあるのに気《き》づいた女《おんな》の子《こ》は、その櫛《くし》をつい盗《ぬす》んでしまったのだ。あわてて神社《じんじゃ》から離《はな》れようとすると、後《うし》ろから誰《だれ》かが追《お》いかけてくる気配《けはい》を感《かん》じた。必《ひっ》死《し》に走《はし》って村《むら》に戻《もど》ったのだが、村人《むらびと》たちが怯《おび》えた目《め》で女《おんな》の子《こ》を見《み》ている。女《おんな》の子《こ》が振《ふ》り返《かえ》ると、おんぶした赤《あか》ちゃんの首《くび》がなくなっていたのだ。

この話《はなし》のように、ものを取《と》ってくることで、背負《せお》っていた赤《あか》ちゃんの首《くび》を取《と》られてしまうという伝説《でんせつ》はたくさんある。

昔《むかし》、死体《したい》から指《ゆび》を切《き》り取《と》ってくるという賭《か》けをした臆病《おくびょう》

な夫《おっと》の代《か》わりに、赤《あか》ちゃんをおんぶして森《もり》へ行《い》った女《おんな》がいた。死体《したい》から指《ゆび》を切《き》り取《と》ると、女《おんな》の足元《あしもと》に小《ちい》さくて重《おも》い包《つつ》みが落《お》ちてきた。その包《つつ》みを開《あ》けてみると、おんぶをしていた赤《あか》ちゃんの首《くび》が出《で》てきたのだ。女《おんな》の背中《せなか》には、首《くび》なしの赤《あか》ちゃんの胴体《どうたい》だけがあった。

ほかにも似《に》た伝説《でんせつ》がある。肝試《きもだめ》しで言《い》われたものを取《と》って戻《もど》る途中《とちゅう》の女《おんな》が、後《うし》ろから何《なに》かに引《ひ》っ張《ぱ》られた。思《おも》わず持《も》っていた鎌《かま》で、その何《なに》かを切《き》り裂《さ》いたのだが、それは女《おんな》がおんぶしていた赤《あか》ちゃんの首《くび》だったのだ。

疾走《しっそう》するバイクに乗《の》っているのは…

首《くび》なしライダー

バイクに乗《の》った首《くび》なしライダーの目撃談《もくげきだん》は、全国各地《ぜんこくかくち》に多《おお》くある。

何《なに》かの事故《じこ》で首《くび》をはねられて亡《な》くなった人《ひと》が、首《くび》なしライダーとなって現《あらわ》れるといわれている。首《くび》のはねられ方《かた》はさまざまだ。

道路側《どうろがわ》に折《お》れ曲《ま》がった道路《どうろ》標識《ひょうしき》の縁《ふち》に突《つ》っ込《こ》んでいって首《くび》がすっぱり切《き》れたり、ガードレールに激突《げきとつ》して首《くび》がはね飛《と》んだり、トラックの荷台《にだい》からはみ出《で》た鉄板《てっぱん》やパイプに頭《あたま》が当《あ》たって首《くび》がはねられたり、落下物《らっかぶつ》で首《くび》がぐしゃりと取《と》れたりする。

あるいは、暴走族《ぼうそうぞく》の騒音《そうおん》に我慢《がまん》できなくなった人《ひと》やいたずら目的《もくてき》の人《ひと》が、道路《どうろ》を横切《よこぎ》るようにピアノ線《せん》を張《は》り、気《き》づかずに走《はし》ってきたバイクが、ピアノ線《せん》に突《つ》っ込《こ》んで、首《くび》を切《き》り飛《と》ばされることもある。

首《くび》なしライダーが首《くび》をなくしたまま走《はし》り続《つづ》けるのは、首《くび》がなくなった原因《げんいん》となる犯人《はんにん》を探《さが》しているとも、なくした自分《じぶん》の首《くび》を探《さが》しているともいわれている。

首《くび》なしライダーだけではなく、はね飛《と》ばされた首《くび》が大声《おおごえ》を上《あ》げながら飛《と》び回《まわ》っていたという話《はなし》もある。また、首《くび》のない男《おとこ》のライダーが運転《うんてん》するバイクの後《うし》ろに、男《おとこ》の首《くび》を抱《かか》えた女《おんな》が乗《の》っていたという目《もく》撃情報《げきじょうほう》もある。

首《くび》なしライダーを見《み》たり、追《お》い越《こ》されたりした人《ひと》は、事《じ》故《こ》などに遭《あ》うといわれている。

車《くるま》の上《うえ》には…

車《くるま》にしがみつく霊《れい》

ドライブをしている女性《じょせい》たちがトンネルを走《はし》っていると、後《うし》ろの車《くるま》がクラクションを何《なん》度《ど》も鳴《な》らしてきた。女性《じょせい》たちは、なぜ鳴《な》らされるのかわからない。その車《くるま》はちらりと女《じょ》性《せい》たちの車《くるま》を横目《よこめ》で見《み》て、追《お》い越《こ》していった。次《つぎ》の車《くるま》もクラクションを鳴《な》らしながら追《お》い越《こ》していく。彼女《かのじょ》たちはいろいろ探《さが》したが原因《げんいん》がわからない。次《つぎ》の車《くるま》もまた、クラクションを鳴《な》らすのだ。

トンネルを抜《ぬ》けると、先《さき》ほどクラクションを鳴《な》らした車《くるま》が、道路《どうろ》の横《よこ》に止《と》まっているのが見《み》えた。そこで彼女《かのじょ》たちも停車《ていしゃ》して、その車《くるま》の運転手《うんてんしゅ》に尋《たず》ねてみた。

その人《ひと》は青《あお》ざめた顔《かお》で「あなたたちの車《くるま》の上《うえ》に男《おとこ》の人《ひと》がしがみついていたのですが、途中《とちゅう》でふっと消《き》えたんですよ。」と答《こた》えたのだった。

少女《しょうじょ》が聞《き》いた恐怖《きょうふ》の質問《しつもん》

黒《くろ》いモヤ

この話《はなし》を聞《き》いた人《ひと》には悲劇《ひげき》が待《ま》っている。

それは…嵐《あらし》の夜《よる》のことだった。海《うみ》は大荒《おおあ》れで、ある少女《しょうじょ》の家《いえ》は今《いま》にも波《なみ》にさらわれそうだった。恐怖《きょうふ》から逃《のが》れたい少女《しょうじょ》は、おまじないの本《ほん》のことを思《おも》い出《だ》した。その本《ほん》の通《とお》りに、窓《まど》のほうへ向《む》かっておまじないをすると、少《すこ》し気持《きも》ちが落《お》ち着《つ》いてきたので部屋《へや》の電気《でんき》を消《け》して眠《ねむ》りについた。

深夜《しんや》、ふっと目《め》が覚《さ》め窓《まど》の外《そと》を見《み》ると、黒《くろ》いモヤが湧《わ》いていた。するとモヤは部屋《へや》に入《はい》ってきて「首《くび》と胴《どう》と足《あし》とどれがいい？」と少女《しょうじょ》に尋《たず》ねたのだ。少女《しょうじょ》が何《なに》も答《こた》えられずにいると、モヤは少女《しょうじょ》の首《くび》と胴《どう》と足《あし》を切断《せつだん》して殺《ころ》した。

この話《はなし》を聞《き》くと、一年後《いちねんご》、天気《てんき》の悪《わる》い夜《よる》に黒《くろ》いモヤが現《あらわ》れて質問《しつもん》するのだ。「首《くび》と胴《どう》と足《あし》とどれがいい？」

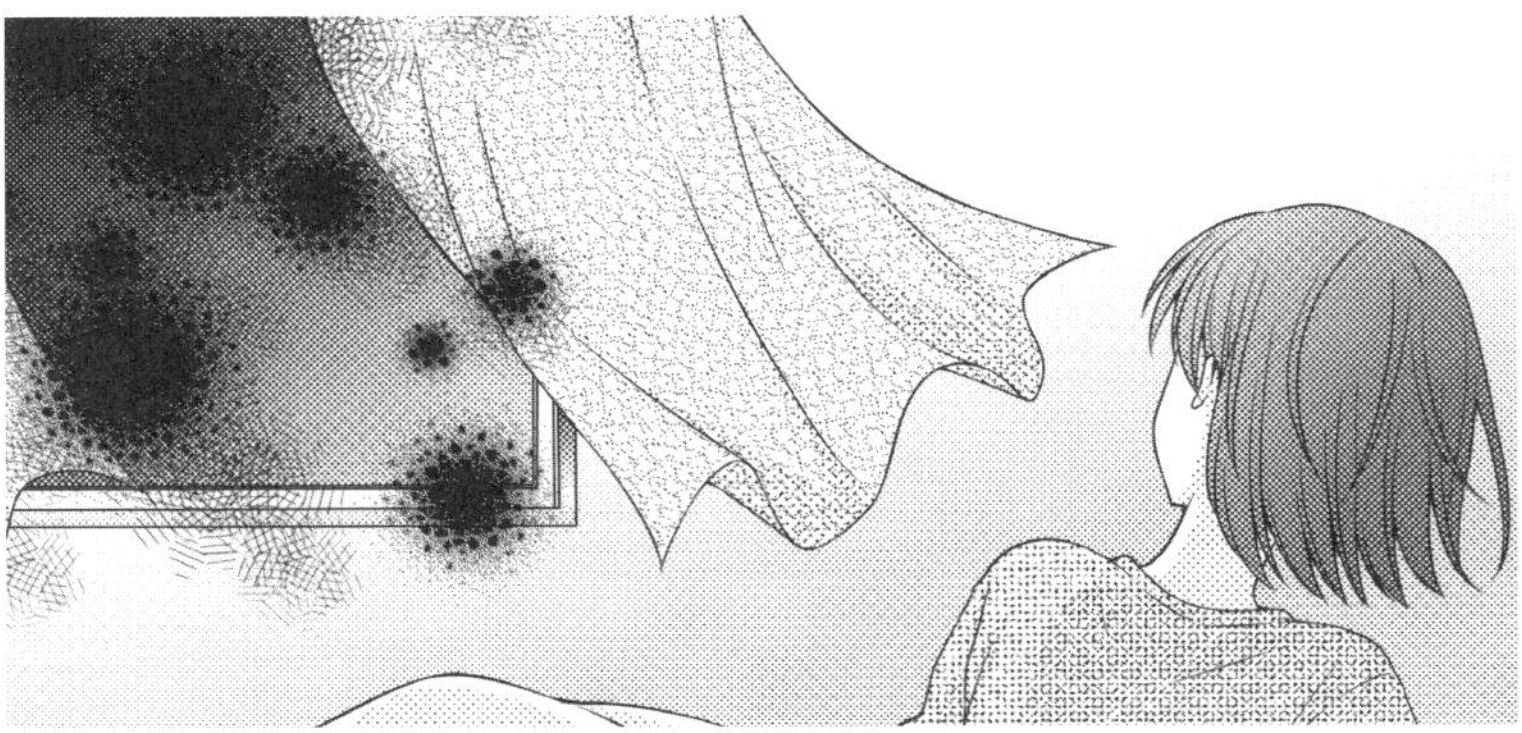

げたを投《な》げるおじさん

げたに注意《ちゅうい》

　トンネルの入《い》り口《ぐち》に「げたに注意《ちゅうい》」と書《か》かれていて、トンネルを車《くるま》で走《はし》ると、げたを履《は》いたおじさんの幽霊《ゆうれい》が現《あらわ》れてげたを投《な》げてくる。げたが当《あ》たってしまうと翌日《よくじつ》には死《し》んでしまうという都市伝説《としでんせつ》だ。

　このトンネルは北海道《ほっかいどう》に実在《じつざい》していて「お化《ば》けトンネル」と呼《よ》ばれている。だが、トンネルの入《い》り口《ぐち》に書《か》かれているのは「げたに注意《ちゅうい》」ではなく「けたに注意《ちゅうい》」なのだ。この注意書《ちゅういが》きはほかのトンネルでも見《み》られるものだ。車《くるま》が天井《てんじょう》の低《ひく》いトンネルを通《とお》ると天井《てんじょう》にぶつかる恐《おそ》れがある。そのようなトンネルには「けたに注意《ちゅうい》」と書《か》かれていることが多《おお》い。「けた」を「げた」と見《み》間違《まちが》えて生《う》まれた伝説《でんせつ》なのかもしれない。近《ちか》くで自殺《じさつ》をした親子《おやこ》の霊《れい》が、このトンネルに出《で》るという噂《うわさ》もあるそうだ。

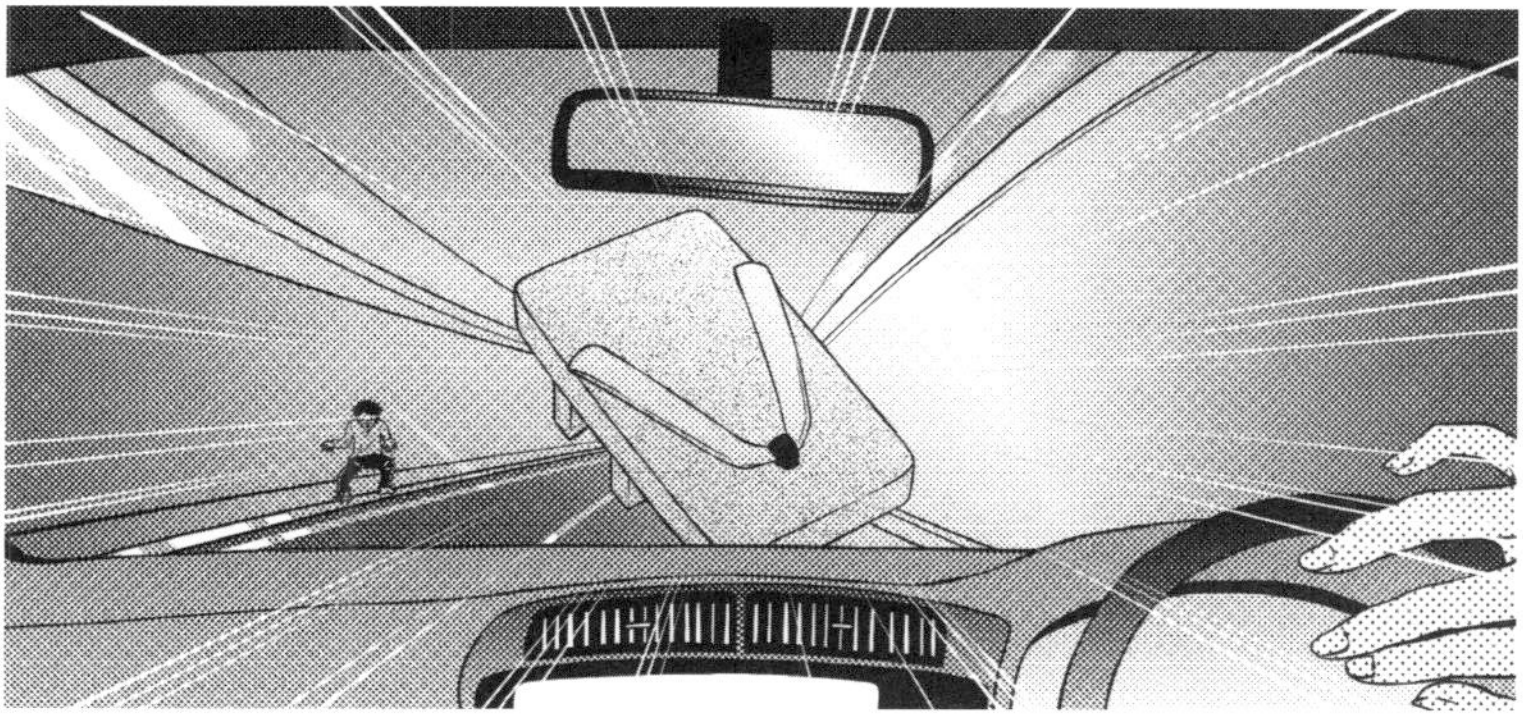

自分《じぶん》の最期《さいご》の姿《すがた》で現《あらわ》れる

こいとさん

こいとさんは一生《いっしょう》に二度《にど》だけ現《あらわ》れる。その外見《がいけん》は、一度《いちど》目《め》に現《あらわ》れるときも二度目《にどめ》に現《あらわ》れるときも、見《み》た人自身《ひとじしん》の死《し》ぬ瞬間《しゅんかん》の姿《すがた》である。そして二度目《どめ》に現《あらわ》れた瞬間《しゅんかん》、その人《ひと》は死《し》んでしまう。こいとさんが現《あらわ》れるときには、三《みっ》つの予兆《よちょう》がある。財布《さいふ》から五円玉《ごえんだま》がなくなる・二《に》か月以内《げついない》にペットが死《し》ぬ・いつの間《ま》にか左《ひだり》の薬《くすり》指《ゆび》に針《はり》でつついたような傷《きず》ができて血《ち》がにじむ…の三《みっ》つだ。特《とく》に三《みっ》つ目《め》の予兆《よちょう》があったときには、こいとさんは、すでにすぐそばまで来《き》ている。これを避《さ》けるには一人《ひとり》きりにならないでいるしかないという。

ドッペルゲンガー（150ページ）も自分《じぶん》と同《おな》じ姿《すがた》で現《あらわ》れるが、ドッペルゲンガーとの相違点《そういてん》は、出現回数《しゅつげんかいすう》が二回《にかい》だけ・死《し》ぬ瞬間《しゅんかん》の姿《すがた》で現《あらわ》れる・三《みっ》つの予兆《よちょう》があることだ。

ロッカーに閉《と》じ込《こ》められた赤《あか》ん坊《ぼう》

コインロッカーベイビー

ある女性《じょせい》が駅《えき》のコインロッカーの前《まえ》を通《とお》りすぎようとしたとき、そこで泣《な》いている男《おとこ》の子《こ》を見《み》つけた。行《い》き交《か》う人《ひと》も立《た》ち止《ど》まっている人《ひと》も誰《だれ》も男《おとこ》の子《こ》が見《み》えないかのように無視《むし》している。気《き》になった彼《かの》女《じょ》は「お父《とう》さんは?」と声《こえ》をかけたが、男《おとこ》の子《こ》は首《くび》を横《よこ》に振《ふ》るばかりで泣《な》き止《や》まない。そこで「お母《かあ》さんは?」と聞《き》いてみた。すると、男《おとこ》の子《こ》は突然彼女《とつぜんかのじょ》の顔《かお》をにらみつけて「お前《まえ》だ!」と叫《さけ》んだのだ。

数年前《すうねんまえ》、彼女《かのじょ》は育《そだ》てきれなくなった赤《あか》ちゃんを、そのコインロッカーに入《い》れて逃《に》げ去《さ》った。男《おとこ》の子《こ》は、彼女《かのじょ》が捨《す》てた赤《あか》ちゃんの霊《れい》だったのだ。

1970年代《ねんだい》、コインロッカーに赤《あか》ちゃんを捨《す》てる事件《じけん》が多発《たはつ》して「コインロッカーベイビー」という言葉《ことば》が流行《りゅうこう》語《ご》にまでなったことがある。

霊《れい》になっても我《わ》が子《こ》を…

子《こ》育《そだ》て幽《ゆう》霊《れい》

夕立《ゆうだち》のあった真夏《まなつ》の深夜《しんや》、トラックの運転手《うんてんしゅ》がトンネルの手前《てまえ》で若《わか》い女性《じょせい》を車《くるま》に乗《の》せた。トンネルに入《はい》ると、車内《しゃない》にぞおっとした冷気《れいき》が漂《ただよ》い、前方《ぜんぽう》には飛《と》ぶ火《ひ》の玉《たま》が現《あらわ》れた。女性《じょせい》がトンネルを抜《ぬ》けた先《さき》の村《むら》で降《お》りると、車内《しゃない》の冷気《れいき》は消《き》えた。それからも女性《じょせい》は現《あらわ》れ、運転手《うんてんしゅ》は同《おな》じ場所《ばしょ》まで乗《の》せてやっていた。その女性《じょせい》は、出産《しゅっさん》をした後《あと》に亡《な》くなった幽《ゆう》霊《れい》だった。赤《あか》ちゃんはトンネルの向《む》こうにある実家《じっか》に引《ひ》き取《と》られ、女性《じょせい》の霊《れい》は墓《はか》から夜《よ》な夜《よ》な我《わ》が子《こ》の元《もと》へ行《い》って、乳《ちち》を飲《の》ませていたのだった。

ほかにも、赤《あか》ちゃんを背《せ》負《お》って粉《こな》ミルクを買《か》いにきた母親《ははおや》が店《みせ》の前《まえ》で車《くるま》に轢《ひ》かれて亡《な》くなり、幽霊《ゆうれい》になってからも、背負《せお》った我《わ》が子《こ》のために、粉《こな》ミルクを求《もと》めて店《みせ》に現《あらわ》れるという話《はなし》がある。

こっくりさん

質問《しつもん》に答《こた》えてくれる霊《れい》

机《つくえ》の上《うえ》に五十音《ごじゅうおん》のひらがなと鳥居《とりい》、「はい」「いいえ」を書《か》いた紙《かみ》を広《ひろ》げる。鳥居《とりい》の上《うえ》に十円玉《じゅうえんだま》を置《お》き、「こっくりさん」に参加《さんか》する全員《ぜんいん》が、十《じゅう》円玉《えんだま》の上《うえ》に人差《ひとさ》し指《ゆび》を置《お》いて、「こっくりさん、こっくりさん、おいでください。」と唱《とな》える。すると、十円玉《じゅうえんだま》が突然《とつぜん》動《うご》き出《だ》してどんな質問《しつもん》にも答《こた》えてくれるというのが一般的《いっぱんてき》な「こっくりさん」だ。霊《れい》を呼《よ》び出《だ》しての占《うらな》いの一種《いっしゅ》で、古《ふる》くは明治時代《めいじじだい》から行《おこな》われていたという。

ただ、この「こっくりさん」も一《ひと》つ間違《まちが》えば、恐《おそ》ろしい目《め》に遭《あ》うことがあるという。こっくりさんに途中《とちゅう》で、「お帰《かえ》りください。」と言《い》ってやめようと思《おも》っても、こっくりさんは帰《かえ》ってくれないで『コロス』とか『ノロウ』という言葉《ことば》を質問《しつもん》に関係《かんけい》なく答《こた》えてきて、「こっくりさん」をし

ていた人《ひと》がおかしな言葉《ことば》を口《くち》走《ばし》り始《はじ》めるようになることもあるそうだ。

「こっくりさん」はアメリカで生《う》まれた降霊術《こうれいじゅつ》の「テーブル・ターニング」が由来《ゆらい》だといわれている。テーブル・ターニングとは、参加者《さんかしゃ》が机《つくえ》の上《うえ》に手《て》を置《お》き、呪文《じゅもん》を唱《とな》えて神《かみ》を呼《よ》ぶというもの。日本《にほん》にテーブル・ターニングが伝《つた》えられたとき、占《うらな》いに使《つか》った装置《そうち》がこっくり、こっくりと傾《かたむ》く様子《ようす》から「こっくりさん」と呼《よ》ばれるようになったといわれている。

ものすごい速《はや》さで追《お》いかけてくる

コツコツババァ

線路《せんろ》や高速道路《こうそくどうろ》などに出現《しゅつげん》するコツコツババァは、上半《じょうはん》身《しん》のみの老婆《ろうば》の姿《すがた》をしている。

地面《じめん》に肘《ひじ》をついてコツコツと音《おと》を立《た》てながら、ものすごいスピードで移動《いどう》するという。走行中《そうこうちゅう》の車《くるま》でも追《お》いつかれてしまうほどのスピードなのだ。

そしてコツコツババァに追《お》いつかれると死《し》んでしまうことがある。高速《こうそく》で走《はし》るのが得意《とくい》だが直角《ちょっかく》に曲《ま》がることができないので、追《お》いかけられたときは、直角《ちょっかく》に曲《ま》がって逃《に》げれば助《たす》かるといわれている。

コツコツババァは元々《もともと》は人間《にんげん》だった。深夜《しんや》の踏切《ふみきり》で電車《でんしゃ》に轢《ひ》かれ、胸《むね》の下《した》で体《からだ》が切断《せつだん》されて亡《な》くなった老婆《ろうば》なのだ。

やはり踏切《ふみきり》で電車事故《でんしゃじこ》で亡《な》くなった「コツコツおばけ」と呼《よ》ばれる老婆《ろうば》もいるが、こちらは老婆《ろうば》のひじから先《さき》だけが踏切《ふみきり》に現《あらわ》れるという伝説《でんせつ》だ。

恐《おそ》ろしすぎる呪《のろ》いの箱《はこ》

コトリバコ

人《ひと》を呪《のろ》い殺《ころ》すために作《つく》られた木箱《きばこ》で、本当《ほんとう》は「子取《こと》り箱《ばこ》」と記《しる》される。子《こ》どもや女性《じょせい》は、この箱《はこ》のそばにいるだけで内臓《ないぞう》がちぎれて死亡《しぼう》するという。

二百年以上昔《にひゃくねんいじょうむかし》のこと、ある村《むら》に戦《いくさ》から逃《のが》れてきた男《おとこ》がいた。男《おとこ》は村人《むらびと》にコトリバコの作《つく》り方《かた》を教《おし》えた。複雑《ふくざつ》に木《き》を組《く》み合《あ》わせてできた箱《はこ》の中《なか》に、赤《あか》ん坊《ぼう》や子《こ》どもの体《からだ》の一部《いちぶ》を入《い》れてふたをすると呪《のろ》いの箱《はこ》ができるのだ。犠牲者《ぎせいしゃ》の人数《にんずう》が多《おお》いほど呪力《じゅりょく》の強《つよ》い箱《はこ》を作《つく》ることができる。箱《はこ》ができ上《あ》がると、男《おとこ》はその箱《はこ》を使《つか》い、子《こ》ども十五人《じゅうごにん》と女性一人《じょせいひとり》を呪《のろ》い殺《ころ》してみせた。村人《むらびと》はこの箱《はこ》を武器《ぶき》に、よそ者《もの》たちが村《むら》に介入《かいにゅう》してこないようにしたが、数年《すうねん》が経《た》ったある日《ひ》、村《むら》の子《こ》どもが箱《はこ》を盗《ぬす》み出《だ》した。すると、さっそくその家《いえ》の女性《じょせい》や子《こ》どもが呪《のろ》われて死《し》んだのだ。それを見《み》た村人《むらびと》たちは箱《はこ》を処分《しょぶん》することにしたが、箱《はこ》の力《ちから》があまりにも強《つよ》いために処理《しょり》するには長《なが》い年月《ねんげつ》がかかり、最《もっと》も呪力《じゅりょく》の強《つよ》い二《ふた》つのコトリバコは現在《げんざい》でも処理《しょり》ができないで残《のこ》っているという。

夢《ゆめ》の中《なか》で転《ころ》んだら…

転《ころ》んだら死《し》んでしまう村《むら》

誰《だれ》でも一生《いっしょう》に一度《いちど》は見《み》る夢《ゆめ》を共通夢《きょうつうむ》というが、その夢《ゆめ》の中《なか》で起《お》こるできごとである。

その共通夢《きょうつうむ》とは…暮《く》れなずむ頃《ころ》、自分《じぶん》は見知《みし》らぬ村《むら》にいた。そこには至《いた》るところに青紫色《あおむらさきいろ》の死体《したい》が転《ころ》がっている。しばらくすると着物姿《きものすがた》の少女《しょうじょ》たちが近寄《ちかよ》ってきて「ここは転《ころ》んだら死《し》んでしまう村《むら》なんだよ。」と言《い》った。すると、一人《ひとり》の少女《しょうじょ》が死体《したい》につまずいて転《ころ》んでしまう。その少女《しょうじょ》は悲鳴《ひめい》を上《あ》げながら青紫色《あおむらさきいろ》の死《し》体《たい》になってしまった……という夢《ゆめ》だが、その先《さき》の展開《てんかい》は夢《ゆめ》を見《み》た人《ひと》によってさまざまだ。少女《しょうじょ》たちに追《お》いかけられて必《ひっ》死《し》に逃《に》げた人《ひと》もいるし、何《なに》もなく目《め》が覚《さ》めてしまった人《ひと》もいる。だが、夢《ゆめ》の中《なか》で転《ころ》んだと語《かた》る人《ひと》は一人《ひとり》もいない。転《ころ》んだら死《し》んでしまうから、語《かた》ることができないのだ。

さ行《ぎょう》

座敷《ざしき》わらし、人体模型《じんたいもけい》の怪《かい》、隙間女《すきまおんな》、セーラー服《ふく》の少女《しょうじょ》、ゾンビ看護師《かんごし》など全《ぜん》27話《わ》。

座敷《ざしき》わらし

子《こ》どもの姿《すがた》をした妖怪《ようかい》

座敷《ざしき》わらしは子《こ》どもの姿《すがた》をして現《あらわ》れる。性別《せいべつ》は男女《だんじょ》どちらも存在《そんざい》しており、おかっぱ頭《あたま》やざんぎり頭《あたま》に着物《きもの》を着《き》ている。

その姿《すがた》は座敷《ざしき》わらしのいる家《いえ》の人《ひと》には見《み》えるが、ほかの人《ひと》には見《み》えないことがある。また、子《こ》どもには見《み》えるが、大人《おとな》には見《み》えない場合《ばあい》もある。

座敷《ざしき》わらしが家《いえ》に現《あらわ》れると家運《かうん》を上昇《じょうしょう》させ、去《さ》るとその家《いえ》は没落《ぼつらく》するといわれているが、現在《げんざい》ではその姿《すがた》を見《み》た人《ひと》個人《こじん》に幸運《こううん》を与《あた》えると語《かた》られることが多《おお》い。

幸福《こうふく》をもたらす座敷《ざしき》わらしだが、最近《さいきん》ではそれとは異《こと》なる存在《そんざい》の話《はなし》もある。色《いろ》の白《しろ》い座敷《ざしき》わらしが現《あらわ》れると良《よ》いことが起《お》きるが、赤《あか》い座敷《ざしき》わらしが現《あらわ》れると不幸《ふこう》が訪《おとず》れるというのだ。

また、出現場所《しゅつげんばしょ》は主《おも》に東北《とうほく》地方《ちほう》だったが、現在《げんざい》では全国《ぜんこく》

各地《かくち》で見《み》られるようになった。

座敷《ざしき》わらしは元々《もともと》は人間《にんげん》で幼《おさな》くして亡《な》くなった子《こ》どもや、不幸《ふこう》にも生《う》まれてくることができなかった子《こ》たちが精霊《せいれい》となって出現《しゅつげん》しているという話《はなし》もある。

岩手県《いわてけん》に座敷《ざしき》わらしで有名《ゆうめい》な旅館《りょかん》がある。その旅館《りょかん》にいる座敷《ざしき》わらしとは……南北朝《なんぼくちょう》時代《じだい》に戦《いくさ》で敗《やぶ》れた武将《ぶしょう》が息子《むすこ》二人《ふたり》と逃《に》げている途中《とちゅう》で、六《ろく》歳《さい》の上《うえ》の息子《むすこ》が病死《びょうし》する。息《む》子《す》は死《し》の間際《まぎわ》に「末代《まつだい》まで家《いえ》を守《まも》り続《つづ》ける。」と言《い》い残《のこ》した。その息子《むすこ》が座敷《ざしき》わらしとなったという。

さとるくん

公衆電話《こうしゅうでんわ》で呼《よ》び出《だ》す霊《れい》

公衆電話《こうしゅうでんわ》を使《つか》うと、さとるくんという少年《しょうねん》の霊《れい》を呼《よ》び出《だ》すことができるという。

公衆電話《こうしゅうでんわ》に十円玉《じゅうえんだま》を入《い》れて自分《じぶん》の携帯電話《けいたいでんわ》にかける。繋《つな》がったら「さとるくん、さとるくん、おいでください。さとるくん、さとるくん、おいでください。さとるくん、さとるくん、いらっしゃったらお返事《へんじ》ください。」と唱《とな》える。すると二十四時間以内《にじゅうよじかんいない》にさとるくんから携帯電話《けいたいでんわ》に電話《でんわ》がかかってくる。その後《あと》、さとるくんは何度《なんど》も電話《でんわ》をしてきて自分《じぶん》の今《いま》いる場所《ばしょ》を伝《つた》えながら、電話《でんわ》をかけた人《ひと》に少《すこ》しずつ近《ちか》づいてくる。その人《ひと》の真後《まうし》ろにたどり着《つ》くと、あらゆる質問《しつもん》に答《こた》えてくれるという。だが振《ふ》り返《かえ》ったり質問《しつもん》を思《おも》いつかないでいたりすると、さとるくんはその人《ひと》をあの世《よ》に連《つ》れていってしまうのだ。

私《わたし》と友《とも》だちになって…

寂《さび》しがり屋《や》の幽《ゆう》霊《れい》

あるアパートに一人《ひとり》暮《ぐ》らしをしていた女子学生《じょしがくせい》がいた。彼女《かのじょ》は友《とも》だちができない寂《さび》しさから部屋《へや》で首吊《くびつ》り自殺《じさつ》をしてしまった。

すると、毎月十五日《まいつきじゅうごにち》になると彼女《かのじょ》の幽霊《ゆうれい》がアパートに現《あらわ》れるようになったのだ。それを見《み》ると死《し》ぬという噂《うわさ》があり、住人《じゅうにん》は決《けっ》して見《み》ないようにしていた。

ある月《つき》の十《じゅう》五《ご》日《にち》、そのアパートに住《す》む男子学生《だんしがくせい》が部屋《へや》にいると、ドアの外《そと》から彼《かれ》を呼《よ》びかける、か細《ぼそ》くてかわいらしい女《おんな》の声《こえ》が聞《き》こえた。その声《こえ》は自殺《じさつ》をした女子学生《じょしがくせい》のものだった。

彼《かれ》が鍵《かぎ》のかかったドアを開《あ》けないでいると、女子学生《じょしがくせい》の幽霊《ゆうれい》は、ドアを開《あ》けて部屋《へや》にすーっと侵入《しんにゅう》してきた。そして男子学生《だんしがくせい》の首《くび》に髪《かみ》の毛《け》を巻《ま》きつけて殺害《さつがい》したのだ。

この事件《じけん》の後《あと》アパートは取《と》り壊《こわ》され、そこにマンションが建《た》てられたが、毎月十五日《まいつきじゅうごにち》になると彼女《かのじょ》の幽霊《ゆうれい》が現《あらわ》れるという。

見《み》てはいけない絵《え》

侍《さむらい》トンネル

絵《え》を見《み》るだけで襲《おそ》われるという恐怖《きょうふ》の伝説《でんせつ》がある。

神奈川県《かながわけん》の山奥《やまおく》に、現在《げんざい》では使《つか》われていない廃《はい》トンネルがある。そのトンネルの中《なか》には、いつからかわからないが気味《きみ》の悪《わる》い侍《さむらい》の絵《え》が描《えが》かれているのだ。興味本位《きょうみほんい》でその絵《え》を見《み》にトンネルを訪《おとず》れた者《もの》は、トンネルを出《で》た瞬間《しゅんかん》に倒《たお》れて亡《な》くなってしまう。血《ち》だらけの体《からだ》には、数《かぞ》え切《き》れないほど多《おお》くの傷《きず》がつけられていて、その傷《きず》は日本刀《にほんとう》で切《き》られたものと思《おも》われる。そして不思議《ふしぎ》なことに、この絵《え》の犠牲者《ぎせいしゃ》が増《ふ》えるたびに、侍《さむらい》の絵《え》に色《いろ》がついていくという。

埼玉県《さいたまけん》にある侍《さむらい》トンネルの壁《かべ》には、戦国時代《せんごくじだい》に戦死《せんし》した九十九人《きゅうじゅうきゅうにん》の侍《さむらい》の絵《え》が描《えが》かれていて、侍《さむらい》の人数《にんずう》を数《かぞ》えていると、百人目《ひゃくにんめ》の侍《さむらい》が背後《はいご》から現《あらわ》れるという噂《うわさ》がある。

トイレで老婆《ろうば》の声《こえ》

三《さん》時《じ》ばばあ

三時《さんじ》ばばあの怪奇《かいき》は、約四《やくよん》十年以上前《じゅうねんいじょうまえ》に、ある小学校《しょうがっこう》のトイレで起《お》きていた。

三階《さんがい》の女子《じょし》トイレの手前《てまえ》から三番目《さんばんめ》の個室《こしつ》に三時《さんじ》に入《はい》ると、どこからともなく老婆《ろうば》の声《こえ》が聞《き》こえてくる。怖《こわ》くなって用《よう》を足《た》さないで出《で》ようとすると、ドアは開《あ》かなくなってしまう。これは三時《さんじ》ばばあによる仕業《しわざ》だった。渡《わた》り廊下《ろうか》にできた雨漏《あまも》りのシミが、三時《さんじ》ばばあの正体《しょうたい》だといわれていた。そのシミは血《ち》のにおいがして老婆《ろうば》の形《かたち》をしていたのだ。

あるとき三時《さんじ》ばばあのシミは、渡《わた》り廊下近《ろうかちか》くの階段《かいだん》の三段目《さんだんめ》に移動《いどう》した。それをペンキで塗《ぬ》りつぶしたところ、三階《さんがい》のトイレにいられなくなった三《さん》時《じ》ばばあは一階《いっかい》のトイレに現《あらわ》れるようになったのだ。誰《だれ》もいないトイレから甲高《かんだか》い笑《わら》い声《ごえ》がするようになったという。

呪《のろ》われた人形《にんぎょう》

三本足《さんぼんあし》のリカちゃん

　ある女性《じょせい》が、トイレでリカちゃん人形《にんぎょう》を見《み》つけた。手《て》に取《と》って人形《にんぎょう》を見《み》てみると、二《に》本《ほん》の足《あし》以外《いがい》に黄土色《おうどいろ》をした人《じん》肉《にく》のような三本目《さんぼんめ》の足《あし》がついていた。びっくりした女性《じょせい》が人形《にんぎょう》を床《ゆか》に落《お》とすと、人形《にんぎょう》は「私《わたし》リカちゃん。呪《のろ》われているの。」と繰《く》り返《かえ》ししゃべり始《はじ》めたのだ。女性《じょせい》は人形《にんぎょう》をその場《ば》に置《お》いたままトイレを出《で》たが、いつまでもその声《こえ》が耳《みみ》の中《なか》に響《ひび》き渡《わた》り続《つづ》け、ついに精神的《せいしんてき》におかしくなって、自《じ》分《ぶん》で鼓膜《こまく》を破《やぶ》ってしまった。

　また、三本足《さんぼんあし》のリカちゃん人形《にんぎょう》の噂《うわさ》を聞《き》いたリカちゃんマニアの男《おとこ》が、リカちゃん人《にん》形《ぎょう》の足《あし》を一本《いっぽん》切《き》り取《と》り、別《べつ》のリカちゃん人形《にんぎょう》につけて三本《さんぼん》足《あし》のリカちゃん人形《にんぎょう》を作《つく》ったところ、その男《おとこ》は事故《じこ》で片足《かたあし》を切断《せつだん》され亡《な》くなってしまったという話《はなし》もある。

エレベーターへ誘《さそ》う女《おんな》

地《じ》獄《ごく》の女《おんな》

ある男性《だんせい》がホテルに泊《と》まったときに体験《たいけん》した恐怖《きょうふ》である。

夜中《よなか》、男性《だんせい》が寝《ね》ていると、ドアをノックする音《おと》がした。目《め》を覚《さ》ました男性《だんせい》が『こんな時間《じかん》に何《なん》だ?』と思《おも》いながら、ドアを開《あ》けると、黒《くろ》い服《ふく》を着《き》た見知《みし》らぬ女《おんな》が立《た》っている。女《おんな》は「お一人《ひとり》乗《の》れます。どうぞ。」と言《い》ったのだ。何《なん》のことかわからず気味《きみ》が悪《わる》くなった男性《だんせい》はすぐにドアを閉《し》めた。

翌朝《よくあさ》、部屋《へや》を出《で》た男性《だんせい》はエレベーターを待《ま》っていた。到《とう》着《ちゃく》したエレベーターの扉《とびら》が開《ひら》き乗《の》ろうとしたときだ。昨夜《さくや》の黒《くろ》い服《ふく》の女《おんな》が中《なか》にいるのが見《み》えたのだ。怖《こわ》くなった男性《だんせい》が乗《の》るのをやめるとエレベーターの扉《とびら》が閉《し》まり、その途端《とたん》、エレベーターは落下《らっか》して、乗《じょう》客《きゃく》たちは全員《ぜんいん》死亡《しぼう》した。黒《くろ》い服《ふく》の女《おんな》は、人間《にんげん》を迎《むか》えにやってきた地獄《じごく》の使者《ししゃ》だったのだ。

三面鏡《さんめんきょう》の怪《かい》

死《し》に顔《がお》を映《うつ》す鏡《かがみ》

三面鏡《さんめんきょう》は鏡《かがみ》の向《む》きを変《か》えると、一《ひと》つのものをいくつも映《うつ》すことができる。鏡《かがみ》に幾重《いくえ》にも映《うつ》っていき、どんどん小《ちい》さくなりながら永久《えいきゅう》に奥《おく》のほうに映《うつ》り込《こ》んでいく。ずっと奥《おく》には何《なに》か違《ちが》うものが映《うつ》っているかもしれない。そのような三面鏡《さんめんきょう》には、普通見《ふつうみ》えないものが映《うつ》ることがあるのだ。

夜中《よなか》の十二時《じゅうにじ》に、三面鏡《さんめんきょう》に顔《かお》を映《うつ》す。すると、右側《みぎがわ》の七《なな》番目《ばんめ》に映《うつ》る顔《かお》は、ほかの顔《かお》とは異《こと》なっている。それは、その人《ひと》の亡《な》くなったときの死《し》に顔《がお》なのだ。三面鏡《さんめんきょう》に顔《かお》を映《うつ》す時刻《じこく》は、十二時《じゅうにじ》だけではなく、二時《にじ》といわれる場合《ばあい》も多《おお》い。また、何番目《なんばんめ》に死《し》に顔《がお》が映《うつ》るかは、七番目《ななばんめ》以外《いがい》に三番目《さんばんめ》、八番目《はちばんめ》、十三番目《じゅうさんばんめ》などいろいろな例《れい》がある。

三面鏡《さんめんきょう》はあの世《よ》へ繋《つな》がっているともいわれているのだ。

幽霊《ゆうれい》が助《たす》けてくれた？

死《し》ねばよかったのに幽霊《ゆうれい》

男性《だんせい》が一人《ひとり》で山道《やまみち》をドライブをしていると、日《ひ》が暮《く》れてきて道《みち》に迷《まよ》ってしまった。ふとバックミラーを見《み》ると、後部座席《こうぶざせき》に座《すわ》る女性《じょせい》の姿《すがた》が映《うつ》っているのだ。あわててブレーキを踏《ふ》み、後部座席《こうぶざせき》を見《み》たが誰《だれ》もいない。ほっとした男性《だんせい》が車《くるま》を進《すす》めようとして前方《ぜんぽう》を見《み》ると、目《め》の前《まえ》は崖《がけ》だった。

女性《じょせい》の幽霊《ゆうれい》が助《たす》けてくれたのに違《ちが》いないと思《おも》い、幽霊《ゆうれい》に感謝《かんしゃ》しながら車《くるま》をバックさせていると、どこからか「死《し》ねばよかったのに。」と言《い》う女《おんな》の声《こえ》が聞《き》こえたという。

この怪奇現象《かいきげんしょう》はたびたび語《かた》られる。運転中《うんてんちゅう》に血《ち》まみれの女《おんな》の幽霊《ゆうれい》が突然現《とつぜんあらわ》れたので、車《くるま》を急停止《きゅうていし》させると、目《め》の前《まえ》が崖《がけ》だったため幽霊《ゆうれい》が教《おし》えてくれたのだと感謝《かんしゃ》していたら、「死《し》ねばよかったのに。」と女《おんな》の声《こえ》がしたという例《れい》もある。

その音《おと》に注意《ちゅうい》

シャカシャカ

シャカシャカは下半身《かはんしん》のない少女《しょうじょ》の姿《すがた》をした妖怪《ようかい》だ。

ある小学校《しょうがっこう》に出没《しゅつぼつ》して、両《りょう》腕《うで》を左右《さゆう》に振《ふ》りながら地面《じめん》を這《は》ったり、腕組《うでぐ》みをして飛《と》び跳《は》ねるように階段《かいだん》を下《お》りたりして移動《いどう》する。名前《なまえ》の由来《ゆらい》は、腕《うで》を振《ふ》るときにシャカシャカと金属《きんぞく》が擦《こす》れるような音《おと》が聞《き》こえるところからだといわれている。

シャカシャカは、廊下《ろうか》の床《ゆか》に爪《つめ》を引《ひ》っかけながら人間《にんげん》を追《お》いかけることがあるが、そのときもシャカシャカと音《おと》がする。シャカシャカに追《お》いかけられたとき、振《ふ》り返《かえ》ると頭《あたま》をかじられてしまうので、決《けっ》して後《うし》ろを見《み》てはいけない。

別《べつ》の場所《ばしょ》での出没情報《しゅつぼつじょうほう》もある。人間《にんげん》を食《た》べてしまうものや、下半身《かはんしん》をちぎり取《と》って、その人間《にんげん》をシャカシャカにしてしまうものもいるという。

ベランダで笑《わら》う女《おんな》の子《こ》

シャカシャカ女《おんな》

ある学校《がっこう》でのできごとだ。クラブ活動《かつどう》を終《お》えた男子生徒《だんしせいと》が帰宅《きたく》しようとしたとき、忘《わす》れものに気《き》がついた。教室《きょうしつ》に戻《もど》る途中《とちゅう》、ふと校舎《こうしゃ》を見上《みあ》げると、自分《じぶん》の教室《きょうしつ》のベランダに誰《だれ》かいるのが見《み》えた。長《なが》い髪《かみ》の毛《け》の女《おんな》の子《こ》のようだ。

男子生徒《だんしせいと》は教室《きょうしつ》に入《はい》った。ベランダの女《おんな》の子《こ》はしゃがんでいるようだった。ほとんどの生徒《せいと》は下校《げこう》したのに、一人《ひとり》で学校《がっこう》に残《のこ》っているのが気《き》になった男子生徒《だんしせいと》は「まだ帰《かえ》らないの？」と声《こえ》をかけると、ベランダのほうへ近《ちか》づいた。

すると、何《なん》と女《おんな》の子《こ》は胸《むね》から上《うえ》しかなかったのだ。

驚《おどろ》いた男子生徒《だんしせいと》が立《た》ちすくんでいると、その女《おんな》の子《こ》は、彼《かれ》の顔《かお》を見《み》てにやっと笑《わら》い、シャカシャカと音《おと》を立《た》てながら、ベランダの手《て》すりの上《うえ》を走《はし》り去《さ》ったのだ。

意外《いがい》な質問《しつもん》

しゃべる生首《なまくび》

ある道路《どうろ》に、折《お》れ曲《ま》がった標識《ひょうしき》が道路側《どうろがわ》のほうへ飛《と》び出《だ》している場所《ばしょ》があった。そこへ二人乗《ふたりの》りのバイクが通《とお》りかかった。運転《うんてん》をしていた男性《だんせい》はとっさに体《からだ》を曲《ま》げて標識《ひょうしき》をよけたのだが、後《うし》ろの女性《じょせい》はよけきれずに、標識《ひょうしき》で首《くび》が切《せつ》断《だん》されてしまった。男性《だんせい》が道《どう》路《ろ》に転《ころ》がった女性《じょせい》の首《くび》のところにかけ寄《よ》ると「あれ？　私《わたし》、どうなったの？」と女性《じょせい》の生《なま》首《くび》が質問《しつもん》したのだった。

駅《えき》で生首《なまくび》がしゃべったという怪奇《かいき》もある。男性《だんせい》がホームで電車《でんしゃ》を待《ま》っていたとき、飛《と》び込《こ》み自殺《じさつ》があった。電車《でんしゃ》に轢《ひ》かれて切断《せつだん》された生首《なまくび》が、男性《だんせい》の足元《あしもと》に転《ころ》がってきたのだ。男性《だんせい》は突然《とつぜん》のことに驚《おどろ》いて、ただ見下《みお》ろしていると、生首《なまくび》が目《め》をかっと見開《みひら》き男性《だんせい》をにらみつけて「見《み》てんじゃねえよ！」と叫《さけ》んだという。

死《し》を呼《よ》ぶ階段《かいだん》

十《じゅう》三《さん》階《かい》段《だん》

あるアパートに、入居者《にゅうきょしゃ》が引《ひ》っ越《こ》してきてもすぐに出《で》ていってしまう部屋《へや》があった。それは階段《かいだん》を上《あ》がってすぐの二階《にかい》の部屋《へや》で、階段《かいだん》は十三段《じゅうさんだん》あった。

入居《にゅうきょ》した最初《さいしょ》の晩《ばん》に「一段《いちだん》上《あ》がった、うれしいな。全部《ぜんぶ》上《あ》がったら遊《あそ》ぼうね。」と子《こ》どもの声《こえ》が聞《き》こえる。翌晩《よくばん》は「二段《にだん》上《あ》がった、うれしいな。全部《ぜんぶ》上《あ》がったら遊《あそ》ぼうね。」と聞《き》こえ、日《ひ》を追《お》うごとに三《さん》段《だん》、四段《よんだん》と一段《いちだん》ずつ部屋《へや》に近《ちか》づいてくるのだ。十日《とおか》ほどすると怖《こわ》くなった人《ひと》たちは引《ひ》っ越《こ》してしまうのだが、幽霊《ゆうれい》など信《しん》じない青年《せいねん》が越《こ》してきた。最初《さいしょ》の晩《ばん》、「一段《いちだん》上《あ》がった、うれしいな。全部《ぜんぶ》上《あ》がったら遊《あそ》ぼうね。」と聞《き》こえた。彼《かれ》は声《こえ》の正体《しょうたい》を確《たし》かめたくなり十三日目《じゅうさんにちめ》まで居続《いつづ》けたが、十《じゅう》四日目《よっかめ》の朝《あさ》、むごたらしい死《し》体《たい》となって発見《はっけん》されたのだ。

声《こえ》の正体《しょうたい》は、階段《かいだん》から落《お》ちて死亡《しぼう》した少年《しょうねん》の霊《れい》だという噂《うわさ》がある。十三階段《じゅうさんかいだん》とは、戦《せん》後死刑台《ごしけいだい》に上《のぼ》る階段《かいだん》が十三段《じゅうさんだん》だったことから「十三《じゅうさん》」は不《ふ》吉《きつ》な数字《すうじ》とされている。

ある生徒《せいと》の悲劇《ひげき》

焼却炉《しょうきゃくろ》の幽霊《ゆうれい》

ある学校《がっこう》で、一人《ひとり》の生徒《せいと》が掃除《そうじ》をさぼるために、焼却炉《しょうきゃくろ》の陰《かげ》に隠《かく》れていた。そこへ先《せん》生《せい》がやってきて見《み》つかりそうになった生徒《せいと》は、焼却炉《しょうきゃくろ》の中《なか》に入《はい》って隠《かく》れた。すると、何《なに》も知《し》らない用務員《ようむいん》が焼却炉《しょうきゃくろ》の火《ひ》をつけてしまったのだ。

生徒《せいと》は焼死《しょうし》し、それ以来《いらい》、焼却炉《しょうきゃくろ》のふたを開《あ》けたままにしてゴミを焼《や》いていると、中《なか》から「熱《あつ》いよー！　助《たす》けて！」と叫《さけ》ぶ声《こえ》が聞《き》こえてきて、焼《や》けただれた腕《うで》が出《で》てくるようになった。そのため焼却炉《しょうきゃくろ》は壊《こわ》されたのだが、そのとき焼《しょう》却炉《きゃくろ》の中《なか》が真《ま》っ赤《か》に染《そ》まったといわれている。

この話《はなし》に似《に》た怪異《かいい》がある。焼却炉《しょうきゃくろ》の横《よこ》を通《とお》ると、焼却炉《しょうきゃくろ》の中《なか》に入《はい》って焼死《しょうし》した少女《しょうじょ》の霊《れい》が肩《かた》を二回《にかい》たたくが、振《ふ》り向《む》いてしまうと焼却炉《しょうきゃくろ》の中《なか》に突《つ》き飛《と》ばされて死《し》ぬという。

買《か》ってはいけない本《ほん》

白《しろ》いずきんの女《おんな》の子《こ》

一人《ひとり》の少女《しょうじょ》が書店《しょてん》に立《た》ち寄《よ》った。そこで何《なに》も書《か》かれていない白《しろ》い本《ほん》を見《み》つけ、興味《きょうみ》を持《も》った少女《しょうじょ》はその本《ほん》をレジに持《も》っていった。だが、店員《てんいん》は「この本《ほん》は買《か》わないほうがいいですよ。」と忠告《ちゅうこく》する。しかし、少女《しょうじょ》はどうしてもほしくなり買《か》ったのだった。

その夜《よる》、少女《しょうじょ》が目《め》を覚《さ》ますと、白《しろ》いずきんをかぶった見《み》たことのない女《おんな》の子《こ》が部屋《へや》の隅《すみ》にいた。しっかりと目《め》が覚《さ》めきらない状態《じょうたい》でその子《こ》を見《み》ているうちに、少女《しょうじょ》は気《き》を失《うし》ってしまった。次《つぎ》の朝《あさ》、少《しょう》女《じょ》が首《くび》のない状態《じょうたい》で死《し》んでいるのを家族《かぞく》が発見《はっけん》したという。

この話《はなし》を聞《き》いた人《ひと》の元《もと》には、一《いっ》か月以内《げついない》に白《しろ》いずきんの女《おんな》の子《こ》が現《あらわ》れる。その女《おんな》の子《こ》に何度《なんど》も繰《く》り返《かえ》し「ごめんなさい。ごめんなさい。」と言《い》えば消《き》え去《さ》るという。

便器《べんき》から出《で》てくる手《て》

白《しろ》い手《て》・赤《あか》い手《て》

ある学校《がっこう》のトイレの便器《べんき》から手《て》が出《で》てくるという恐怖《きょうふ》である。

その学校《がっこう》の北側《きたがわ》にある女子《じょし》トイレの手前《てまえ》から三番目《さんばんめ》の個《こ》室《しつ》に入《はい》ると、真《ま》っ白《しろ》な手《て》と真《ま》っ赤《か》な手《て》が便器《べんき》からぬーっと現《あらわ》れて、トイレを使《つか》っている人《ひと》のお尻《しり》を撫《な》でるのだ。

また以前《いぜん》には、別《べつ》の学校《がっこう》の寄宿舎《きしゅくしゃ》で似《に》たような怪奇現象《かいきげんしょう》があった。夜《よる》、トイレに行《い》くと「白《しろ》い手《て》がいいか。赤《あか》い手《て》がいいか。青《あお》い手《て》がいいか。」と天井《てんじょう》から聞《き》こえてきて、何《なに》か冷《つめ》たいものがお尻《しり》を撫《な》でたのだ。そのトイレでは過去《かこ》に寄宿生《きしゅくせい》の首吊《くびつ》り自殺《じさつ》があったという。

トイレに入《はい》ると、便器《べんき》から手《て》が出《で》てきてお尻《しり》を撫《な》でるという話《はなし》は、古《ふる》くから多《おお》く語《かた》られている。

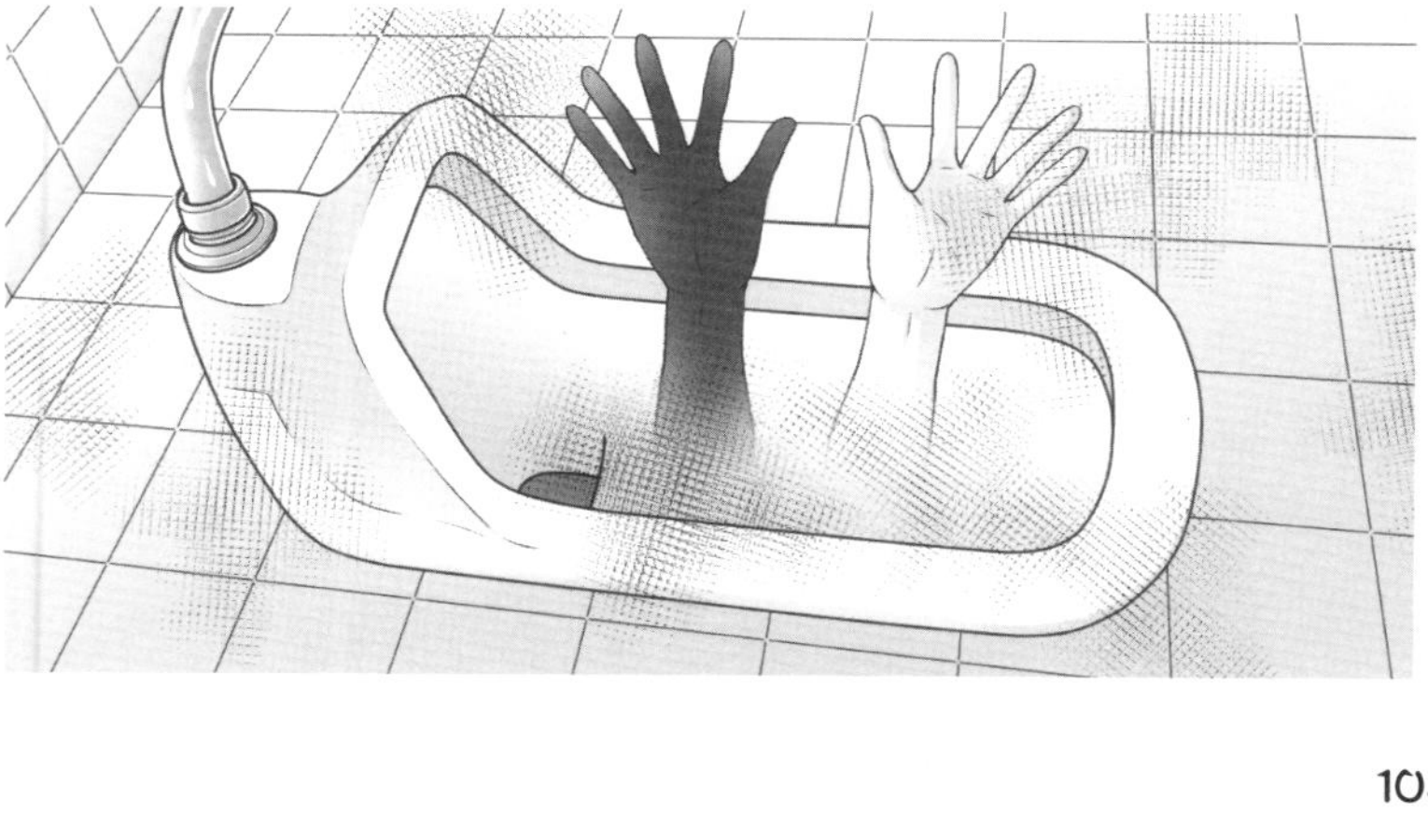

恐《おそ》ろしすぎる人体模型《じんたいもけい》

人《じん》体《たい》模《も》型《けい》の怪《かい》

学校《がっこう》の理科室《りかしつ》にある人体模《じんたいも》型《けい》が、夜《よる》になると動《うご》き出《だ》すという話《はなし》は多《おお》く聞《き》かれる。

人体模型《じんたいもけい》に出《で》くわした子《こ》どもが「背比《せいくら》べをしよう。」と話《はな》しかけられた。背比《せいくら》べをしたら、子《こ》どもの身長《しんちょう》が十《じっ》パーセント縮《ちぢ》んでしまい、断《ことわ》った子《こ》は首《くび》を切《き》られたという。

人体模型《じんたいもけい》が理科室《りかしつ》で骸骨模《がいこつも》型《けい》と一緒《いっしょ》に踊《おど》っているところを見《み》た者《もの》が、人体模型《じんたいもけい》の胃《い》の中《なか》に吸《す》い込《こ》まれたり、夜中《よなか》に歩《ある》き回《まわ》っている人体模型《じんたいもけい》を目《もく》撃《げき》した者《もの》が、どこかへ連《つ》れ去《さ》られてしまったという噂《うわさ》がある。また、足《た》りない臓器《ぞうき》のあった人体模型《じんたいもけい》が、女性《じょせい》を殺《ころ》してその足《た》りない臓器《ぞうき》を奪《うば》い取《と》ったという話《はなし》もある。

このように凶暴《きょうぼう》な行動《こうどう》をする人体模型《じんたいもけい》は元々《もともと》は人間《にんげん》だったのだが、模型《もけい》にされてしまい人間《にんげん》を恨《うら》んでいるという。

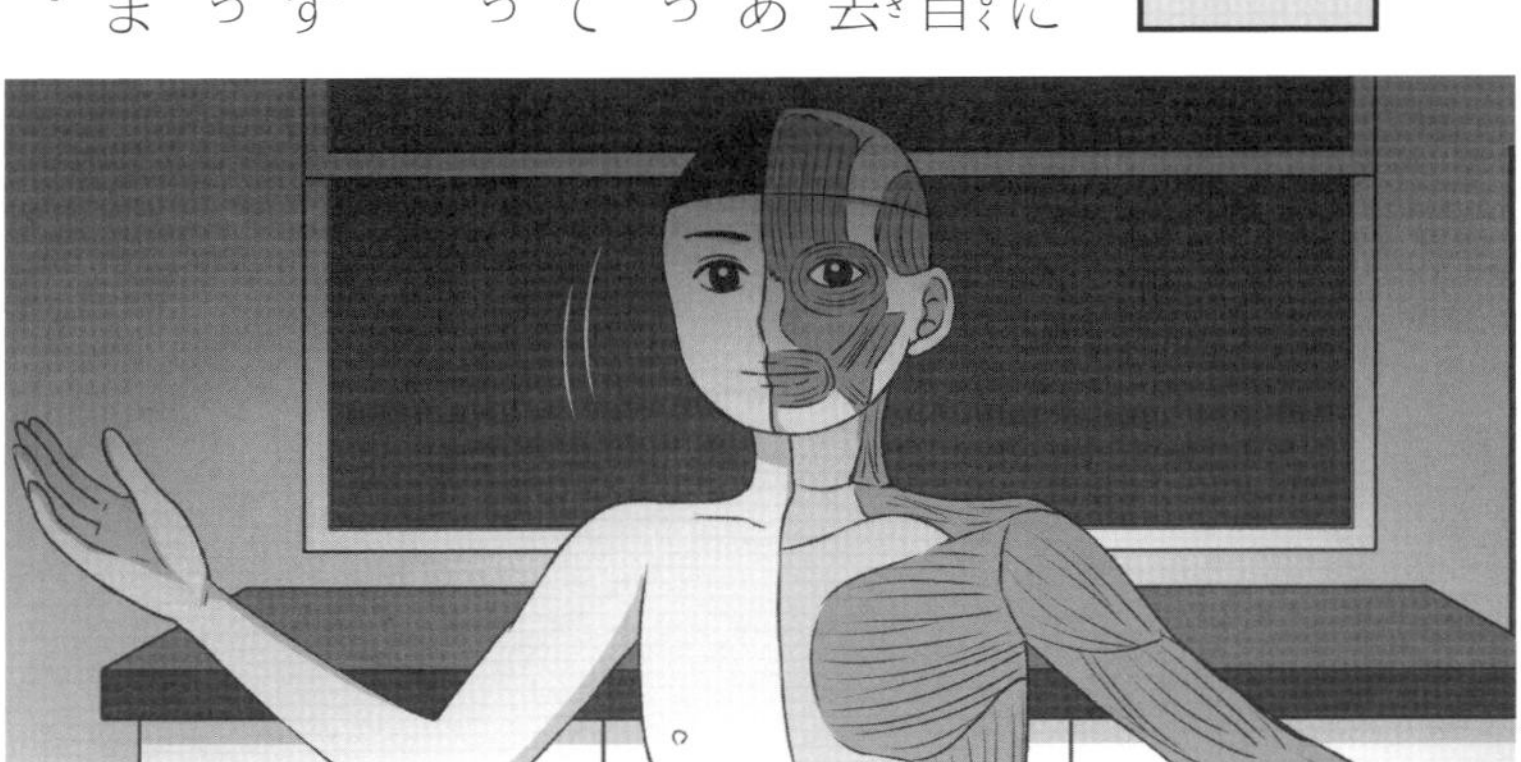

人《じん》面《めん》犬《けん》

人《ひと》の顔《かお》をした犬《いぬ》の妖《よう》怪《かい》

人面犬《じんめんけん》は人間《にんげん》の顔《かお》をした犬《いぬ》の姿《すがた》をしていて、人《ひと》の言葉《ことば》も話《はな》す。ゴミを漁《あさ》っている犬《いぬ》を追《お》い払《はら》おうと声《こえ》をかけたら、振《ふ》り向《む》いた犬《いぬ》の顔《かお》が人間《にんげん》の顔《かお》で「うるせえ！」と口《くち》をきいたという。また、足《あし》がたいへんに速《はや》く、高速道路《こうそくどうろ》を走《はし》る車《くるま》を追《お》い越《こ》していく。人面犬《じんめんけん》に追《お》い越《こ》された車《くるま》は必《かなら》ず事故《じこ》に遭《あ》う。人面犬《じんめんけん》は人間《にんげん》を原因《げんいん》不《ふ》明《めい》の病《びょう》気《き》にしたり、その姿《すがた》を見《み》た者《もの》にトラブルが起《お》きるようにしたりする。人面犬《じんめんけん》に見《み》られただけで、犬《いぬ》にされた人《ひと》もいるという。

人面犬《じんめんけん》の誕生《たんじょう》には多《おお》くの説《せつ》がある。犬《いぬ》と人《にん》間《げん》の遺伝子《いでんし》を持《も》った生《い》き物《もの》を生物実験《せいぶつじっけん》で作《つく》ったという説《せつ》や、野犬《やけん》に咬《か》まれた女性《じょせい》が人面犬《じんめんけん》に変化《へんか》したという説《せつ》などがある。また、飼《か》い犬《いぬ》とともに車《くるま》に轢《ひ》き殺《ころ》された人《ひと》の霊《れい》が人面《じんめん》犬《けん》の正体《しょうたい》ともいわれている。

人力車《じんりきしゃ》幽霊《ゆうれい》

人力車《じんりきしゃ》に乗《の》ってきたお客《きゃく》は…

明治時代《めいじじだい》の話《はなし》である。人力《じんりき》車夫《しゃふ》が人力車《じんりきしゃ》を引《ひ》いていると、橋《はし》のたもとに女性《じょせい》が立《た》っていて手招《てまね》きをした。車夫《しゃふ》が止《と》まると、女性《じょせい》は黙《だま》ったまま人力《じんりき》車《しゃ》に乗《の》ってきた。車夫《しゃふ》が行《い》き先《さき》を聞《き》いても、やはり女性《じょせい》は何《なに》も言《い》わないので、しかたなくそのまま人力車《じんりきしゃ》を引《ひ》いていると、大《おお》もうけをして有名《ゆうめい》な※成金《なりきん》の屋敷《やしき》の前《まえ》に来《き》た。すると、女性《じょせい》は人力車《じんりきしゃ》を降《お》り、その屋敷《やしき》の門《もん》をくぐって消《き》えてしまった。

代金《だいきん》をもらっていない車夫《しゃふ》は、屋敷《やしき》の玄関《げんかん》の戸《と》をたたいた。しかし、玄関《げんかん》から出《で》てきた人《ひと》の話《はなし》によると、屋敷《やしき》には誰《だれ》も訪《おとず》れていないという。

人力車《じんりきしゃ》に乗《の》った女性《じょせい》は、この屋敷《やしき》の※成金《なりきん》の主人《しゅじん》にだまされて死《し》んだ女性《じょせい》の幽霊《ゆうれい》だったのだ。

※成金《なりきん》…急激《きゅうげき》に金持《かねも》ちになること。

地図《ちず》から消《き》えた呪《のろ》いの村《むら》

杉《すぎ》沢《さわ》村《むら》

杉沢村《すぎさわむら》は、人里離《ひとざとはな》れた山奥《やまおく》にあったとされる村《むら》である。

かつて、この村《むら》に住《す》む青年《せいねん》が突然《とつぜん》、村人全員《むらびとぜんいん》を斧《おの》で殺害《さつがい》して自殺《じさつ》するという凄惨《せいさん》な事件《じけん》が起《お》きた。

この事件《じけん》によって村《むら》は廃村《はいそん》となり、杉沢村《すぎさわむら》は地図《ちず》から消《き》えた。そして、この廃村《はいそん》に迷《まよ》い込《こ》んだ人《ひと》は、命《いのち》を奪《うば》われるといわれている。

しかし、杉沢村《すぎさわむら》を訪《おとず》れてみた人《ひと》たちがいる。彼《かれ》らの話《はなし》では、村《むら》へ続《つづ》く道《みち》には、〝ここから先《さき》へ立《た》ち入《い》る者《もの》、命《いのち》の保証《ほしょう》はない〟と記《しる》された看板《かんばん》があり、村《むら》の入《い》り口《ぐち》には朽《く》ち果《は》てた鳥居《とりい》が建《た》っていて、ドクロの形《かたち》をした石《いし》が置《お》かれていた。廃墟《はいきょ》と化《か》した村《むら》には古《ふる》ぼけた家《いえ》が点在《てんざい》していて、どの家《いえ》の中《なか》にも、飛《と》び散《ち》ってこびりついた大量《たいりょう》の血《ち》の跡《あと》が残《のこ》っている。当時《とうじ》の事件《じけん》がほんの少《すこ》し前《まえ》に起《お》きたのではないかと錯覚《さっかく》するような戦慄《せんりつ》が走《はし》り、恐怖《きょうふ》に耐《た》えられなくなって車《くるま》に乗《の》り込《こ》むと、その途端《とたん》に真《ま》っ赤《か》な血《ち》に染《そ》まった手《て》の跡《あと》がいくつもフロントガラスに激《はげ》しく打《う》ちつけられたそうだ。

杉沢村《すぎさわむら》の訪問者《ほうもんしゃ》は、たとえ村《むら》から無事《ぶじ》に脱出《だっしゅつ》できたとしても、その数日後《すうじつご》には行方不明《ゆくえふめい》になってしまうそうである。

かつての忌《い》まわしい事件《じけん》で惨殺《ざんさつ》された村人《むらびと》たちの霊《れい》の怨念《おんねん》が、村《むら》に迷《まよ》い込《こ》んだ者《もの》や興味本位《きょうみほんい》で訪《おとず》れる者《もの》たちを襲《おそ》って、あの世《よ》に連《つ》れていこうとしているという。

ここから先へ
立ち入る者
命の保証はない

隙間女《すきまおんな》

どこからともなく感《かん》じる視線《しせん》

一人暮《ひとりぐ》らしの学生《がくせい》が部屋《へや》の中《なか》で突然誰《とつぜんだれ》かの視線《しせん》を感《かん》じた。振《ふ》り返《かえ》っても誰《だれ》もいない。気《き》のせいだと思《おも》いその夜《よる》は寝《ね》てしまった。しかし、それから毎日《まいにち》、自分《じぶん》の部屋《へや》で視線《しせん》を感《かん》じるようになったのだ。部屋《へや》中探《じゅうさが》しても狭《せま》いアパートの一《いっ》室《しつ》に人《ひと》が隠《かく》れるような場所《ばしょ》などない。だが、自分《じぶん》しかいない部屋《へや》で視線《しせん》を感《かん》じる。学生《がくせい》はふと視線《しせん》を壁《かべ》のほうへ向《む》けた。そのときだった。タンスと壁《かべ》の間《あいだ》のわずか数《すう》ミリの隙《すき》間《ま》に女《おんな》が立《た》っていて、じっと学生《がくせい》を見《み》つめていたのだ。

隙間女《すきまおんな》の目撃談《もくげきだん》はたびたび聞《き》かれる。ある男性《だんせい》が友人《ゆうじん》のアパートへ行《い》くと友人《ゆうじん》が「好《す》きな人《ひと》ができた。紹介《しょうかい》するね。」と言《い》って壁《かべ》を指差《ゆびさ》した。壁《かべ》を見《み》ると壁《かべ》と家具《かぐ》の一《いっ》センチの隙間《すきま》に女《おんな》がいて、こちらをじっと見《み》つめていたという。

隙間女《すきまおんな》が出現《しゅつげん》するのは室内《しつない》だけではない。ビルとビルのわずかな隙間《すきま》に少女《しょうじょ》がいて、それを目撃《もくげき》した人《ひと》は隙間《すきま》に引《ひ》きずり込《こ》まれてしまうのだ。

隙間女《すきまおんな》が話《はな》しかけてくることもある。「かくれんぼをしよう。」と言《い》ってきても、決《けっ》して隙間女《すきまおんな》とかくれんぼをしてはいけない。必《かなら》ず隙間女《すきまおんな》に見《み》つけられ、異次元《いじげん》の空間《くうかん》に連《つ》れていかれて二度《にど》と帰《かえ》ってくることができなくなるのだ。

江戸時代《えどじだい》にも、雨戸《あまど》の戸袋《とぶくろ》に潜《ひそ》んでいた隙間女《すきまおんな》の話《はなし》がある。雨戸《あまど》が閉《し》めにくいので無《む》理《り》やり閉《し》めようとしたら、女《おんな》が戸袋《とぶくろ》から飛《と》び出《だ》してきたという。だが、この隙間女《すきまおんな》は、じっと人間《にんげん》を見《み》つめたりはしなかったようである。

髪《かみ》で隠《かく》された顔《かお》の秘密《ひみつ》

整《せい》形《けい》オバケ

整形《せいけい》オバケは長《なが》い髪《かみ》をした背《せ》の高《たか》い女《おんな》の姿《すがた》だ。美《うつく》しい顔《かお》立《だ》ちだが、顔半分《かおはんぶん》を髪《かみ》の毛《け》で覆《おお》い隠《かく》して現《あらわ》れる。

女《おんな》は出会《であ》った人間《にんげん》に「私《わたし》、きれい？」と質問《しつもん》する。「きれいです。」と返事《へんじ》をすると、長《なが》い髪《かみ》の毛《け》をかき上《あ》げ、隠《かく》れていた傷《きず》だらけの顔半分《かおはんぶん》を見《み》せながら「これでもきれい？」と聞《き》いてくるのだ。

怖《こわ》くなって立《た》ち去《さ》ろうとしても、女《おんな》はしつこく追《お》いかけてきて何度《なんど》も同《おな》じ質問《しつもん》をする。

この女《おんな》を見《み》かけても決《けっ》して目《め》を合《あ》わせてはいけない。気《き》づかないふりをして通《とお》りすぎなければいけないのだ。

女《おんな》は美容整形手術《びようせいけいしゅじゅつ》の失敗《しっぱい》で顔《かお》の半分《はんぶん》に大《おお》きな傷《きず》が残《のこ》ってしまった。それが原因《げんいん》で自殺《じさつ》をして霊《れい》となった女《おんな》は、通《とお》りかかる人間《にんげん》に「私《わたし》、きれい？」と問《と》いかけているのだ。

絵《え》から抜《ぬ》け出《で》る少女《しょうじょ》

セーラー服《ふく》の少女《しょうじょ》

絵画《かいが》にまつわる不思議《ふしぎ》なできごとだ。

ある小学校《しょうがっこう》の壁《かべ》に「セーラー服《ふく》の少女《しょうじょ》」という絵画《かいが》がかけられている。その絵《え》に描《えが》かれた少女《しょうじょ》は、ブロンドの髪《かみ》をした色白《いろじろ》の美《うつく》しい女《おんな》の子《こ》だが、妙《みょう》な噂《うわさ》がある。小学校《しょうがっこう》のそばの線路《せんろ》を緑色《みどりいろ》の電車《でんしゃ》が通《とお》ると、少女《しょうじょ》の瞳《ひとみ》がきらりと光《ひか》って、絵《え》の中《なか》から少女《しょうじょ》が抜《ぬ》け出《で》てくるというのだ。

絵《え》から抜《ぬ》け出《で》た少女《しょうじょ》と出《で》くわした人《ひと》が、驚《おどろ》いたはずみに少女《しょうじょ》にけがをさせたことがあった。その後《あと》、絵画《かいが》を見《み》てみると、絵《え》の中《なか》に戻《もど》った少女《しょうじょ》には同《おな》じ部分《ぶぶん》に新《あたら》しいけががあったのだ。

「モナリザの怪《かい》」（240ページ）でも、同《おな》じように絵《え》から女性《じょせい》が抜《ぬ》け出《で》てくるという怪奇現象《かいきげんしょう》が語《かた》られている。

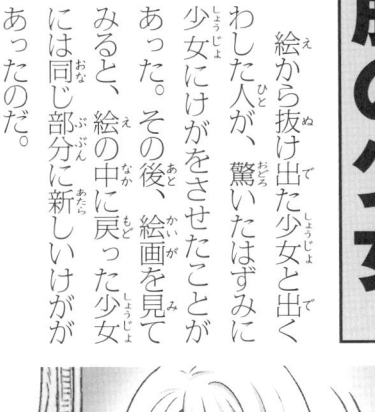

また一緒《いっしょ》に遊《あそ》ぼうね

石《せき》像《ぞう》の友《とも》だち

　その小学校《しょうがっこう》の校門《こうもん》のそばには、手《て》にボールを持《も》った五《ご》、六年生《ろくねんせい》くらいの少年《しょうねん》の石像《せきぞう》が立《た》っていた。ある夜《よる》、この小《しょう》学校《がっこう》に通《かよ》う少年《しょうねん》、健《たける》くん（仮《か》名《めい》）が教室《きょうしつ》に忘《わす》れものをしたことに気《き》づき、学校《がっこう》に取《と》りに行《い》った。すると校庭《こうてい》で同《おな》い年《どし》くらいの少年《しょうねん》が一人《ひとり》でボールを蹴《け》って遊《あそ》んでいる。健《たける》くんは一人《ひとり》で暗《くら》い校舎《こうしゃ》に入《はい》るのが怖《こわ》いので、その少年《しょうねん》に一緒《いっしょ》に来《き》てほしいと頼《たの》んだ。少年《しょうねん》は、にっこりとほほえんで承諾《しょうだく》した。健《たける》くんが忘《わす》れものを取《と》って家《いえ》へ帰《かえ》ろうとすると、少年《しょうねん》はボールを差《さ》し出《だ》しながら一《いっ》緒《しょ》に遊《あそ》ぼうと言《い》う。そこで二人《ふたり》はボールで遊《あそ》び始《はじ》めた。少年《しょうねん》は友《とも》だちがいないので、夜《よる》になって一人《ひとり》で遊《あそ》んでいたのだ。健《たける》くんが「僕《ぼく》と友《とも》だちになろう。」と言《い》うと少年《しょうねん》はうれしそうに笑《わら》った。そして、二人《ふたり》はまた一緒《いっしょ》に遊《あそ》ぶ約束《やくそく》をして健《たける》くんは帰宅《きたく》した。翌朝《よくあさ》、健《たける》くんが登校《とうこう》すると、石像《せきぞう》のところに人《ひと》だかりができていた。石像《せきぞう》が何《なに》かいつもと違《ちが》う。手《て》に持《も》っていたはずのボールがないのだ。そして校庭《こうてい》の真《ま》ん中《なか》にボールと昨夜《さくや》の健《たける》くんの忘《わす》れものが置《お》いてあった。気《き》のせいか石像《せきぞう》の少年《しょうねん》は、ほほえんでいるようだった。

　数年前《すうねんまえ》、一人《ひとり》の少年《しょうねん》がボールを追《お》いかけて校門《こうもん》を飛《と》び出《だ》し、交通事故《こうつうじこ》で亡《な》くなっていた。そして、健《たける》くんが忘《わす》れものを取《と》りに学校《がっこう》に行《い》った日《ひ》は、その少年《しょうねん》の命日《めいにち》だったのだ。

水《みず》の中《なか》へ引《ひ》きずり込《こ》まれる

背《せ》中《なか》にしがみつく老《ろう》婆《ば》

青年《せいねん》たちが川《かわ》で遊《あそ》んでいたときのことである。一人《ひとり》の青《せい》年《ねん》が川《かわ》に飛《と》び込《こ》むと、浮《う》かんでこないまま行方不明《ゆくえふめい》になってしまった。後日《ごじつ》、青年《せいねん》が飛《と》び込《こ》んだ瞬間《しゅんかん》の写真《しゃしん》を見《み》てみると、彼《かれ》の背中《せなか》にしがみつく老婆《ろうば》の姿《すがた》があったのだ。

ある学校《がっこう》では、水泳大会《すいえいたいかい》で飛《と》び込み台《だい》からプールに飛《と》び込《こ》んだまま浮《う》かんでこなくなり、亡《な》くなった少年《しょうねん》がいた。

その大会《たいかい》を撮影《さつえい》した写真《しゃしん》がある。飛《と》び込《こ》みの順番《じゅんばん》を待《ま》つ少年《しょうねん》を写《うつ》した写真《しゃしん》を見《み》ると、後《うし》ろの校舎《こうしゃ》の屋上《おくじょう》に一人《ひとり》のおじいさんが写《うつ》り込《こ》んでいた。だが少年《しょうねん》が飛《と》び込《こ》み台《だい》に立《た》った写真《しゃしん》では、そのおじいさんは少年《しょうねん》のすぐ後《うし》ろに写《うつ》っているのだ。そして、少年《しょうねん》がプールに飛《と》び込《こ》んだ瞬間《しゅんかん》の写真《しゃしん》では、おじいさんは少年《しょうねん》の背中《せなか》にしがみついていた。

夢《ゆめ》から出《で》られなくなる…

そうぶんぜ

ある夢《ゆめ》の話《はなし》を聞《き》くと、その夜《よる》に必《かなら》ずその夢《ゆめ》を見《み》てしまい、夢《ゆめ》の中《なか》で選択《せんたく》を間違《まちが》えると、夢《ゆめ》から出《で》られなくなるという都市伝説《としでんせつ》だ。その夢《ゆめ》とは……

ある駅《えき》に自分《じぶん》がいて、駅前《えきまえ》には黒猫《くろねこ》がいる。その黒猫《くろねこ》が行《い》くほうへ進《すす》むと分《わ》かれ道《みち》に行《い》き当《あ》たるが、ここは右《みぎ》の道《みち》を進《すす》む。すると、「そうぶんぜ」という名前《なまえ》の寺《てら》がある。寺《てら》の扉《とびら》を右《みぎ》、左《ひだり》の順《じゅん》で開《あ》けると巻《ま》き物《もの》が二《ふた》つあるが、右《みぎ》の巻《ま》き物《もの》を持《も》って、今来《いまき》た道《みち》を戻《もど》るのだ。一《ひと》つでも間違《まちが》えると夢《ゆめ》から覚《さ》めることができない。

だが一《ひと》つだけ助《たす》かる方法《ほうほう》がある。「そうぶんぜ」という名《な》前《まえ》を逆《さか》さにして三回唱《さんかいとな》えると、夢《ゆめ》から覚《さ》めるのだ。

しかし「そうぶんぜ」を逆《さか》さにすると「ぜんぶうそ」となる。つまり、この都市伝説《としでんせつ》は嘘《うそ》だったとわかるのだ。

白衣《はくい》を着《き》て学校《がっこう》を徘徊《はいかい》する

ゾンビ看護師《かんごし》

ゾンビ看護師《かんごし》は主《おも》に学校《がっこう》に出現《しゅつげん》する。ある少年《しょうねん》が夜中《よなか》の小学校《しょうがっこう》に忍《しの》び込《こ》むと、暗《くら》い廊《ろう》下《か》の向《む》こうから台車《だいしゃ》を押《お》しながら、ぼろぼろの白衣《はくい》を着《き》た看護師《かんごし》が現《あらわ》れた。台車《だいしゃ》には手術用《しゅじゅつよう》の器具《きぐ》をのせ、少年《しょうねん》をにらみつける看護師《かんごし》の顔色《かおいろ》は死《し》人《にん》のように青白《あおじろ》い。少年《しょうねん》は全《ぜん》速力《そくりょく》で逃《に》げ出《だ》したが、看護師《かんごし》は台車《だいしゃ》を押《お》しながら追《お》いかけてくる。トイレに逃《に》げ込《こ》んだ少年《しょうねん》は、一番奥《いちばんおく》の個室《こしつ》に隠《かく》れて鍵《かぎ》をかけた。やがて台車《だいしゃ》の音《おと》がトイレの前《まえ》で止《と》まった。手前《てまえ》の個室《こしつ》から順《じゅん》にドアを開《あ》けて探《さが》す音《おと》がする。そしてついに少年《しょうねん》のいる個室《こしつ》の前《まえ》に来《き》た。恐怖《きょうふ》のあまり少年《しょうねん》は気絶《きぜつ》してしまった。少年《しょうねん》の意識《いしき》が戻《もど》ると外《そと》は明《あか》るくなっていて、ゾンビ看護師《かんごし》の気配《けはい》はない。安心《あんしん》した少年《しょうねん》はドアを開《あ》けようとするのだが開《あ》かない。ふと顔《かお》を上《あ》げるとドアの上《うえ》から、看護師《かんごし》がすさまじい形相《ぎょうそう》で少《しょう》年《ねん》を見下《みお》ろしていたのである。

ゾンビ看護師《かんごし》が現《あらわ》れるのは、廃病院《はいびょういん》の跡地《あとち》に建《た》てられた学《がっ》校《こう》が多《おお》いという。

た行《ぎょう》

タクシー幽霊《ゆうれい》、中古車《ちゅうこしゃ》の怪《かい》、
注射男《ちゅうしゃおとこ》、トイレの花子《はなこ》さん、
ドッペルゲンガーなど全《ぜん》25話《わ》。

異次元《いじげん》の世界《せかい》に存在《そんざい》する駅《えき》

高九奈駅《たかくなえき》・敷草谷駅《しきぐさやえき》

一人《ひとり》の女性《じょせい》が夜遅《よるおそ》くに電車《でんしゃ》に乗《の》った。いつの間《ま》にか眠《ねむ》ってしまい気《き》づくと電車《でんしゃ》は「高《たか》九奈駅《くなえき》」という聞《き》いたことのない駅《えき》に停車《ていしゃ》していた。降《お》りようか迷《まよ》っていると、再《ふたた》び電《でん》車《しゃ》は動《うご》き出《だ》した。車両《しゃりょう》にはほかに乗客《じょうきゃく》はいない。前《まえ》の車両《しゃりょう》に少年《しょうねん》の姿《すがた》が見《み》えたので、そばに行《い》って電車《でんしゃ》の行《い》き先《さき》を尋《たず》ねると、少年《しょうねん》は「知《し》らない。お姉《ねえ》さんはまだここへ来《き》ては駄目《だめ》だったんだよ。」と言《い》う。その意味《いみ》がわからずにいると、電車《でんしゃ》は「敷草谷駅《しきぐさやえき》」という知《し》らない駅《えき》に着《つ》いた。少年《しょうねん》がその駅《えき》で降《お》りたので、女性《じょせい》も降《お》りようとすると「降《お》りたら駄《だ》目《め》だ。でもどうしても来《き》たいなら降《お》りなよ。」と少年《しょうねん》は悪《あく》意《い》に満《み》ちた表情《ひょうじょう》で言《い》うのだ。気味《きみ》が悪《わる》くなった女性《じょせい》が降《お》りられずにいると電車《でんしゃ》は動《うご》き出《だ》した。そして終着駅《しゅうちゃくえき》に着《つ》いたが、駅名《えきめい》を記《しる》した看板《かんばん》は錆《さ》びてしまって読《よ》むことができない。女性《じょせい》は父親《ちちおや》と電話《でんわ》で連絡《れんらく》を取《と》り合《あ》いながら、改札《かいさつ》を出《で》て歩《ある》き始《はじ》めた。駅《えき》の外《そと》には建《たて》物《もの》も街灯《がいとう》もない。「敷草谷駅《しきぐさやえき》」へ向《む》かって線路沿《せんろぞ》いを歩《ある》くのだが一向《いっこう》に駅《えき》に着《つ》かない。疲《つか》れ切《き》った女性《じょせい》は道《みち》に座《すわ》り込《こ》んでしまった。するとそこへ、父親《ちちおや》が車《くるま》で迎《むか》えに来《き》てくれたのだ。車《くるま》に乗《の》り安堵《あんど》した女性《じょせい》は、すぐに眠《ねむ》ってしまったが、しばらくして女性《じょせい》の携帯電話《けいたいでんわ》が鳴《な》った。目《め》を覚《さ》ました女性《じょせい》が電話《でんわ》に出《で》ると、何《なん》と女性《じょせい》の横《よこ》で運転《うんてん》をしているはずの父《ちち》親《おや》が電話《でんわ》の向《む》こうから話《はな》しかけてきたのだ。驚《おどろ》いた女性《じょせい》は運転席《うんてんせき》の父親《ちちおや》に声《こえ》をかけたが、彼《かれ》は表情《ひょうじょう》も変《か》えず何《なに》も答《こた》えない。無言《むごん》が続《つづ》いた後《あと》、「早《はや》く行《い》かないと…私《わたし》のせいで…。」と父親《ちちおや》とは全《まった》く違《ちが》う声《こえ》でつぶやき始《はじ》めたのだ。怖《こわ》くなった女性《じょせい》は車《くるま》から飛《と》び降《お》りた…。

翌朝《よくあさ》、女性《じょせい》は病院《びょういん》のベッドの上《うえ》にいた。彼女《かのじょ》の父親《ちちおや》は前《ぜん》夜《や》、自宅《じたく》にいて女性《じょせい》に電話《でんわ》をかけただけだったという。

異次元《いじげん》の世界《せかい》にある高九奈《たかくな》駅《えき》・敷草谷駅《しきぐさやえき》は、読《よ》み方《かた》が不《ふ》明《めい》なため、便宜上《べんぎじょう》この読《よ》み仮《が》名《な》をつけた。

タクシー幽霊《ゆうれい》

乗《の》せた女性《じょせい》は死《し》んだ人《ひと》

深夜《しんや》、タクシーが墓地《ぼち》の近《ちか》くを通《とお》ると、若《わか》い女性《じょせい》が手《て》を上《あ》げた。運転手《うんてんしゅ》はこんな遅《おそ》い時間《じかん》にこんな場所《ばしょ》に…と気味《きみ》が悪《わる》かったが女性《じょせい》をタクシーに乗《の》せて走《はし》り出《だ》した。しばらくしてふとバックミラーを見《み》ると、後部座席《こうぶざせき》にいるはずの女性《じょせい》が映《う》っていない。しかし、後《うし》ろを振《ふ》り向《む》くと女性《じょせい》の姿《すがた》はあるのだ。運転手《うんてんしゅ》は恐怖《きょうふ》にかられながらも、女性《じょせい》が告《つ》げた家《いえ》まで車《くるま》を走《はし》らせた。

家《いえ》の前《まえ》にたどり着《つ》くと、女《じょ》性《せい》はお金《かね》を持《も》ってくると言《い》って家《いえ》の中《なか》へ入《はい》っていった。だが、いつまで待《ま》っても女性《じょせい》は戻《もど》ってこない。しかたなく運《うん》転手《てんしゅ》はその家《いえ》の玄関《げんかん》のドアをノックした。すると出《で》てきたのは先《さき》ほどの女性《じょせい》ではなく、もっと年配《ねんぱい》の女性《じょせい》だった。

運転手《うんてんしゅ》の話《はなし》を聞《き》いたその人《ひと》は、とても驚《おどろ》いた。その人《ひと》はタクシーに乗《の》せた女性《じょせい》の母親《ははおや》だった。娘《むすめ》は、その数日前《すうじつまえ》に亡《な》くなっていたという。

タクシー幽霊《ゆうれい》の噂《うわさ》は、日本《にほん》だけでなく世界各地《せかいかくち》で語《かた》られている。タクシーに乗《の》せた女《じょ》性《せい》が、目的地《もくてきち》に着《つ》く前《まえ》にいつの間《ま》にか消《き》えて、座《すわ》っていたシートがびっしょりと濡《ぬ》れていたという体験談《たいけんだん》が多《おお》い。

また、同《おな》じような話《はなし》は古《ふる》くからある。江戸時代《えどじだい》、女性《じょせい》を馬《うま》に乗《の》せて屋敷《やしき》まで運《はこ》んだのだが、なかなか料金《りょうきん》を持《も》ってこないので屋敷《やしき》に催促《さいそく》に行《い》ったところ、その女性《じょせい》は何年《なんねん》も前《まえ》に亡《な》くなっていたという。

田中君《たなかくん》

肩《かた》をたたかれると…

ある日《ひ》、高校生《こうこうせい》の田中君《たなかくん》は友人三人《ゆうじんさんにん》とそれぞれの彼女《かのじょ》と一緒《いっしょ》に、バイクで山道《やまみち》をツーリングに出《で》かけた。田中君《たなかくん》のバイクは、彼女《かのじょ》を乗《の》せて最後尾《さいこうび》を走《はし》っていた。ところが、しばらくして先頭《せんとう》の友人《ゆうじん》が田《た》中君《なかくん》のバイクがついてきていないことに気《き》がついた。事故《じこ》に遭《あ》ったかもしれないと思《おも》って山道《やまみち》を戻《もど》ったがその形跡《けいせき》はなく、それ以来《いらい》、田中君《たなかくん》は行《ゆく》方不明《えふめい》となったのだ。

田中君《たなかくん》と一緒《いっしょ》だった彼女《かのじょ》は、数日後《すうじつご》に戻《もど》ってきたが、何《なに》も覚《おぼ》えていなかった。その夜《よる》、一緒《いっしょ》にツーリングをした友人《ゆうじん》の一人《ひとり》が田中君《たなかくん》の夢《ゆめ》を見《み》た。夢《ゆめ》の中《なか》で、肩《かた》をたたかれ振《ふ》り向《む》くと、顔《かお》も体《からだ》も右半分《みぎはんぶん》がぐちゃぐちゃの田中君《たなかくん》が立《た》っていたのだ。夢《ゆめ》を見《み》た後《あと》、友人《ゆうじん》は事故《じこ》で死亡《しぼう》し、その顔《かお》は半《はん》分《ぶん》がぐちゃぐちゃになっていた。次《つぎ》は、ツーリングに参加《さんか》していた女子《じょし》の一人《ひとり》が同《おな》じ夢《ゆめ》を見《み》た。田中君《たなかくん》に肩《かた》をたたかれて振《ふ》り向《む》き、その後《ご》、彼女《かのじょ》も事故《じこ》で顔《かお》に大《おお》けがをしたのだった。それ以来《いらい》、この夢《ゆめ》の話《はなし》は高校《こうこう》で話題《わだい》となり、「夢《ゆめ》で田中《たなか》に振《ふ》り向《む》くな。」と語《かた》り伝《つた》えられている。

インターネット上《じょう》では、この田中君《たなかくん》の話《はなし》を聞《き》いた人《ひと》は、夢《ゆめ》の中《なか》に田中君《たなかくん》が現《あらわ》れるといわれている。肩《かた》をたたかれ振《ふ》り向《む》くと、数日以内《すうじついない》に大《おお》けがや死亡事故《しぼうじこ》に遭《あ》う。それを避《さ》けるには、肩《かた》をたたかれても振《ふ》り向《む》いてはいけないという。

七夕《たなばた》おばさん

年《とし》を取《と》る霊《れい》

ある学校《がっこう》では、七月七日《しちがつなのか》に一階《いっかい》のトイレで鏡《かがみ》を見《み》ると、七夕《たなばた》おばさんが現《あらわ》れる。

七夕《たなばた》おばさんは、以前《いぜん》にこのトイレで亡《な》くなった少女《しょうじょ》の霊《れい》なのだが、霊《れい》となっても毎《まい》年《とし》、年《とし》を取《と》り続《つづ》けている。そろそろ七夕《たなばた》おばあさんの姿《すがた》になって現《あらわ》れるかもしれない。

ダブル

自分《じぶん》と同《おな》じ姿《すがた》は誰《だれ》？

深夜《しんや》のトイレに、誰《だれ》かが背《せ》中《なか》を向《む》けてうずくまっていることがある。そして、こちらを振《ふ》り向《む》いて、にやりと笑《わら》うが、自分《じぶん》と瓜二《うりふた》つの姿《すがた》をしているのだ。それを見《み》た人《ひと》は、三日《みっか》以内《いない》に風邪《かぜ》で死《し》ぬという。

食《た》べたいババア

独《ひと》り言《ごと》を言《い》う老婆《ろうば》

道《みち》に座《すわ》って「食《た》べたい。食《た》べたい。」と独《ひと》り言《ごと》を言《い》う老《ろう》婆《ば》の姿《すがた》をした妖怪《ようかい》がいる。この老婆《ろうば》に「何《なに》が食《た》べたいの？」と聞《き》くと、老婆《ろうば》は「食《た》べたいのはお前《まえ》だよ！」と叫《さけ》ぶのだ。

トイレに現《あらわ》れる少年《しょうねん》の妖怪《ようかい》

太《た》郎《ろう》くん

太郎《たろう》くんは、学校《がっこう》の男子《だんし》トイレに現《あらわ》れる。

ある小学校《しょうがっこう》の二階《にかい》にある男《だん》子《し》トイレの三番目《さんばんめ》の個室《こしつ》を三《さん》回《かい》たたいて「太郎《たろう》くん。」と声《こえ》をかけると、青《あお》い帽子《ぼうし》の少《しょう》年《ねん》がドアの上《うえ》に現《あらわ》れる。太郎《たろう》くんを見《み》て逃《に》げると捕《つか》まってどこかへ連《つ》れ去《さ》られてしまう。だが、反対《はんたい》に太郎《たろう》くんを追《お》いかけると助《たす》かるという。

ほかの学校《がっこう》では、トイレのドアを三十回《さんじっかい》ノックした後《あと》、三十回便器《さんじっかいべんき》の周《まわ》りを回《まわ》って名《な》前《まえ》を呼《よ》ぶと太郎《たろう》くんが現《あらわ》れて、あらゆる質問《しつもん》に答《こた》えてくれるという噂《うわさ》がある。また、「野《や》球《きゅう》をしよう。」などと遊《あそ》びに誘《さそ》ってくる場合《ばあい》もあるそうだ。

「トイレの花子《はなこ》さん」とは親《した》しいようで、その関係《かんけい》は花子《はなこ》さんの兄弟《きょうだい》だったり、ボーイフレンドだったり友《とも》だちだったりとさまざまな話《はなし》がある。

閉《と》じ込《こ》められて…

地下体育館《ちかたいいくかん》の幽霊《ゆうれい》

ある少女《しょうじょ》が夏休《なつやす》みに、学校《がっこう》の地下体育館《ちかたいいくかん》で運動《うんどう》をしていたときだった。一休《ひとやす》みしているうちにいつの間《ま》にか眠《ねむ》ってしまった。夕方《ゆうがた》になり、まだ少女《しょうじょ》が残《のこ》っていることに気《き》づかなかった用務員《ようむいん》が、体育館《たいいくかん》のドアに鍵《かぎ》をかけて帰《かえ》ってしまったのだ。夜遅《よるおそ》くなっても少女《しょうじょ》は帰宅《きたく》しない。次《つぎ》の日《ひ》も帰《かえ》ってこない。警察《けいさつ》も捜査《そうさ》したが少女《しょうじょ》は見《み》つからず、行方《ゆくえ》不明《ふめい》のまま夏休《なつやす》みが明《あ》けた。

そして生徒《せいと》たちが地下体育館《ちかたいいくかん》へ行《い》くと、そこには苦悶《くもん》の表《ひょう》情《じょう》をした少女《しょうじょ》の死体《したい》があったのだ。両手《りょうて》の爪《つめ》は全《すべ》て剥《は》がれ、ぼろぼろになった爪《つめ》が体育館《たいいくかん》の床《ゆか》に散乱《さんらん》していた。少女《しょうじょ》は、助《たす》けを求《もと》めて爪《つめ》でドアを引《ひ》っかき続《つづ》けていたものと思《おも》われる。そして、誰《だれ》にも気《き》づいてもらえないまま亡《な》くなった。

それ以降《いこう》、夜《よる》や雨《あめ》が降《ふ》って外《そと》が暗《くら》いときに、地下体育館《ちかたいいくかん》から少女《しょうじょ》の助《たす》けを呼《よ》ぶ悲痛《ひつう》な声《こえ》やドアを爪《つめ》で引《ひ》っかく音《おと》が聞《き》こえるようになったという。

密閉空間《みっぺいくうかん》に生《い》きたまま閉《と》じ込《こ》められる恐怖《きょうふ》の話《はなし》は外国《がいこく》にもある。土葬文化《どそうぶんか》の国《くに》で生《い》きたまま埋葬《まいそう》をしてしまう事件《じけん》があった。棺桶《かんおけ》を掘《ほ》り返《かえ》すと死体《したい》は恐怖《きょうふ》で顔《かお》をゆがめ、棺《かん》桶《おけ》のふたの内側《うちがわ》には爪《つめ》で引《ひ》っかいた跡《あと》が無数《むすう》にあった。埋《まい》葬後《そうご》に意識《いしき》が戻《もど》り、棺桶《かんおけ》のふたを必死《ひっし》に爪《つめ》で引《ひ》っかきながら、もがき苦《くる》しんで亡《な》くなったのだ。その後《のち》に、その人《ひと》が歩《ある》く姿《すがた》を見《み》たという話《はなし》もある。

ガリガリ
あけて…

呪《のろ》われた車《くるま》

中古車《ちゅうこしゃ》の怪《かい》

　ある女性《じょせい》が車《くるま》を運転中《うんてんちゅう》に事《じ》故《こ》を起《お》こして亡《な》くなった。その後《ご》、車《くるま》は修理《しゅうり》されて中古車《ちゅうこしゃ》として売《う》りに出《だ》された。店《みせ》を訪《おとず》れた客《きゃく》がその車《くるま》に試乗《しじょう》すると「そこは私《わたし》の席《せき》よ。座《すわ》らないでください。」と女《おんな》の声《こえ》が聞《き》こえたのだ。だが振《ふ》り返《かえ》っても車内《しゃない》には誰《だれ》もいない。客《きゃく》は気味悪《きみわる》がって買《か》わずに帰《かえ》ってしまった。それからも同《おな》じことが続《つづ》き、結局《けっきょく》その車《くるま》は買《か》い手《て》がつかないままである。

　呪《のろ》われた中古車《ちゅうこしゃ》の怪《かい》はほかにもある。ある中古車販売店《ちゅうこしゃはんばいてん》で、高級車《こうきゅうしゃ》が格安《かくやす》で出《で》ていてすぐに売《う》れるのだが、しばらくすると同《おな》じ車《くるま》がまた売《う》りに出《だ》されているのだ。その車《くるま》の持《も》ち主《ぬし》になった人《ひと》は、全員運《ぜんいんうん》転中《てんちゅう》に事故《じこ》で首《くび》を切断《せつだん》されて死《し》んでいた。この車《くるま》の最初《さいしょ》の持《も》ち主《ぬし》が、運転中《うんてんちゅう》に事故《じこ》で首《くび》を切断《せつだん》されてしまったという。

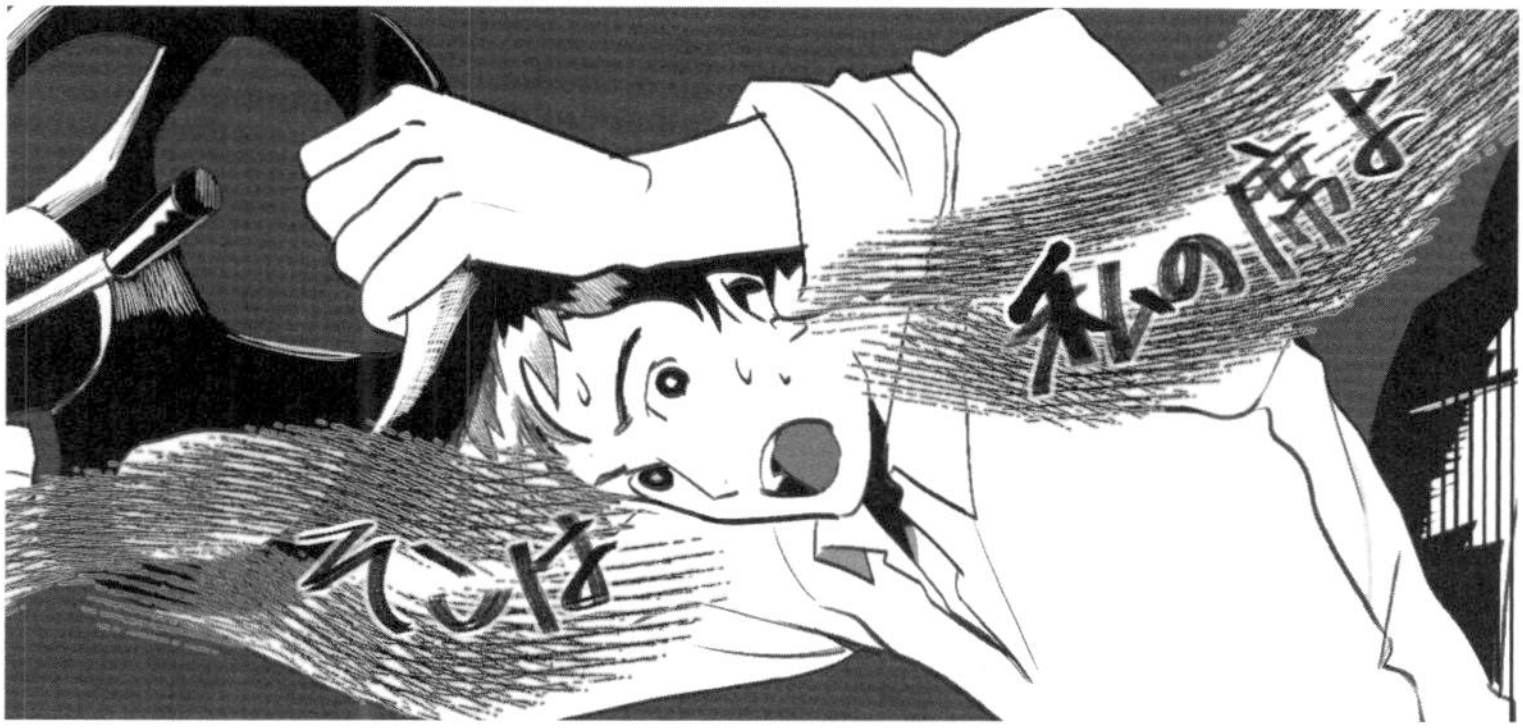

注射男《ちゅうしゃおとこ》
油断《ゆだん》してはいけない

注射男《ちゅうしゃおとこ》は、全身包帯《ぜんしんほうたい》をぐるぐる巻《ま》きにした姿《すがた》で、手《て》には注射器《ちゅうしゃき》を持《も》って現《あらわ》れる。

電柱《でんちゅう》の陰《かげ》に身《み》を潜《ひそ》めて、小学生《しょうがくせい》がやってくるのを待《ま》っている。そこに小学生《しょうがくせい》が通《とお》りかかると呼《よ》び止《と》めて「今《いま》、何時《なんじ》かわかるかな?」と時間《じかん》を聞《き》くふりをして油断《ゆだん》させ、子《こ》どもの腕《うで》に毒薬《どくやく》を注射《ちゅうしゃ》するのだ。

注射男《ちゅうしゃおとこ》の正体《しょうたい》は、元々《もともと》は人間《にんげん》だった。彼《かれ》は家族《かぞく》によって座敷牢《ざしきろう》に閉《と》じ込《こ》められてしまい、死《し》んだ後《あと》、その怨念《おんねん》から成仏《じょうぶつ》できずに妖怪《ようかい》になったといわれている。

蝶《ちょう》
目《め》の前《まえ》を飛《と》ぶ蝶《ちょう》は…

死者《ししゃ》の魂《たましい》や死《し》の直前《ちょくぜん》にある人《ひと》の魂《たましい》が、蝶《ちょう》の姿《すがた》をして親《した》しい人《ひと》のところに現《あらわ》れることがあるという。このことは古《ふる》くから現代《げんだい》にまで語《かた》られている。

生前親《せいぜんした》しかった死者《ししゃ》が、白《しろ》い蝶《ちょう》になって現《あらわ》れたり、亡《な》くなったおばあさんが、紫色《むらさきいろ》の蝶《ちょう》になって孫《まご》の元《もと》に来《き》た話《はなし》がある。ある男性《だんせい》の体験談《たいけんだん》では、親《した》しい女性《じょせい》が亡《な》くなる直前《ちょくぜん》に、彼《かれ》の手元《てもと》にあった標本《ひょうほん》のアゲハチョウが羽《は》ばたいて男性《だんせい》に別《わか》れの挨拶《あいさつ》をしたという。

蝶《ちょう》だけでなく、とんぼやこうもりの姿《すがた》を借《か》りて、親《した》しい人《ひと》のところへ現《あらわ》れたという話《はなし》もある。

美《うつく》しい桜《さくら》の木《き》の秘密《ひみつ》

血《ち》を吸《す》う桜《さくら》

桜《さくら》の木《き》が、鮮《あざ》やかで美《うつ》しい薄紅色《うすべにいろ》の花《はな》を咲《さ》かせるのは、桜《さくら》の木《き》の根元《ねもと》に人《ひと》の死体《したい》が埋《う》まっていて、その血《ち》を吸《す》い上《あ》げているからだという。

ある学校《がっこう》の校庭《こうてい》に、一本《いっぽん》だけ真《ま》っ赤《か》な花《はな》を咲《さ》かせる桜《さくら》の木《き》があった。木《き》の根元《ねもと》には死《し》体《たい》が埋《う》められていて、その血《ち》を吸《す》って花《はな》の色《いろ》が徐々《じょじょ》に真《ま》っ赤《か》な血《ち》の色《いろ》に変化《へんか》するという。

ある桜《さくら》の木《き》の下《した》には多《おお》くの人《ひと》の死体《したい》が埋《う》められていた。四月四日午後四時四十四分《しがつよっかごごよじよんじゅうよんぷん》に、その桜《さくら》の木《き》の周《まわ》りを左回《ひだりまわ》りにまわると、満開《まんかい》の桜《さくら》が一瞬《いっしゅん》にして散《ち》ってしまい、その花《はな》びらが真《ま》っ赤《か》に変《か》わるという。

また、ある学校《がっこう》には花《はな》が咲《さ》かない桜《さくら》の木《き》があるのだが、もし花《はな》が咲《さ》いたら、その年《とし》に生徒《せいと》が一人《ひとり》亡《な》くなるという話《はなし》もある。

病院《びょういん》を徘徊《はいかい》する目玉《めだま》の妖怪《ようかい》

血《ち》を吸《す》う目玉《めだま》

ある女性《じょせい》が目《め》を二重《ふたえ》まぶたにしたくて、美容整形《びようせいけい》の手術《しゅじゅつ》を受《う》けた。しかし、手術《しゅじゅつ》は失敗《しっぱい》して女性《じょせい》は失明《しつめい》をした。

そのことが原因《げんいん》で女性《じょせい》は精神《せいしん》を病《や》み入院《にゅういん》をしたが、その病院《びょういん》で殺人《さつじん》を犯《おか》し、病院《びょういん》を抜《ぬ》け出《だ》すと崖《がけ》から投身自殺《とうしんじさつ》をしたのだ。海《うみ》から死体《したい》を引《ひ》き上《あ》げると、女性《じょせい》の腕《うで》にはたくさんの目玉《めだま》がついていたという。

その目玉《めだま》の一《ひと》つをある病院《びょういん》でホルマリン漬《づ》けにして保管《ほかん》することになった。しかし、その目玉《めだま》は深夜《しんや》になると容器《ようき》から出《で》て病院内《びょういんない》を移動《いどう》し始《はじ》める。入院患者《にゅういんかんじゃ》を探《さが》し出《だ》しては、その人《ひと》の血《ち》を吸《す》うのだ。目玉《めだま》は血《ち》を吸《す》うごとに、だんだんと大《おお》きくなっていった。

最後《さいご》は大人《おとな》の身長《しんちょう》ほどの大《おお》きさに膨張《ぼうちょう》すると、破裂《はれつ》して病院内《びょういんない》は血《ち》の海《うみ》になった。その病院《びょういん》はその後《ご》、閉鎖《へいさ》された。

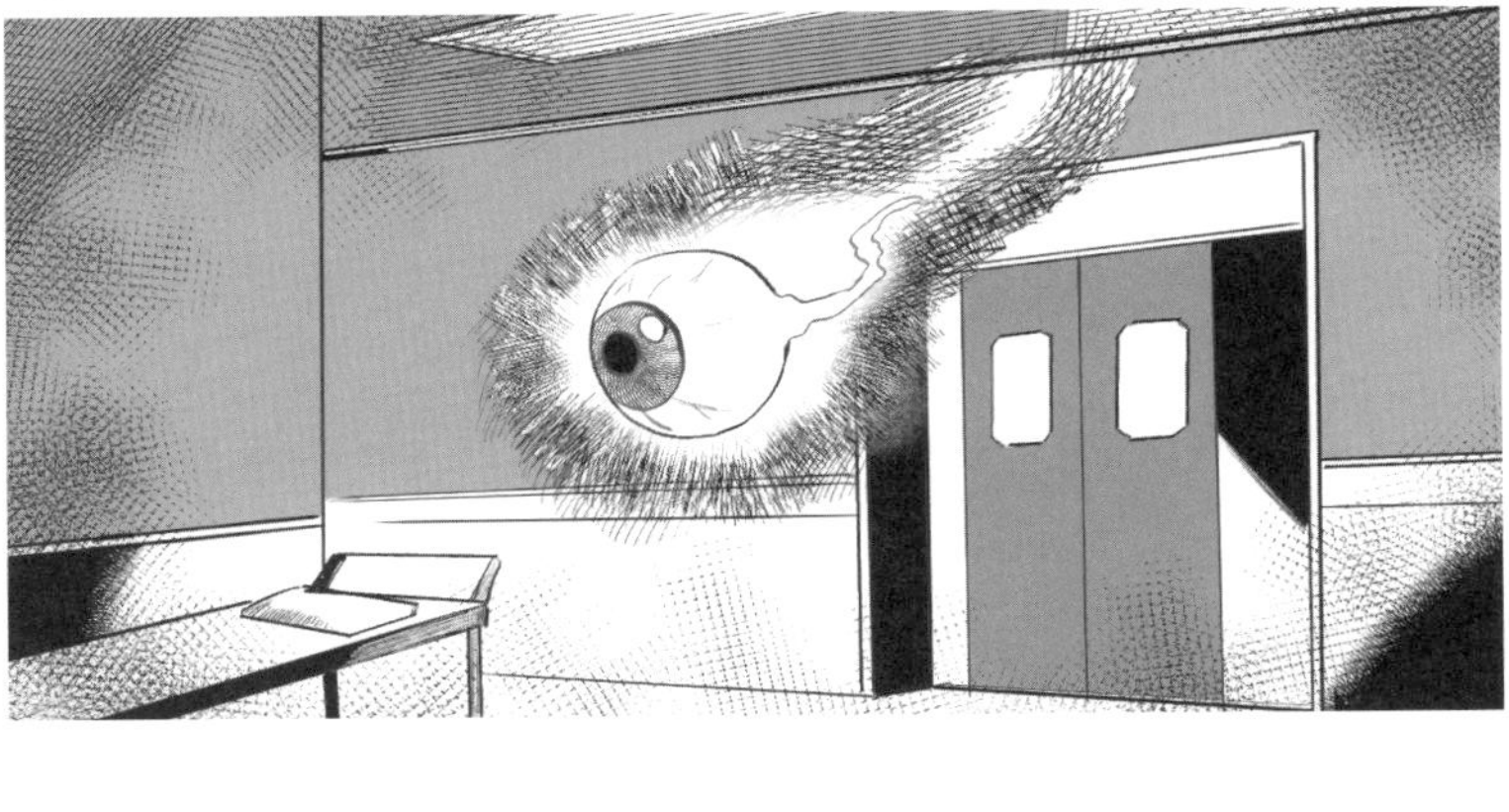

親《おや》に見《み》せられないので…

つきまとうテスト用紙《ようし》

ある男子中学生《だんしちゅうがくせい》が、数学《すうがく》のテストでひどい点《てん》を取《と》った。彼《かれ》の両親《りょうしん》はたいへん教育熱心《きょういくねっしん》なので、そのテスト用紙《ようし》は絶対《ぜったい》に見《み》せられない。中学生《ちゅうがくせい》はついテスト用紙《ようし》を丸《まる》めて捨《す》ててしまった。ところが放課後《ほうかご》、教室《きょうしつ》で帰《かえ》り仕度《じたく》をしていると、教科書《きょうかしょ》の間《あいだ》から捨《す》てたはずのテスト用紙《ようし》が出《で》てきたのだ。改《あらた》めて丸《まる》めて捨《す》て下校《げこう》した。

だが、帰宅《きたく》してからカバンを開《あ》けると、またあのテスト用紙《ようし》が出《で》てきた。薄気味悪《うすきみわる》くなったが、細《こま》かく破《やぶ》いてゴミ箱《ばこ》に捨《す》てた。夕食《ゆうしょく》の時間《じかん》になると、今度《こんど》は弟《おとうと》が落《お》ちていたとテスト用紙《ようし》を手渡《てわた》してきた。不思議《ふしぎ》に思《おも》った中学生《ちゅうがくせい》は部屋《へや》に戻《もど》ってゴミ箱《ばこ》を見《み》たが紙切《かみき》れはない。再《ふたた》びテスト用紙《ようし》をゴミ箱《ばこ》に捨《す》てて居間《いま》に戻《もど》ると、次《つぎ》は母親《ははおや》がテスト用紙《ようし》を手《て》にして立《た》っていたのだった。

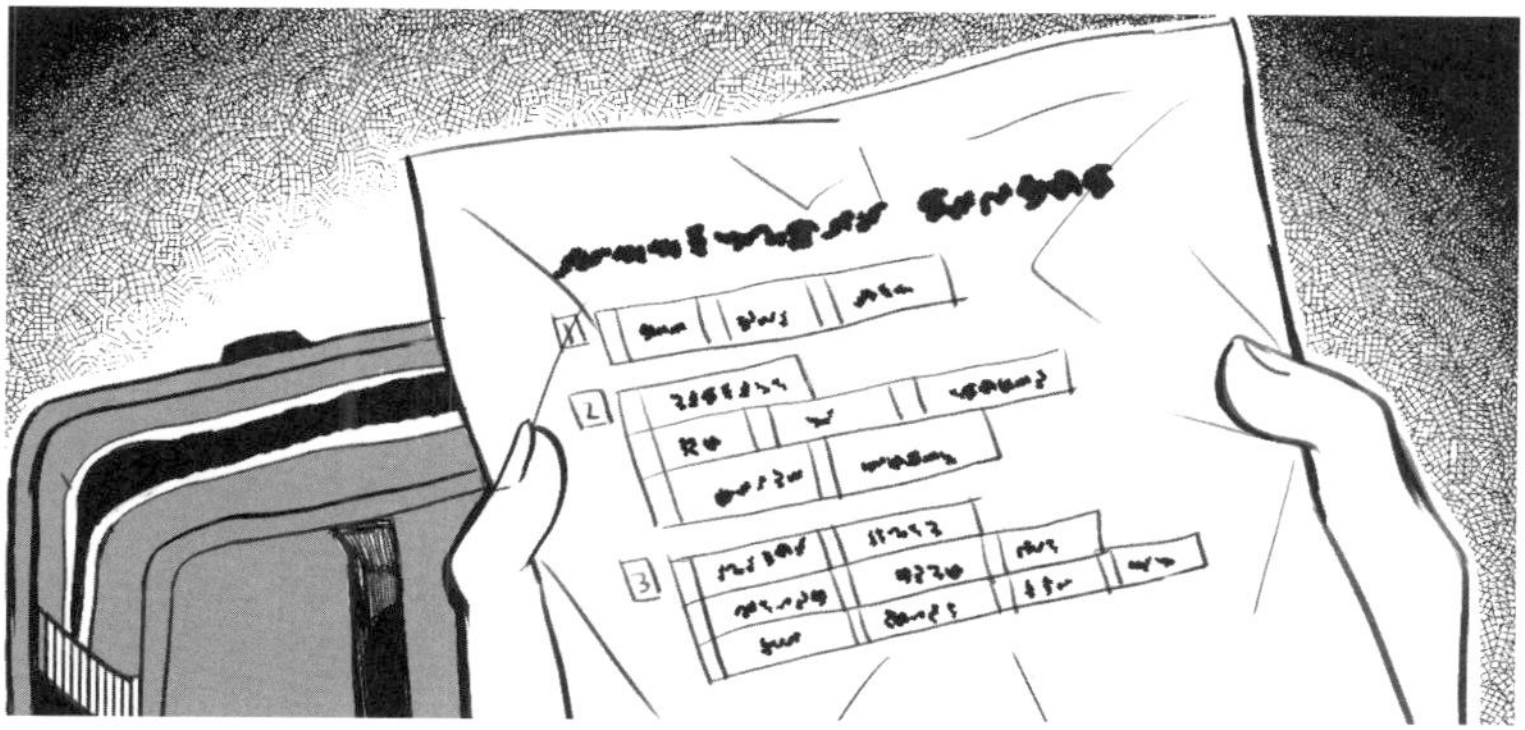

殺《ころ》されたお姫《ひめ》さまの祟《たた》り

つぼ姫《ひめ》さま

和歌山県《わかやまけん》のある小学校《しょうがっこう》は、城《しろ》のあった場所《ばしょ》に建《た》てられている。その昔《むかし》、城《しろ》の姫《ひめ》が殺《ころ》されて、つぼに入《い》れられ埋《う》められてしまった。なぜ殺《ころ》されたのか理由《りゆう》は定《さだ》かではないが、父親《ちちおや》に殺害《さつがい》されたとも、家来《けらい》に裏切《うらぎ》られて殺《ころ》されたともいわれている。そのつぼ姫《ひめ》さまが埋《う》められた場所《ばしょ》は、小学校《しょうがっこう》のトイレの、ある個室《こしつ》の下《した》なのだ。その個室《こしつ》に入《はい》ると、つぼ姫《ひめ》さまの祟《たた》りがあると伝《つた》えられている。便器《べんき》から手《て》が出《で》てきたり、「助《たす》けて。」とつぼ姫《ひめ》さまの声《こえ》がすることもある。

ほかの小学校《しょうがっこう》にも、つぼ姫《ひめ》さまの話《はなし》がある。古《ふる》い木造校《もくぞうこう》舎《しゃ》の女子《じょし》トイレの手前《てまえ》から四《よん》番目《ばんめ》の個室《こしつ》に現《あらわ》れるという。その個室《こしつ》に入《はい》ると、便器《べんき》に引《ひ》きずり込《こ》まれたりするそうだ。こちらは、つぼ姫《ひめ》さまと呼《よ》ばれる由来《ゆらい》は不明《ふめい》である。

その少女《しょうじょ》がほしがったものは…

爪《つめ》をくれ

ある学校《がっこう》で、警備員《けいびいん》が午後《ごご》十時《じゅうじ》に校内《こうない》の見回《みまわ》りをしていると、二階《にかい》の水道《すいどう》の水《みず》がポタポタと落《お》ちているので、蛇口《じゃぐち》をしっかりと閉《し》めた。午後十《ごごじゅう》一時《いちじ》に再《ふたた》び見回《みまわ》りをすると、三階《さんがい》の水道《すいどう》の水《みず》が出《で》ているので、また蛇口《じゃぐち》を閉《し》めた。そして、午前二時《ごぜんにじ》に見回《みまわ》りをしていると、今度《こんど》は四階《よんかい》で水道《すいどう》の水《みず》が勢《いきお》いよく流《なが》れ出《で》ていたのだ。警備員《けいびいん》は水《みず》を止《と》めると、侵入者《しんにゅうしゃ》がいるに違《ちが》いないと思《おも》い、校内《こうない》をくまなく探《さが》すことにした。

人《ひと》が隠《かく》れていそうな場所《ばしょ》をのぞき込《こ》んだりしながら歩《ある》いていると、理科室《りかしつ》の中《なか》に何《なに》か気配《けはい》を感《かん》じた。懐中電灯《かいちゅうでんとう》で室内《しつない》を照《て》らしてみると、八歳《はっさい》くらいの少女《しょうじょ》が腕《うで》を組《く》んでこちらをにらんでいるのが見《み》えた。だが目《め》を凝《こ》らすと、その少女《しょうじょ》は上半身《じょうはんしん》だけしかない。

驚《おどろ》き恐怖《きょうふ》を感《かん》じた警備員《けいびいん》はあわててトイレに逃《に》げ込《こ》み、手前《てまえ》から四番目《よんばんめ》の個室《こしつ》に身《み》を潜《ひそ》めた。すると警備員《けいびいん》を追《お》ってトイレにたどり着《つ》いた少女《しょうじょ》は、個室《こしつ》のドアを一《ひと》つずつ開《あ》けて確《たし》かめ始《はじ》めた。しかし、警備員《けいびいん》のいる四番目《よんばんめ》のドアだけは開《あ》けないのだ。警備員《けいびいん》が震《ふる》えながら顔《かお》を上《あ》げると、少《しょう》女《じょ》がドアの上《うえ》から見下《みお》ろしていた。そして、警備員《けいびいん》に「爪《つめ》をくれ。」と言《い》った。

翌朝《よくあさ》、トイレの中《なか》で倒《たお》れている警備員《けいびいん》が発見《はっけん》された。彼《かれ》の手《て》の爪《つめ》は、全《すべ》て剥《は》がされていたのだった。

ものすごい速《はや》さで追《お》ってくる

テケテケ

テケテケは上半身《じょうはんしん》のみの人間《にんげん》の姿《すがた》をした妖怪《ようかい》だ。

男子高校生《だんしこうこうせい》が校庭《こうてい》でサッカーをしていると、校舎《こうしゃ》の二階《にかい》の窓《まど》で腕組《うでぐ》みをしてこちらを見《み》ている女《おんな》の子《こ》がいるのに気《き》づいた。高校生《こうこうせい》が見《み》つめると女《おんな》の子《こ》はにっこりとほほえんだ。「こっちに来《き》なよ。」と声《こえ》をかけたところ、女《おんな》の子《こ》は窓《まど》から飛《と》び降《お》りたのだが、上半身《じょうはんしん》しかないのだ。女《おんな》の子《こ》はひじを使《つか》い、テケテケと音《おと》を立《た》てながらものすごい速《はや》さで近《ちか》づいてきた。

テケテケは女性《じょせい》だけでなく男性《だんせい》の姿《すがた》をしたものもあり、腕《うで》が頭《あたま》についていたりとさまざまな目撃情報《もくげきじょうほう》がある。

テケテケの移動方法《いどうほうほう》は、ひじを使《つか》って這《は》う、腕《うで》を使《つか》って這《は》う以外《いがい》にも、空中《くうちゅう》を飛《と》ぶなどがある。テケテケは急《きゅう》に曲《ま》がれないので、逃《に》げるためにはいきなり逃走方向《とうそうほうこう》を変《か》えるとよい。また、撃退《げきたい》する呪文《じゅもん》がある。「地獄《じごく》に落《お》ちろ。」あるいは「地獄《じごく》に帰《かえ》れ。」と唱《とな》えるのだ。

ほかの目撃談《もくげきだん》には、斧《おの》を手《て》に持《も》ってテケテケと言《い》いながら追《お》いかけてくる上半身《じょうはんしん》だけの男《おとこ》の話《はなし》や、テケテケと笑《わら》いながら現《あらわ》れ人《ひと》に咬《か》みつくとその部分《ぶぶん》が腐《くさ》ってしまう話《はなし》などがある。また、奇妙《きみょう》な姿《すがた》のテケテケもいる。右手《みぎて》に鎌《かま》、左《ひだり》手《て》にハサミを持《も》って「テケテケ、置《お》いてけ、魂《たましい》、置《お》いテケ。」と言《い》い続《つづ》ける小《ちい》さな人間《にんげん》が、その体《からだ》に生《は》えているという。

デスタウン

死《し》の直前《ちょくぜん》の人間《にんげん》が迷《まよ》い込《こ》む町《まち》

この世《よ》とあの世《よ》の中間《ちゅうかん》には不思議《ふしぎ》な町《まち》がある。

デスタウンを直訳《ちょくやく》すると、「死《し》の町《まち》」になるが、そこは生《い》きている者《もの》と死者《ししゃ》が共存《きょうぞん》する世界《せかい》で、亡《な》くなる直前《ちょくぜん》の人間《にんげん》の魂《たましい》が迷《まよ》い込む場所《ばしょ》なのだ。

しかし、元気《げんき》な人間《にんげん》でもインターネットをしているときに、偶然《ぐうぜん》デスタウンのホームページにアクセスしてしまうことがある。すると、その人《ひと》の魂《たましい》はこの町《まち》に引《ひ》きずり込《こ》まれるのだ。そのまま絶命《ぜつめい》することもあれば、魂《たましい》が奪《うば》われて抜《ぬ》け殻《がら》になった体《からだ》だけが、現《げん》世《せい》に残《のこ》ることもある。また、眠《ねむ》っていて夢《ゆめ》の中《なか》でデスタウンに迷《まよ》い込《こ》むこともあるという。臨死体験《りんしたいけん》をした人《ひと》たちがよく語《かた》っている長《なが》いトンネルや花畑《はなばたけ》、あるいは三途《さんず》の川《かわ》などは、このデスタウンなのかもしれない。

壁《かべ》を垂直《すいちょく》に移動《いどう》

天井《てんじょう》を突《つ》き破《やぶ》る少女《しょうじょ》

ある女子生徒《じょしせいと》が校舎《こうしゃ》の二階《にかい》の廊下《ろうか》を歩《ある》いていたときのことである。前《まえ》のほうから青白《あおじろ》い顔色《かおいろ》の長《なが》い髪《かみ》の少女《しょうじょ》がやってきて、「理科室《りかしつ》はどこですか？」と聞《き》いた。女子生徒《じょしせいと》が「三階《さんがい》ですよ。」と教《おし》えると、少女《しょうじょ》は「ありがとう。」と小《こ》声《ごえ》でつぶやいた直後《ちょくご》に、あっという間《ま》に廊下《ろうか》の壁《かべ》を垂直《すいちょく》に登《のぼ》り、天井《てんじょう》を突《つ》き破《やぶ》って三階《さんがい》へ行《い》ったという。

これとよく似《に》た「クモ女《おんな》」という話《はなし》がある。校庭《こうてい》で子《こ》どもたちが遊《あそ》んでいるところに、一人《ひとり》の女《おんな》が近《ちか》づいてきて「音《おん》楽室《がくしつ》はどこかしら？」と尋《たず》ねた。子《こ》どもたちが「三階《さんがい》の一《いち》番《ばん》はしっこです。」と校舎《こうしゃ》を指差《ゆびさ》しながら答《こた》えると、その女《おんな》はにやりと笑《わら》って、校舎《こうしゃ》の壁《かべ》をものすごい速《はや》さでよじ登《のぼ》り、三階《さんがい》の音楽室《おんがくしつ》の窓《まど》の中《なか》へ消《き》えたという。

何《なに》して遊《あそ》ぶ？

トイレの花《はな》子《こ》さん

花子《はなこ》さんは赤《あか》いスカートをはいたおかっぱ頭《あたま》の少女《しょうじょ》で、学校《がっこう》のトイレに現《あらわ》れる。

学校《がっこう》の三階《さんがい》の女子《じょし》トイレに入《はい》って、奥《おく》から三番目《さんばんめ》の個室《こしつ》のドアを三回《さんかい》ノックをする。そして、「花子《はなこ》さん、遊《あそ》びましょう。」と声《こえ》をかけると、中《なか》から「は〜い。」という少《しょう》女《じょ》の声《こえ》がして、次《つぎ》に「何《なに》して遊《あそ》ぶ？」と尋《たず》ねてくるので、「おままごとをしよう。」と返《へん》事《じ》をすると、包丁《ほうちょう》で突《つ》き刺《さ》される。「なわとびをしよう。」と答《こた》えると、なわとびのなわが下《さ》がってきて首《くび》を吊《つ》られるという。ほかにも、「水泳《すいえい》をしよう。」と答《こた》えると、トイレの便器《べんき》の中《なか》に吸《す》い込《こ》まれてしまうという。

「トイレの花子《はなこ》さん」は、学校《がっこう》の三階《さんがい》のトイレで奥《おく》から三番目《さんばんめ》の個室《こしつ》のドアを三回《さんかい》ノックするなど数字《すうじ》の「三《さん》」に関係《かんけい》あることが多《おお》い。しかし、「三《さん》」に関係《かんけい》のないトイレでも花子《はなこ》さんは現《あらわ》れるという。学校《がっこう》の二階《にかい》のトイレだったり、トイレでも一番奥《いちばんおく》の個《こ》室《しつ》だったり、ノックの回数《かいすう》も三回《さんかい》ではなくて、一回《いっかい》から百《ひゃっ》回《かい》を超《こ》えることなどいろいろである。

また、花子《はなこ》さんに声《こえ》をかけると、突然《とつぜん》トイレの電気《でんき》が消《き》えたり、トイレの水《みず》が勝手《かって》に流《なが》れたり、換気扇《かんきせん》が勝手《かって》に動《うご》いたりなど、いろいろ不思議《ふしぎ》な現象《げんしょう》が現《あらわ》れることもあるという。

童女石《どうじょいし》

石《いし》に宿《やど》った少女《しょうじょ》たちの魂《たましい》

新潟県《にいがたけん》の黒川村《くろかわむら》（現《げん》・胎内《たいない》市《し》）に伝《つた》わる石《いし》の話《はなし》だ。村《むら》にある観音様《かんのんさま》のお堂《どう》の近《ちか》くから、子《こ》どもの悲《かな》しそうな声《こえ》が聞《き》こえることがあった。観音様《かんのんさま》をお参《まい》りに来《き》た男性《だんせい》がお堂《どう》の庭《にわ》を歩《ある》いていると、子《こ》どもの声《こえ》がした。声《こえ》の方向《ほうこう》には、女《おんな》の子《こ》の小《ち》さな頭《あたま》が見《み》えたが、近《ちか》寄《よ》るとそれは石《いし》だった。その石《いし》の表面《ひょうめん》には数人《すうにん》の女《おんな》の子《こ》の悲《かな》しそうな顔《かお》が浮《う》き出《で》ていた。

黒川村《くろかわむら》では以前《いぜん》、豪雨《ごうう》で胎《たい》内川《ないがわ》の氾濫《はんらん》が起《お》き大勢《おおぜい》の人《ひと》が亡《な》くなった。そのうち十人《じゅうにん》が子《こ》どもだった。そして被害者《ひがいしゃ》の冥福《めいふく》を祈《いの》って観音様《かんのんさま》が建立《こんりゅう》され、胎内川《たいないがわ》の石《いし》でお堂《どう》の庭《にわ》が造《つく》られた。男性《だんせい》が見《み》つけた石《いし》は、河原《かわら》の石《いし》だったのだ。その石《いし》は童女石《どうじょいし》と名《な》づけられ、お堂《どう》に大事《だいじ》に祀《まつ》られた。それ以来《いらい》、子《こ》どもの悲《かな》しそうな声《こえ》が聞《き》こえることはなくなった。

体《からだ》から時《とき》を刻《きざ》む音《おと》が…

時《と》計《けい》泥《どろ》棒《ぼう》

昔《むかし》、ある学校《がっこう》の学生寮《がくせいりょう》で起《お》きたできごとだ。学生《がくせい》たちが授業《じゅぎょう》に出《で》ている間《あいだ》に泥棒《どろぼう》が入《はい》り、時計《とけい》ばかりが盗《ぬす》まれた。また別《べつ》の日《ひ》にも泥棒《どろぼう》が入《はい》り時《と》計《けい》だけを盗《ぬす》んでいく。そのようなことが続《つづ》いたため、学生《がくせい》たちが見張《みは》っていると再《ふたた》び泥《どろ》棒《ぼう》が現《あらわ》れた。学生《がくせい》たちが追《お》いかけると、泥棒《どろぼう》はトイレに逃《に》げ込《こ》み内側《うちがわ》からドアを押《お》さえているのかなかなか開《あ》かない。

学生《がくせい》たちが工具《こうぐ》を持《も》ってきてやっとドアをこじ開《あ》けると、泥棒《どろぼう》は中《なか》で首《くび》を吊《つ》って死《し》んでいた。その体《からだ》からコチ、コチと時計《とけい》の音《おと》が複数《ふくすう》聞《き》こえてくるので上着《うわぎ》を脱《ぬ》がせてみると、泥棒《どろぼう》の腕《うで》には手首《てくび》から肩《かた》のつけ根《ね》まで、たくさんの時計《とけい》がびっしりと巻《ま》きついていたのだ。その後《ご》、夜中《よなか》にトイレに入《はい》ると、時計《とけい》の時《とき》を刻《きざ》む音《おと》が聞《き》こえるようになったという。

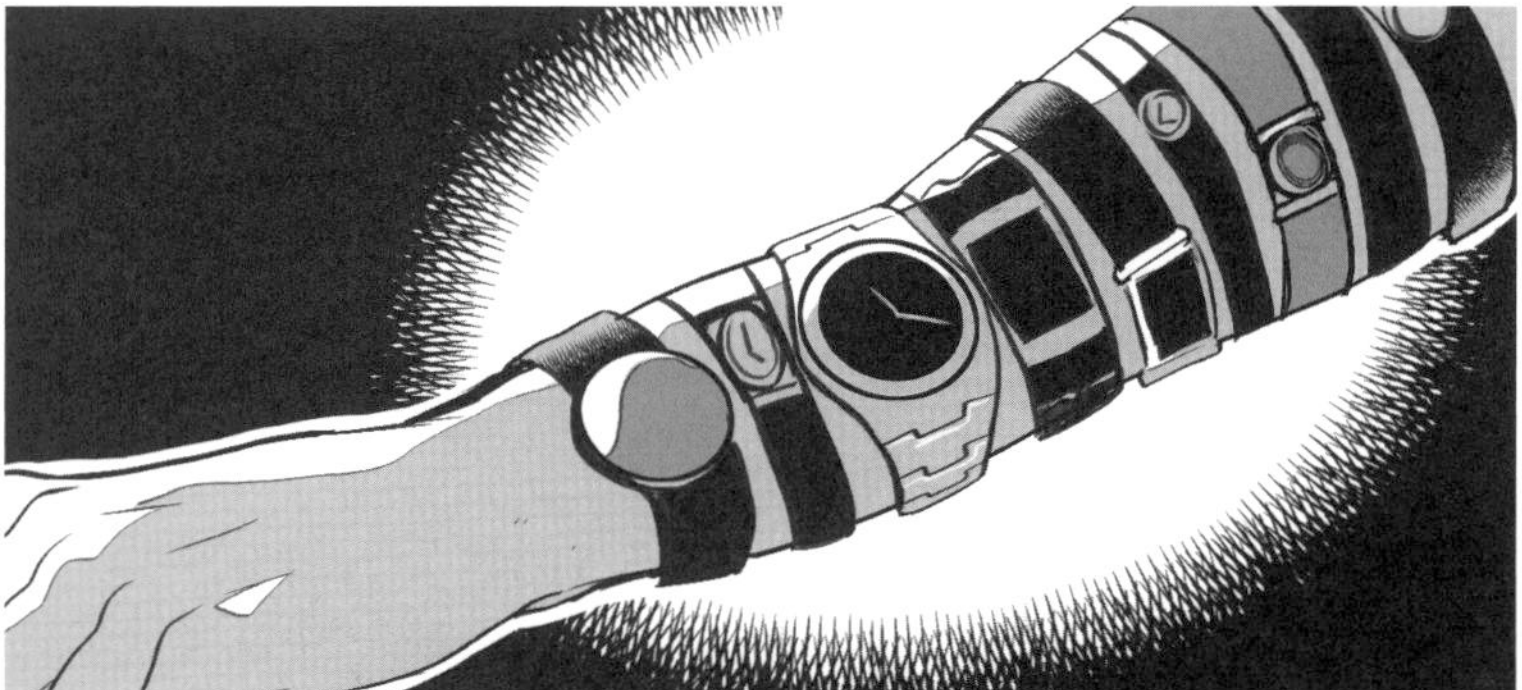

その姿《すがた》は死《し》の予兆《よちょう》

ドッペルゲンガー

ドッペルゲンガーとは、自《じ》分《ぶん》とそっくりな姿《すがた》の人間《にんげん》が現《あらわ》れる怪奇現象《かいきげんしょう》をいう。自分自《じぶんじ》身《しん》で見《み》るだけでなく、友《とも》だちや知人《ちじん》などが目撃《もくげき》することもある。出没場所《しゅつぼつばしょ》は自分《じぶん》と関係《かんけい》のある場所《ばしょ》やよく行《い》く場所《ばしょ》が多《おお》い。そこに自分《じぶん》がいなくても、友《とも》だちが自分《じぶん》にそっくりな姿《すがた》を見《み》かけて声《こえ》をかけた場《ば》合《あい》、返事《へんじ》をしないで行《い》ってしまうので、後《あと》から「何《なん》で無視《むし》したの?」と友《とも》だちに責《せ》められたりする。ドッペルゲンガーは死《し》の予兆《よちょう》といわれ、自《じ》分自身《ぶんじしん》でそれを見《み》た後《あと》、亡《な》くなってしまう。しかし、最近《さいきん》では反対《はんたい》に命《いのち》を救《すく》ってもらったという話《はなし》もある。ある少女《しょうじょ》が入院中《にゅういんちゅう》に自分《じぶん》と同《おな》じ姿《すがた》の少《しょう》女《じょ》を目撃《もくげき》した。すると体調《たいちょう》がみるみるうちに回復《かいふく》したことから、ドッペルゲンガーが病《びょう》気《き》を引《ひ》き受《う》けてくれたといわれている。

日本《にほん》でも昔《むかし》から離魂病《りこんびょう》などドッペルゲンガーと似《に》た現象《げんしょう》が伝《つた》えられている。魂《たましい》が体《からだ》から離《はな》れてしまい、自分自身《じぶんじしん》や知《し》り合《あ》いが、そっくりなもう一人《ひとり》の自分《じぶん》を目撃《もくげき》し、やはり死《し》の予兆《よちょう》といわれていた。

飛行機《ひこうき》の窓《まど》の外《そと》に…

飛《と》ぶ女《おんな》

上空高《じょうくうたか》く飛《と》ぶ飛行機《ひこうき》の窓《まど》の外《そと》から、機内《きない》をのぞき込《こ》む女《おんな》の怪奇《かいき》である。

一人《ひとり》のキャビンアテンダントが窓《まど》の外《そと》の女《おんな》に気《き》がついた。その顔《かお》を見《み》てみると、以前《いぜん》に飛行機事故《ひこうきじこ》で亡《な》くなった同僚《どうりょう》のキャビンアテンダントだったという。

また、別《べつ》の飛行機《ひこうき》でも同《おな》じできごとがあった。キャビンアテンダントの制服《せいふく》を着《き》た女《おんな》が、丸窓《まるまど》の外《そと》から機内《きない》にいるキャビンアテンダントの名前《なまえ》を呼《よ》んでいるのだ。よく見《み》るとその女《おんな》は、殺人事件《さつじんじけん》で殺《ころ》された同僚《どうりょう》のキャビンアテンダントだったそうである。

ある人《ひと》は、飛行機《ひこうき》の窓《まど》の外《そと》から女《おんな》がのぞいている夢《ゆめ》を見《み》て不吉《ふきつ》な予感《よかん》がするので、乗《の》る予定《よてい》の飛行機《ひこうき》をキャンセルした。するとその飛行機《ひこうき》が墜落《ついらく》したという。

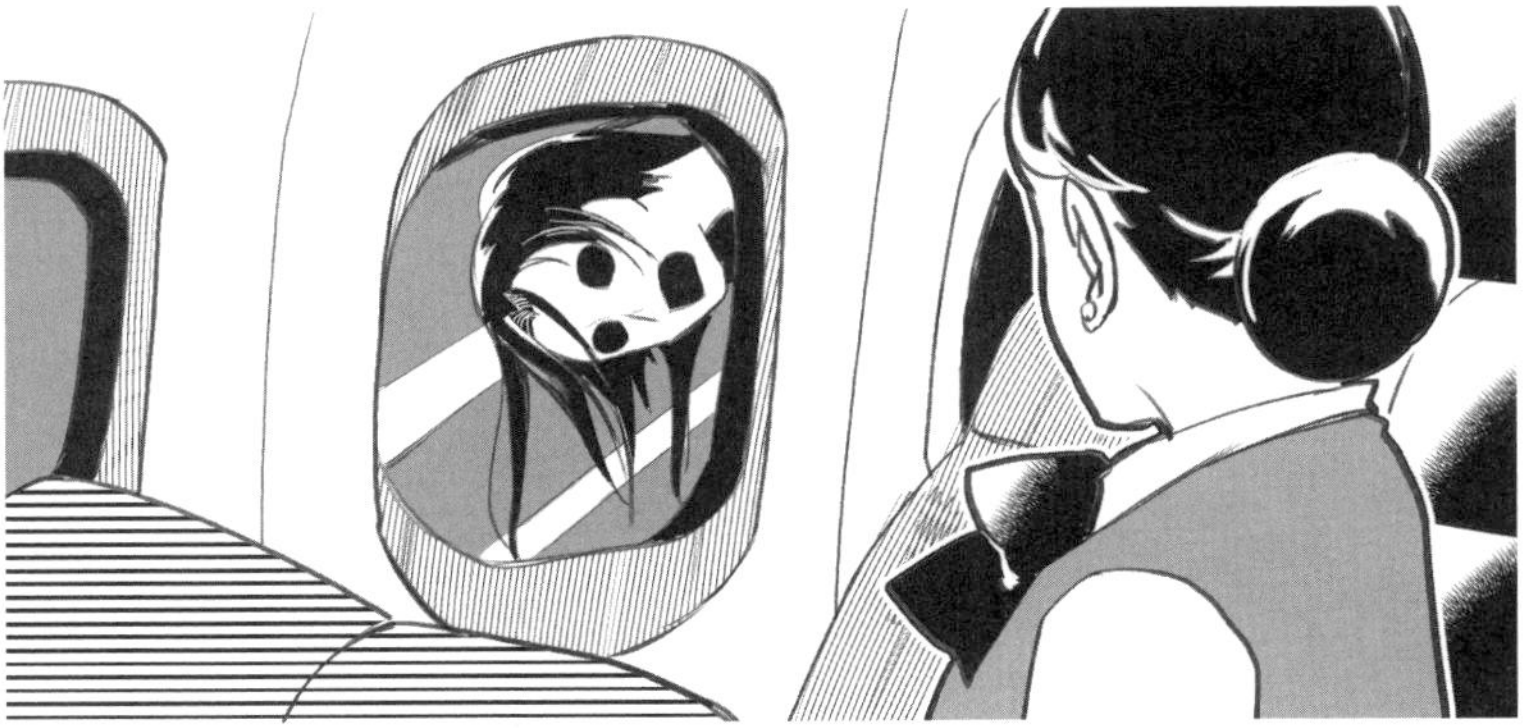

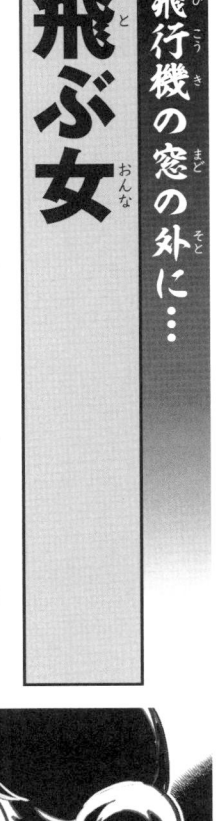

日本刀《にほんとう》を差《さ》した全身包帯男《ぜんしんほうたいおとこ》

トンカラトン

　トンカラトンは、全身《ぜんしん》を包《ほう》帯《たい》で覆《おお》われた人間《にんげん》のような姿《すがた》をしている。日本刀《にほんとう》を差《さ》して「トン、トン、トンカラ、トン。」と歌《うた》いながら自転車《じてんしゃ》に乗《の》って現《あらわ》れるのだ。

　人間《にんげん》に出会《であ》うと、いきなり「トンカラトンと言《い》え。」と命《めい》令《れい》してくる。その通《とお》りに言《い》えば、トンカラトンは危害《きがい》を加《くわ》えずに去《さ》っていく。

　しかし、命令《めいれい》に従《したが》わずにその言葉《ことば》を言《い》わなかったり、「トンカラトンと言《い》え。」と命令《めいれい》される前《まえ》に「トンカラトン。」と言《い》ってしまうと、機嫌《きげん》を損《そこ》ねたトンカラトンに日本刀《にほんとう》で切《き》りつけられる。そして、体《からだ》中《じゅう》を包帯《ほうたい》でぐるぐる巻《ま》きにされ新《あら》たなトンカラトンにされてしまうのだ。

　トンカラトンは主《おも》に一人《ひとり》で現《あらわ》れるが、集団《しゅうだん》で現《あらわ》れることもある。

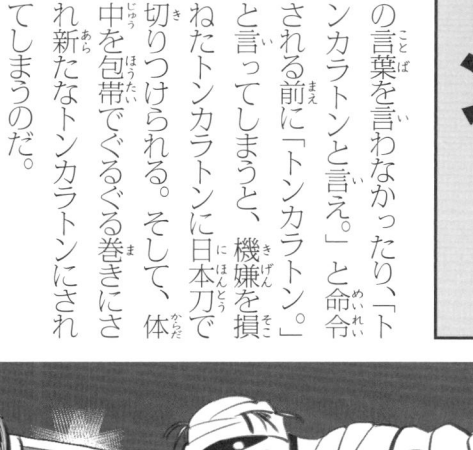

な行《ぎょう》

生首《なまくび》ドリブル、生首《なまくび》の怪《かい》、
二宮金次郎像《にのみやきんじろうぞう》の怪《かい》、ぬれ女《おんな》、
呪《のろ》われた部屋《へや》など全《ぜん》10話《わ》。

後《うし》ろに乗《の》せたはずなのに…

七曲《ななま》がりの怪女《かいじょ》

その女《おんな》は、七曲《ななま》がりという道《みち》や坂《さか》が幾重《いくえ》にも折《お》れ曲《ま》がっている場所《ばしょ》に現《あらわ》れる。

夜《よる》、一人《ひとり》の青年《せいねん》が七曲《ななま》がりの坂《さか》をバイクで下《くだ》っていると、前方《ぜんぽう》を照《て》らすライトの明《あ》かりの中《なか》に、手《て》を上《あ》げている女性《じょせい》が見《み》えた。青年《せいねん》がバイクを止《と》めると、その女性《じょせい》が町《まち》まで乗《の》せてほしいと言《い》った。青年《せいねん》は女性《じょせい》を乗《の》せて町《まち》に向《む》かって走《はし》り始《はじ》めたが、途中《とちゅう》でミラーを見《み》ると、後《うし》ろの女性《じょせい》の姿《すがた》が映《うつ》っていない。怖《こわ》くなった青年《せいねん》はスピードを上《あ》げて七曲《ななま》がりを抜《ぬ》け麓《ふもと》の道《みち》に出《で》ると、再《ふたた》びミラーを見《み》た。すると、右《みぎ》のミラーには、首《くび》のない女性《じょせい》の体《からだ》が道路《どうろ》を這《は》いながらものすごい速《はや》さでバイクを追《お》いかけてくるのが映《うつ》っていた。そして、左《ひだり》のミラーには、女性《じょせい》の首《くび》が笑《わら》いながら宙《ちゅう》を飛《と》んでついてくるのが映《うつ》っていたのだ。

そのボールは…

生首《なまくび》ドリブル

学校《がっこう》に伝《つた》わるという都市伝説《としでんせつ》である。

夕方《ゆうがた》、誰《だれ》もいなくなった校庭《こうてい》で、一人《ひとり》の少年《しょうねん》がサッカーボールをドリブルしていた。だが、よく見《み》るとその少年《しょうねん》には首《くび》がなく、自分《じぶん》の生首《なまくび》をボールにして蹴《け》っていたのだ。

体育館《たいいくかん》でも生首《なまくび》ドリブルの目撃談《もくげきだん》がある。誰《だれ》もいないはずの体育館《たいいくかん》からボールをつく音《おと》が聞《き》こえてくるのでのぞいてみると、バスケットコートで、生徒《せいと》が一人《ひとり》でドリブルをしていた。しかし、それは首《くび》のない生徒《せいと》が自分《じぶん》の生首《なまくび》でドリブルをしていたのだった。

深夜十二時《しんやじゅうにじ》に体育館《たいいくかん》に行《い》くと、首《くび》のない少女《しょうじょ》が自分《じぶん》の生首《なま》でドリブルをしているという噂《うわさ》がある。その少女《しょうじょ》と一緒《いっしょ》に遊《あそ》ぶと少女《しょうじょ》に殺《ころ》されてしまうか、永久《えいきゅう》に家《いえ》に戻《もど》れなくなるという。

生首《なまくび》の怪《かい》

ブランコに乗《の》っているのは…

ある少女《しょうじょ》が友《とも》だちと公園《こうえん》で遊《あそ》んでいたとき、友《とも》だちがブランコの上《うえ》に生首《なまくび》が乗《の》っていると言《い》ったが、少女《しょうじょ》には見《み》えなかった。二人《ふたり》は夜中《よなか》の十二《じゅうに》時《じ》に再《ふたた》び公園《こうえん》に来《く》る約束《やくそく》をして帰宅《きたく》した。その時間《じかん》に少女《しょうじょ》が公園《こうえん》に行《い》ったが友《とも》だちはなかなか来《こ》ない。生首《なまくび》の話《はなし》は嘘《うそ》だったと思《おも》った瞬間《しゅんかん》、友《とも》だちの生首《なまくび》がブランコに乗《の》って揺《ゆ》れているのが見《み》えたのだ。

生首《なまくび》にまつわる都市伝説《としでんせつ》は、学校《がっこう》でもよく聞《き》かれる。体育《たいいく》館《かん》で首吊《くびつ》り自殺《じさつ》をした生徒《せいと》の生首《なまくび》が命日《めいにち》にバスケットゴールに挟《はさ》まっていたり、家庭科《かていか》室《しつ》で自殺《じさつ》した生徒《せいと》の生首《なまくび》が、「痛《いた》いよ。」と言《い》って現《あらわ》れたり、サッカーボール入《い》れに生首《なまくび》が交《ま》ざっていたり、校庭《こうてい》の木《き》にぶら下《さ》がっていた生首《なまくび》が飛《と》びついてきて首《くび》に咬《か》みついたなど、さまざまな話《はなし》がある。

血《ち》を流《なが》すお面《めん》

生首面《なまくびめん》

ある日《ひ》、骨董好《こっとうず》きな男性《だんせい》が、変《か》わったお面《めん》を手《て》に入《い》れた。そのお面《めん》は重《おも》くもなく軽《かる》くもなく、触《ふ》れた質感《しつかん》は土《つち》のようだった。男性《だんせい》はそのお面《めん》をたいへんに気《き》に入《い》って、自分《じぶん》の部屋《へや》に飾《かざ》った。

ある夜《よる》、眠《ねむ》っていた男性《だんせい》が目《め》を覚《さ》ますと部屋中《へやじゅう》真《ま》っ赤《か》に染《そ》まっていた。火事《かじ》だと思《おも》ってあわてて起《お》き上《あ》がったが、そうではなかった。壁《かべ》にかけてあるお面《めん》からものすごい量《りょう》の血《ち》が流《なが》れ出《で》て、部屋《へや》の壁《かべ》を真《ま》っ赤《か》に染《そ》めていたのだ。その血《ち》は、壁《かべ》を伝《つた》って床《ゆか》に流《なが》れ落《お》ちると消《き》えてしまう。恐怖《きょうふ》にかられた男性《だんせい》はあわててお面《めん》を壁《かべ》から外《はず》そうとするが、お面《めん》はひどく重《おも》くなっていて外《はず》すことができなかった。

男性《だんせい》が霊能者《れいのうしゃ》に見《み》てもらうと「これはお面《めん》ではない。生首《なまくび》です。」と言《い》ったのだ。

決《けっ》して使《つか》ってはいけない…

二十二号《にじゅうにごう》ロッカーの怪《かい》

ある高校《こうこう》には五十台《ごじゅうだい》のロッカーがあるが、そのうちの二《に》十二号《じゅうにごう》ロッカーだけは、誰《だれ》も使《つか》おうとはしなかった。このロッカーを利用《りよう》すると、重《おも》い病気《びょうき》にかかったり、さらには死亡《しぼう》してしまうといわれていたからだ。それまでに、このロッカーの利用者《りようしゃ》のうち、十《じゅう》二人《ににん》が事故死《じこし》したり、重病《じゅうびょう》になったりしていたのだ。

あるとき、若《わか》い教師《きょうし》が赴任《ふにん》してきた。彼《かれ》はそんなジンクスを気《き》にしないで、二十二号《にじゅうにごう》ロッカーを使用《しよう》した。すると、その夜《よる》に金縛《かなしば》りに遭《あ》い気味《きみ》の悪《わる》い光《ひかり》を放《はな》つ奇妙《きみょう》な顔《かお》の妖怪《ようかい》に取《と》り憑《つ》かれると、原因不明《げんいんふめい》の病《やまい》を患《わずら》い三日後《みっかご》に亡《な》くなったのだ。半年後《はんとしご》、ロッカーは新《あたら》しく取《と》り替《か》えられることになったが、二十二号《にじゅうにごう》ロッカーからはアラビア文字《もじ》で書《か》かれた謎《なぞ》の札《ふだ》が出《で》てきたという。

夜《よ》な夜《よ》な動《うご》き出《だ》し……

二《に》宮《みや》金《きん》次《じ》郎《ろう》像《ぞう》の怪《かい》

二宮金次郎《にのみやきんじろう》は勉強熱心《べんきょうねっしん》で人《じん》徳《とく》のある人物《じんぶつ》だ。しかし、彼《かれ》をモデルにして作《つく》られた二宮《にのみや》金次郎像《きんじろうぞう》には、怖《こわ》い都市伝説《としでんせつ》がある。夜中《よなか》の十二時《じゅうにじ》になると、二宮金次郎像《にのみやきんじろうぞう》が動《うご》き出《だ》し、それを見《み》た人《ひと》は襲《おそ》われることがあるというのだ。

目《め》が光《ひか》る、赤《あか》い血《ち》の涙《なみだ》を流《なが》す、校庭《こうてい》を走《はし》り回《まわ》る、ページをめくりながら本《ほん》を読《よ》んでいるといった目撃談《もくげきだん》のほかに、背中《せなか》に背負《せお》った薪《まき》の数《かず》が毎日《まいにち》違《ちが》っているという説《せつ》もある。そして、薪《まき》の数《かず》を数《かぞ》えた人《ひと》は呪《のろ》われて、交通事故《こうつうじこ》に遭《あ》ったり、数《かず》を数《かぞ》えた翌日《よくじつ》に石《いし》にされてしまったり、死《し》んでしまうと語《かた》られている。

また、ある小学校《しょうがっこう》では、夜《よ》中《なか》の十二時《じゅうにじ》に像《ぞう》の周《まわ》りを二十《にじゅう》一周《いっしゅう》すると、二宮金次郎像《にのみやきんじろうぞう》の目《め》が光《ひか》り、右腕《みぎうで》が伸《の》びてその人《ひと》を絞《し》め殺《ころ》すという話《はなし》がある。

人形《にんぎょう》使《つか》い

さらわれた少女《しょうじょ》は…

数十年前《すうじゅうねんまえ》に、山奥《やまおく》の小《ちい》さな小学校《しょうがっこう》で起《お》きたできごとだ。

ある夜《よる》、一人《ひとり》の先生《せんせい》が宿直《しゅくちょく》※で学校《がっこう》に泊《と》まっていると、玄関《げんかん》をたたく音《おと》がする。出《で》てみると、大《おお》きな風呂敷包《ふろしきづつ》みを担《かつ》いだ老人《ろうじん》が立《た》っていて、雨《あめ》が激《はげ》しいので一晩泊《ひとばんと》めてほしいと言《い》う。先生《せんせい》は老人《ろうじん》を招《まね》き入《い》れ、保健室兼宿直室《ほけんしつけんしゅくちょくしつ》に通《とお》して、二《ふた》つあるベッドのうちの一《ひと》つを使《つか》ってもらうことにした。

夜中《よなか》、間《あいだ》のカーテンを閉《し》めて先生《せんせい》がベッドで寝《ね》ていると、隣《となり》のベッドから物音《ものおと》がした。カーテンの隙間《すきま》からのぞくと、老人《ろうじん》は風呂敷《ふろしき》を広《ひろ》げて中《なか》から大《おお》きな箱《はこ》を取《と》り出《だ》した。そしてその箱《はこ》から一回《ひとまわ》り小《ちい》さな箱《はこ》を出《だ》し、その小《ちい》さな箱《はこ》からさらに小《ちい》さな箱《はこ》を出《だ》し…と、出《で》てくる箱《はこ》は次々《つぎつぎ》と小《ちい》さくなっていき、終《しま》いには石《せっ》けん箱《ばこ》くらいの小《ちい》さな箱《はこ》を取《と》り出《だ》した。

老人《ろうじん》はその箱《はこ》の中《なか》から小《ちい》さな女《おんな》の子《こ》の人形《にんぎょう》を出《だ》して手《て》のひらに乗《の》せた。不思議《ふしぎ》なことに人形《にんぎょう》は手《て》の上《うえ》で踊《おど》り出《だ》したのだ。老人《ろうじん》はいとおしそうに人形《にんぎょう》に話《はな》しかけたりしている。先生《せんせい》はその人形《にんぎょう》の顔《かお》に見覚《みおぼ》えがあるような気《き》がしたが、小《ちい》さいので定《さだ》かではない。やがて老人《ろうじん》は人形《にんぎょう》を箱《はこ》に戻《もど》すと大小《だいしょう》の箱《はこ》を元通《もとどお》りに片《かた》づけた。

翌朝《よくあさ》、先生《せんせい》が起《お》きたときには老人《ろうじん》は姿《すがた》を消《け》していた。そして、村《むら》の少女《しょうじょ》が見知《みし》らぬ老人《ろうじん》に連《つ》れ去《さ》られたという知《し》らせが学校《がっこう》に届《とど》いたのだ。

※宿直《しゅくちょく》…昔《むかし》の制度《せいど》で、夜間《やかん》の学校《がっこう》を守《まも》るために先生《せんせい》たちが交替《こうたい》で学校《がっこう》に泊《と》まり込《こ》むこと。

全身《ぜんしん》ずぶぬれの妖怪《ようかい》

ぬれ女《おんな》

ある川《かわ》の土手《どて》で、顔全面《かおぜんめん》に長《なが》い髪《かみ》が垂《た》れ下《さ》がった全身《ぜんしん》ずぶぬれの女《おんな》とすれ違《ちが》った人《ひと》がいる。その人《ひと》はすれ違《ちが》った直後《ちょくご》に振《ふ》り返《かえ》ったが、そのぬれ女《おんな》の姿《すがた》はなかったという。

古《ふる》くから語《かた》られているぬれ女《おんな》の話《はなし》がある。赤《あか》ん坊《ぼう》を抱《だ》いて海辺《うみべ》に現《あらわ》れたぬれ女《おんな》は、通《とお》りかかった人《ひと》に赤《あか》ん坊《ぼう》を無理《むり》やり抱《だ》かせて、海《うみ》に消《き》えていくというのだ。預《あず》かった赤《あか》ん坊《ぼう》は石《いし》のように重《おも》くなり、腕《うで》にしがみついて離《はな》れないため思《おも》うように動《うご》きが取《と》れない。そこへ牛鬼《うしおに》という妖怪《ようかい》が現《あらわ》れて、その人《ひと》を襲《おそ》うという。

また「ぬれ女子《じょし》」という似《に》た名前《なまえ》の妖怪《ようかい》がいる。ぬれ女《じょ》子《し》は雨《あめ》の夜《よる》に全身《ぜんしん》びしょぬれの姿《すがた》で現《あらわ》れ、人《ひと》に対《たい》してニヤリと笑《わら》うが、それに笑《わら》い返《かえ》してはいけない。一生執念深《いっしょうしゅうねんぶか》くつきまとわれてしまうのだ。

目《め》鼻《はな》口《くち》のない妖《よう》怪《かい》

のっぺらぼう

のっぺらぼうとは、顔《かお》に目《め》も鼻《はな》も口《くち》もない妖怪《ようかい》だ。

タクシーがお客《きゃく》を乗《の》せて、走《はし》っているとき、ある峠《とうげ》にさしかかった。運転手《うんてんしゅ》が「この辺《へん》はお化《ば》けが出《で》るんですよ。きれいな女性《じょせい》がいるなと思《おも》って、もう一度《いちど》顔《かお》を見《み》たら、目《め》も鼻《はな》も口《くち》もないのっぺらぼうだったことがあるんですよ。」と後《うし》ろに座《すわ》っているお客に話《はな》したところ、お客《きゃく》が運転席《うんてんせき》に顔《かお》を突《つ》き出《だ》して「こんな顔《かお》のこと?」と言《い》った。運転手《うんてんしゅ》がお客《きゃく》を見《み》ると、目《め》も鼻《はな》も口《くち》もない顔《かお》だった。

学校《がっこう》にも、のっぺらぼうは現《あらわ》れる。ある学校《がっこう》には、のっぺらぼうが住《す》みついており、これに出会《であ》うと、目《め》、鼻《はな》、口《くち》、耳《みみ》を取《と》られてしまうのだ。しかし「先生《せんせい》が来《き》た!」と言《い》うと、のっぺらぼうは逃《に》げていくという。

ドアが開《あ》いてしまうと…

呪《のろ》われた部屋《へや》

一組《ひとくみ》の夫婦《ふうふ》があるマンションの十三階《じゅうさんがい》の部屋《へや》に越《こ》してきた。最初《さいしょ》の晩《ばん》、チーンとエレベーターが到着《とうちゃく》する音《おと》がした後《あと》、ガチャガチャと玄関《げんかん》のドアノブを回《まわ》す音《おと》が響《ひび》き「なかなか開《あ》かないよ。」と少年《しょうねん》の声《こえ》がした。それは連夜続《れんやつづ》いたが、夫婦《ふうふ》が玄関《げんかん》に行《い》くと声《こえ》も音《おと》も止《や》み、ドアを開《あ》けても誰《だれ》もいないのだ。さらには、この部屋《へや》に入居《にゅうきょ》した人《ひと》は、全員《ぜんいん》二週間経《にしゅうかんた》たないうちに引《ひ》っ越《こ》してしまうという噂《うわさ》を耳《みみ》にした。怖《こわ》くなった二人《ふたり》は十四日《じゅうよっか》目《め》に引《ひ》っ越《こ》すことに決《き》めた。

その前日《ぜんじつ》の十三日目《じゅうさんにちめ》の夜《よる》、いつものようにドアノブを回《まわ》す音《おと》がしたが、いつもとは違《ちが》って「やっと開《あ》いたよ！」と言《い》う少年《しょうねん》の声《こえ》がしたのだ。その翌朝《よくあさ》、この部屋《へや》の中《なか》で殺《ころ》された夫婦《ふうふ》の死体《したい》が発見《はっけん》された。

以前《いぜん》この部屋《へや》に住《す》んでいた少年《しょうねん》が親《おや》にしかられて廊下《ろうか》に閉《し》め出《だ》され、ドアには鍵《かぎ》がかけられてしまった。部屋《へや》に入《い》れてもらえない少年《しょうねん》は誤《あやま》って十三階《じゅうさんがい》から転落死《てんらくし》してしまう。両親《りょうしん》を恨《うら》んだ少年《しょうねん》の霊《れい》が、毎夜玄関《まいよげんかん》のドアを開《あ》けようとしているといわれている。

は行《ぎょう》

八甲田山《はっこうださん》の亡霊《ぼうれい》、八尺様《はっしゃくさま》、
ひきこさん、ブキミちゃん、
骨《ほね》こぶりなど全《ぜん》36話《わ》。

転《ころ》んではいけない場所《ばしょ》

バスケットゴール下《した》の穴《あな》

ある小学校《しょうがっこう》に伝《つた》わる都市伝説《としでんせつ》である。この学校《がっこう》のバスケットボールクラブはたくさんの部員《ぶいん》がいて、みんな一生懸命練習《いっしょうけんめいれんしゅう》をしているが、バスケットゴールの下《した》では決《けっ》して転《ころ》んではいけないといわれている。バスケットゴールの下《した》に人間《にんげん》の目《め》には見《み》えない穴《あな》があり、そこで転《ころ》ぶと転《ころ》んだ子《こ》どもの姿《すがた》が消《き》えて、異次元空間《いじげんくうかん》やほかの世界《せかい》に飛《と》ばされてしまうからだ。

あるとき、五年生《ごねんせい》の男《おとこ》の子《こ》がゴールの下《した》で転《ころ》んだ。転《ころ》ぶや否《いな》や、一瞬《いっしゅん》で男《おとこ》の子《こ》の姿《すがた》が消《き》えてしまったのだ。男《おとこ》の子《こ》はそれ以来《いらい》、戻《もど》ってくることはなかったという。

強《つよ》い霊感《れいかん》を持《も》つ人《ひと》が、そのバスケットゴールの下《した》を見《み》ると、たまに白髪頭《はくはつあたま》の老婆《ろうば》がうずくまっていることがあるそうだ。

少女《しょうじょ》の作《つく》った恐《おそ》ろしい話《はなし》…

パソコン通信《つうしん》の怪《かい》

ある少女《しょうじょ》が、自分《じぶん》で作《つく》った怪談話《かいだんばなし》をはやらせようとして、インターネットにその話《はなし》を上《あ》げた。その話《はなし》とは……公園《こうえん》に行《い》くと、一人《ひとり》の少年《しょうねん》がいて「一緒《いっしょ》に遊《あそ》ぼう。」と声《こえ》をかけてくる。それに対《たい》して「いいよ。」と答《こた》えると殺《ころ》されるが「いやだよ。」と答《こた》えると無事《ぶじ》に帰《かえ》ることができる…というものだった。この話《はなし》はインターネットで急速《きゅうそく》に広《ひろ》まり話題《わだい》となった。そんなある日《ひ》、少女《しょうじょ》が話《はなし》の舞台《ぶたい》にした公園《こうえん》に行《い》ってみると、一人《ひとり》の少年《しょうねん》が遊《あそ》んでいて少女《しょうじょ》に「一緒《いっしょ》に遊《あそ》ぼう。」と声《こえ》をかけてきたのだ。少女《しょうじょ》は自分《じぶん》の作《つく》った怪《かい》談話《だんばなし》と同《おな》じ展開《てんかい》になっていることに驚《おどろ》いたが、どうせあれはただの作《つく》り話《ばなし》だからと思《おも》い、「いいよ。」と答《こた》えた。すると、少女《しょうじょ》は自分《じぶん》の作《つく》った話《はなし》の通《とお》りに殺《ころ》されてしまった。

今《いま》もさまよう兵士《へいし》たちの霊《れい》

八甲田山《はっこうださん》の亡霊《ぼうれい》

1902年《ねん》、青森県《あおもりけん》の八甲田山《はっこうださん》で陸軍《りくぐん》の歩兵連隊《ほへいれんたい》が雪《ゆき》の中《なか》を行軍中《こうぐんちゅう》に遭難《そうなん》して、多《おお》くの命《いのち》が失《うしな》われた。亡《な》くなった兵士《へいし》たちの無念《むねん》の思《おも》いからか、現在《げんざい》でもさまざまな怪奇《かいき》なできごとが語《かた》られている。

あるカップルが夜《よる》、車《くるま》で遭難記念碑《そうなんきねんひ》を訪《おとず》れたときのこと。女性《じょせい》がトイレに行《い》く間《あいだ》、男性《だんせい》は車《くるま》の中《なか》で待《ま》つことにした。そこへ八甲田山《はっこうださん》で遭難死《そうなんし》した兵士《へいし》たちがさまよい出《で》てきたのだ。男性《だんせい》は怖《こわ》くなって女性《じょせい》を置《お》いたまま車《くるま》で逃《に》げ帰《かえ》ってしまった。女性《じょせい》はトイレの中《なか》で一晩中《ひとばんじゅう》、兵士《へいし》たちの行進《こうしん》の足音《あしおと》に怯《おび》え続《つづ》けた。翌日《よくじつ》、男性《だんせい》がその場所《ばしょ》に戻《もど》ってみると、女性《じょせい》の髪《かみ》の毛《け》は一夜《いちや》にして真《ま》っ白《しろ》になっていたという。

ほかにも、無人《むじん》の別荘《べっそう》から深夜《しんや》に119番通報《ばんつうほう》があり出動《しゅつどう》する事件《じけん》があった。電話《でんわ》の向《む》こうからは雑音《ざつおん》しか聞《き》こえず、司令室《しれいしつ》が通話《つうわ》を繋《つな》いだままの状態《じょうたい》で、救急隊《きゅうきゅうたい》が別荘《べっそう》の中《なか》に入《はい》ると、電話《でんわ》の受話器《じゅわき》は電話機《でんわき》から外《はず》れていなかったのだ。現世《げんせい》をさまよう兵士《へいし》の霊《れい》が救《すく》いを求《もと》めて電話《でんわ》をしたのではないかと噂《うわさ》されている。

軍隊《ぐんたい》が八甲田山《はっこうださん》を行軍《こうぐん》した当時《とうじ》のその時期《じき》は「山《やま》の神《かみ》の季節《きせつ》」と呼《よ》ばれていた。その時期《じき》に山《やま》に入《はい》ると山《やま》の神《かみ》に取《と》り殺《ころ》されると考《かんが》えられており、地元《じもと》の老人《ろうじん》たちが入山《にゅうざん》を止《と》めたのだが、陸軍《りくぐん》はその助言《じょげん》を無視《むし》して行軍《こうぐん》をした結果《けっか》、遭難《そうなん》してしまったという。

八尺様《はっしゃくさま》

奇妙《きみょう》な笑《わら》い方《かた》をする大《おお》きな女《おんな》

八尺様《はっしゃくさま》は身長《しんちょう》が八尺《はっしゃく》（約《やく》二百四十《にひゃくよんじっ》センチメートル）もある背《せ》の高《たか》い女《おんな》の姿《すがた》をしているが、若《わか》かったり老婆《ろうば》だったり中年《ちゅうねん》だったりとさまざまで容姿《ようし》は決《き》まっていない。だが、高身長《こうしんちょう》で頭《あたま》に何《なに》かをのせていること、男《おとこ》のような声《こえ》で「ポポポ。」や「ボボボ。」と奇妙《きみょう》な笑《わら》い方《かた》をすることは共通《きょうつう》した特徴《とくちょう》だ。

八尺様《はっしゃくさま》に狙《ねら》われた人間《にんげん》は数《すう》日以内《じついない》に取《と》り殺《ころ》されるという。成人前《せいじんまえ》の若者《わかもの》、特《とく》に子《こ》どもが狙《ねら》われる。八尺様《はっしゃくさま》は声色《こわいろ》を自《じ》由《ゆう》に変《か》え、狙《ねら》った人間《にんげん》の知《し》り

合《あ》いの声《こえ》をまねて、その人《ひと》をおびき出《だ》して取《と》り殺《ころ》すのだ。

かつてはお地蔵様《じぞうさま》が八尺様《はっしゃくさま》をある地域《ちいき》に閉《と》じ込《こ》めていたので、狙《ねら》われた人《ひと》はその外側《そとがわ》に出《で》れば逃《に》げることができたが、現在《げんざい》ではそのお地蔵様《じぞうさま》が壊《こわ》されており、八尺様《はっしゃくさま》はどこに現《あらわ》れるかわからないという。

トイレに現《あらわ》れる親子《おやこ》の霊《れい》

花子《はなこ》さんのお母《かあ》さん

ある学校《がっこう》の女子《じょし》トイレの個《こ》室《しつ》が、その日《ひ》は一《ひと》つだけずっと誰《だれ》かが入《はい》ったままの状態《じょうたい》で、放課後《ほうかご》になっても出《で》てこない上《うえ》に、中《なか》から泣《な》き声《ごえ》が聞《き》こえてきた。それに気《き》づいた女性《じょせい》の先生《せんせい》が心配《しんぱい》してドアを開《あ》けてみると、中《なか》に着物姿《きものすがた》の女《おんな》が立《た》っていた。女《おんな》は先生《せんせい》に「娘《むすめ》の花子《はなこ》が来《き》ていませんか。」と泣《な》きながら言《い》った。先生《せんせい》はほかの先生《せんせい》を呼《よ》びに職員室《しょくいんしつ》へ行《い》こうとすると、その途端《とたん》、女《おんな》は恐《おそ》ろしい声《こえ》で、「私《わたし》の花《はな》子《こ》をどこへ連《つ》れていくの!?」と叫《さけ》んだ。そしていつの間《ま》か、先生《せんせい》の横《よこ》に見知《みし》らぬ少女《しょうじょ》が立《た》っていたのだ。先生《せんせい》が少女《しょうじょ》に声《こえ》をかけようとすると、少《しょう》女《じょ》は先生《せんせい》に体当《たいあ》たりをして、先生《せんせい》は床《ゆか》に転《ころ》んでしまった。そこへ女《おんな》が飛《と》びかかり先生《せんせい》の首《くび》を絞《し》めてきたのだ。少女《しょうじょ》も先生《せんせい》の首《くび》に手《て》を伸《の》ばして絞《し》めようとする。「苦《くる》しむがいいわ。花子《はなこ》と私《わたし》はもっと苦《くる》しんだのよ。もっと苦《くる》しめ！」と女《おんな》は先生《せんせい》の首《くび》を絞《し》めながら叫《さけ》んだ。先生《せんせい》は意識《いしき》が遠《とお》のく中《なか》、必死《ひっし》に念仏《ねんぶつ》を唱《とな》えた。すると、女《おんな》と少女《しょうじょ》は姿《すがた》を消《け》したのだ。

数十年前《すうじゅうねんまえ》、この学校《がっこう》に通《かよ》う花子《はなこ》という名前《なまえ》の少女《しょうじょ》が、学《がっ》校《こう》の帰《かえ》りに不審者《ふしんしゃ》に襲《おそ》われて殺《ころ》され、このトイレで遺体《いたい》が発見《はっけん》されるという痛《いた》ましい事《じ》件《けん》があった。そして、少女《しょうじょ》の母親《ははおや》も、悲《かな》しみのあまり亡《な》くなってしまった。トイレに現《あらわ》れて先生《せんせい》を襲《おそ》ったのは、この親子《おやこ》の亡霊《ぼうれい》だったのだ。

双子《ふたご》の幽霊《ゆうれい》

花《はな》ちゃん

ある小学校《しょうがっこう》には、かつて花菜子《かなこ》と花世子《かよこ》という名前《なまえ》の双子《ふたご》の姉妹《しまい》がいて、同級生《どうきゅうせい》はどちらのことも「花《はな》ちゃん」と呼《よ》んでいた。あるとき、花菜子《かなこ》が交通事故《こうつうじこ》で亡《な》くなってしまう。それ以降《いこう》、同級生《どうきゅうせい》たちは花世子《かよこ》を見《み》て、花菜子《かなこ》の幽霊《ゆうれい》が現《あらわ》れたとたびたび勘違《かんちが》いするようになった。そのせいで、花世子《かよこ》のことを「幽霊《ゆうれい》」とか「お化《ば》け」、「亡霊《ぼうれい》」などと呼《よ》び始《はじ》めた。花世子《かよこ》はそのように言《い》われることに傷《きず》つき、学校《がっこう》の屋上《おくじょう》から飛《と》び降《お》り自殺《じさつ》をしてしまった。

すると、花《はな》ちゃんの幽霊《ゆうれい》が本当《ほんとう》に現《あらわ》れるようになったのだ。幽霊《ゆうれい》を見《み》て怯《おび》えたり「お化《ば》けが出《で》た！」などと騒《さわ》ぐと、花菜子《かなこ》の霊《れい》のときは何《なに》も起《お》こらないが、花世子《かよこ》の幽霊《ゆうれい》の場合《ばあい》は、怒《おこ》った花世子《かよこ》が仕返《しかえ》しをするという。

バハーサル

この話《はなし》を聞《き》いてしまうと…

　この話《はなし》を聞《き》いた人《ひと》のところにバハーサルが現《あらわ》れるという。話《はなし》とは……ある雪山《ゆきやま》で登山隊《とざんたい》が行方不明《ゆくえふめい》になった。山《やま》の中《なか》を何日《なんにち》もかけて大《おお》がかりな捜索《そうさく》が続《つづ》けられ、山奥《やまおく》にある今《いま》にも倒《たお》れそうな山小屋《やまごや》で、全員亡《ぜんいんな》くなっているのが発見《はっけん》された。

　死因《しいん》は全員《ぜんいん》、心臓麻痺《しんぞうまひ》だった。そして全員《ぜんいん》の足元《あしもと》に「バハーサル」という言葉《ことば》が書《か》かれていたのだ。

　この話《はなし》を聞《き》いてしまった人《ひと》の元《もと》には、一週間後《いっしゅうかんご》にバハーサルがやってくる。

　部屋《へや》の窓《まど》ガラスをたたく音《おと》がしても、決《けっ》してカーテンを開《あ》けてはいけない。窓《まど》の外《そと》の来訪者《らいほうしゃ》の姿《すがた》を少《すこ》しでも見《み》てしまうと、その人《ひと》は、むごたらしい死《し》に方《かた》をしてしまうという。

人《ひと》の首《くび》を集《あつ》める老婆《ろうば》

ババサレ

ババサレは、鎌《かま》を手《て》にした老婆《ろうば》の姿《すがた》をしている。ババサレの話《はなし》を聞《き》いてしまうと、いつの間《ま》にか突然《とつぜん》、家《いえ》の前《まえ》にババサレが現《あらわ》れ、ドアや窓《まど》ガラスをたたく。このときドアや窓《まど》を開《あ》けてしまうと、ババサレはその人《ひと》の首《くび》を鎌《かま》で刈《か》り取《と》り、その首《くび》を背負《せお》ったかごの中《なか》に入《い》れるのだ。だが、ドアや窓《まど》を開《あ》けないまま「ババサレ。」と呪文《じゅもん》を三回唱《さんかいとな》えると、追《お》い払《はら》うことができるという。

ババサレはいきなり現《あらわ》れずに、徐々《じょじょ》に近《ちか》づいてきて、最《さい》後《ご》は目《め》の前《まえ》や真横《まよこ》に突然現《とつぜんあらわ》れることもある。どちらにしても「ババサレ。」と三回唱《さんかいとな》えると、撃退《げきたい》することができる。

しかし、ババサレが現《あらわ》れていないときに「ババサレ。」と叫《さけ》んでしまい、反対《はんたい》にババサレを呼《よ》び寄《よ》せてしまったという話《はなし》もある。

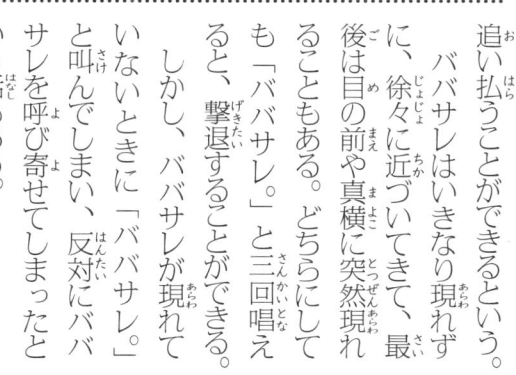

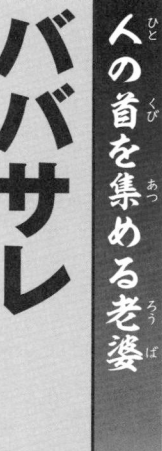

私《わたし》の腕《うで》はどこ？　足《あし》はどこ？

バラバラ殺《さつ》人《じん》事《じ》件《けん》の怪《かい》

以前《いぜん》、新潟県《にいがたけん》でバラバラ殺《さつ》人事件《じんじけん》があった。ある屋敷《やしき》のお手伝《てつだ》いさんの女性《じょせい》がその屋《や》敷《しき》の主人《しゅじん》に殺害《さつがい》され、遺体《いたい》はバラバラにされたという事件《じけん》だ。当時《とうじ》はまだ時効制度《じこうせいど》があり、犯人《はんにん》が判明《はんめい》したのは時効《じこう》を迎《むか》えた後《あと》のことで、犯人《はんにん》は捕《つか》まることも裁《さば》かれることもなかった。被害者《ひがいしゃ》の女性《じょせい》の霊《れい》が、そのことを恨《うら》んで現《あらわ》れるといわれている。

女性《じょせい》の霊《れい》は、この事件《じけん》の話《はなし》を聞《き》いた人《ひと》のところに現《あらわ》れる。夜《よる》、目《め》が覚《さ》めると女性《じょせい》の霊《れい》がそばにいて「私《わたし》の腕《うで》を知《し》りませんか？」とか「私《わたし》の足《あし》を知《し》りませんか？」とか聞《き》いてくるのだ。そのときは「新潟《にいがた》の屋敷《やしき》の主人《しゅじん》に聞《き》けばわかりますよ。」と返事《へんじ》しなければならない。そう答《こた》えないと、女《じょ》性《せい》の霊《れい》は尋《たず》ねた体《からだ》の部位《ぶい》を奪《うば》い取《と》ってしまうのだ。

ばりばり

夢《ゆめ》の中《なか》で生首《なまくび》を食《た》べる少女《しょうじょ》

夢《ゆめ》の中《なか》だけに現《あらわ》れる妖怪《ようかい》である。その姿《すがた》はおかっぱ頭《あたま》の少女《しょうじょ》で、人間《にんげん》の生首《なまくび》を、ばりばりと音《おと》を立《た》てながら食《く》らう。その音《おと》から「ばりばり」と名《な》づけられた。

夢《ゆめ》の中《なか》で、中学校《ちゅうがっこう》に迷《まよ》い込《こ》むと、そこに現《あらわ》れたばりばりに襲《おそ》われて首《くび》を食《く》われてしまう。だが、ばりばりは校門《こうもん》の外《そと》には出《で》ることができないようだ。

同《おな》じ人《ひと》が、ばりばりの夢《ゆめ》を何度《なんど》も見《み》ることがある。ばりばりが襲《おそ》ってきても、校門《こうもん》から脱出《だっしゅつ》すれば助《たす》かりそうだが、同《おな》じ夢《ゆめ》を見《み》るたびに、ばりばりはその人《ひと》が逃《のが》れられないように、次々《つぎつぎ》と対策《たいさく》を練《ね》って現《あらわ》れるというから、ばりばりから逃《のが》れるのはむずかしい。

夢《ゆめ》を見《み》るごとに、ばりばりの危険度《きけんど》はどんどん増《ま》していくのだ。

耳《みみ》たぶから出《で》た糸《いと》を切《き》ったら…

ピアスの穴《あな》の白《しろ》い糸《いと》

　ある少女《しょうじょ》が、ピアスをしている友《とも》だちを見《み》て、自分《じぶん》もピアスをつけておしゃれをしたくなった。病院《びょういん》へ行《い》って穴《あな》を開《あ》けてもらうといいのだが、お金《かね》を節約《せつやく》して、自分《じぶん》で耳《みみ》たぶにピアスの穴《あな》を開《あ》けた。

　数日後《すうじつご》、耳《みみ》たぶがやけにかゆいので鏡《かがみ》を見《み》てみると、その穴《あな》から細《ほそ》い白《しろ》い糸《いと》が、にょろっとはみ出《で》ている。『何《なに》かな？』と不思議《ふしぎ》に思《おも》った少女《しょうじょ》は、その糸《いと》を引《ひ》っ張《ぱ》ってみた。すると、糸《いと》がぷつんと切《き》れて急《きゅう》に目《め》の前《まえ》が真《ま》っ暗《くら》になってしまった。その白《しろ》い糸《いと》を切《き》ったことによって、少女《しょうじょ》は失明《しつめい》してしまったのだ。

　そのほかにも、白《しろ》い糸《いと》を引《ひ》きちぎったら、目玉《めだま》がひっくり返《かえ》ったという話《はなし》や、口《くち》がきけなくなってしまったという話《はなし》もあるという。

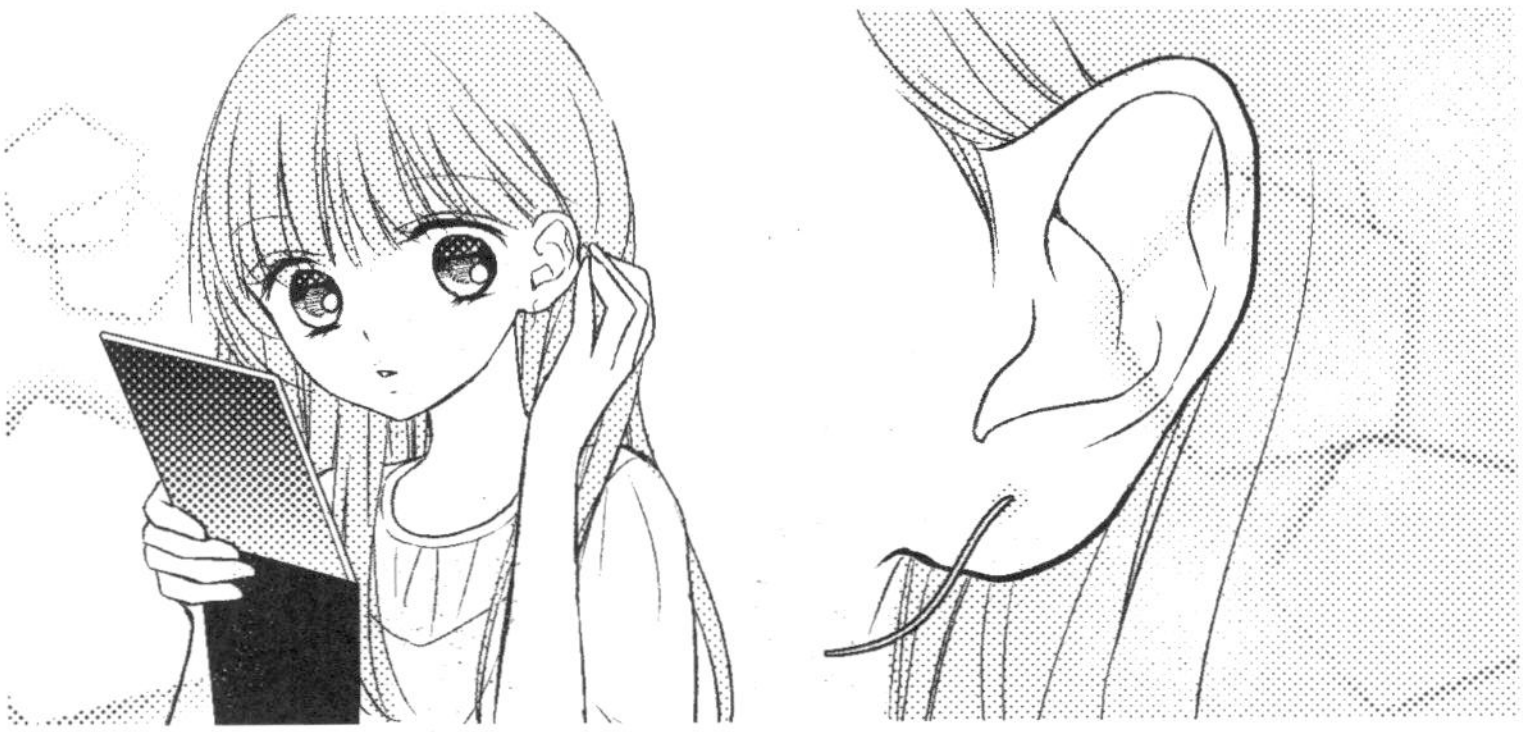

ピアノの怪《かい》

誰《だれ》もいないのにピアノの音色《ねいろ》が…

ある学校《がっこう》では、放課後《ほうかご》の音楽室《おんがくしつ》から、誰《だれ》もいないのにピアノの音《おと》がしてくる。昔《むかし》、この学校《がっこう》にピアノが大好《だいす》きだった少女《しょうじょ》がいて、いつも音楽室《おんがくしつ》でピアノを弾《ひ》いていた。しかし、少女《しょうじょ》は事故《じこ》で亡《な》くなり、霊《れい》になってからもピアノを弾《ひ》きに来《き》ているそうである。

ある大学《だいがく》の講堂《こうどう》でも、真夜《まよ》中《なか》にピアノの音《おと》がしたという話《はなし》がある。その正体《しょうたい》は、ピアノを習《なら》っていて病死《びょうし》した女性《じょせい》の霊《れい》だった。鍵盤《けんばん》に血《ち》で引《ひ》っかいたような跡《あと》があり、その血《ち》の跡《あと》の通《とお》りに曲《きょく》が演奏《えんそう》されていたのだ。ほかにも、ピアノを演奏中《えんそうちゅう》にふたが突然《とつぜん》閉《し》まり、両手《りょうて》の指《ゆび》が全《すべ》て切断《せつだん》された少女《しょうじょ》がいたが、彼女《かのじょ》はしばらくして亡《な》くなった。生前《せいぜん》の少女《しょうじょ》はピアノを弾《ひ》けなくなってしまったが、霊《れい》となってからピアノを弾《ひ》きに来《き》たという。

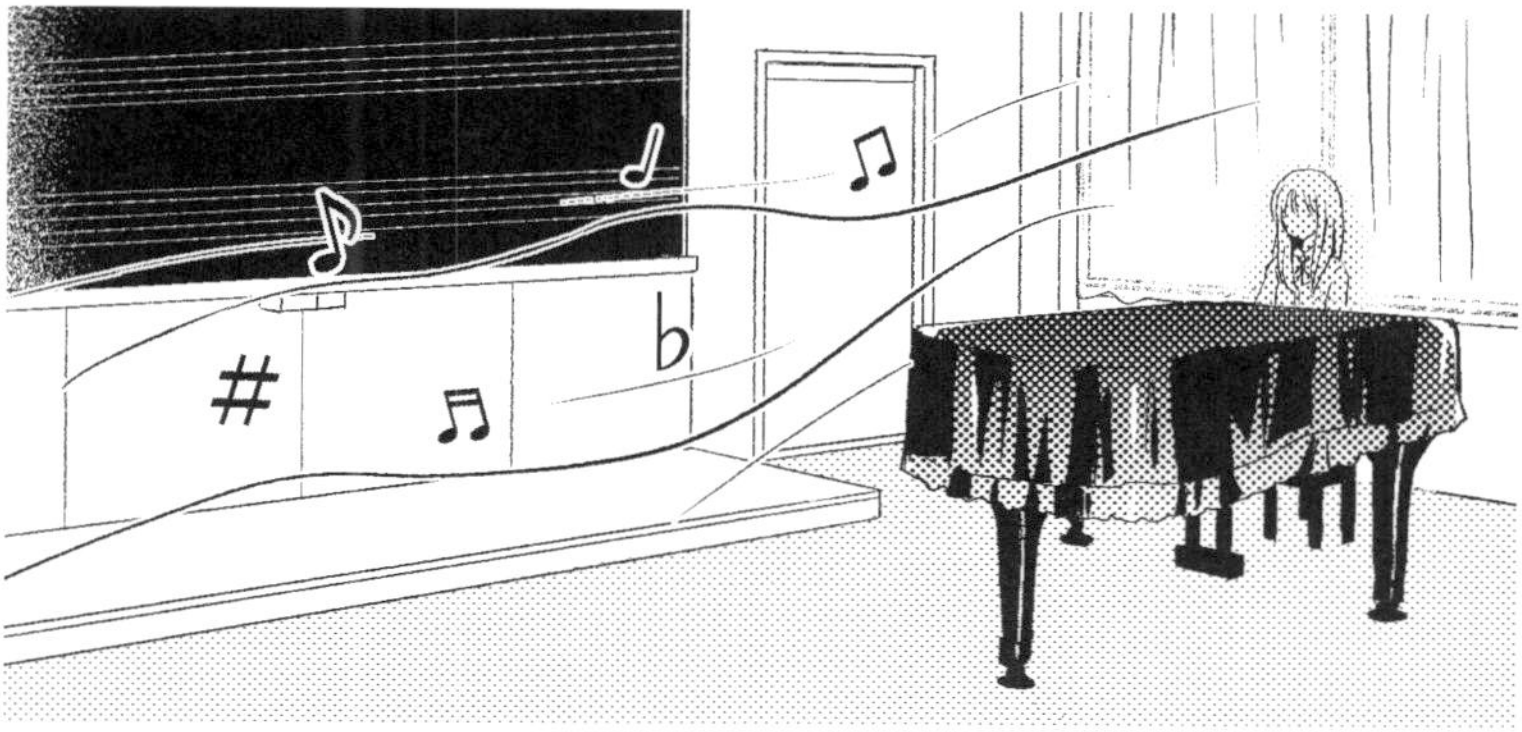

鏡《かがみ》から飛《と》び出《だ》すピエロ

ピエロ

ピエロの姿《すがた》をして、主《おも》に小《しょう》学校《がっこう》に現《あらわ》れる。ただ姿《すがた》を見《み》せるだけのピエロが多《おお》いが、中《なか》には恐《おそ》ろしいピエロもいる。

図書館《としょかん》の鏡《かがみ》を三分間《さんぷんかん》見《み》つめていると、鏡《かがみ》からピエロが飛《と》び出《だ》してきて、鏡《かがみ》の中《なか》に引《ひ》きずり込《こ》むという。深夜三時《しんやさんじ》に男子《だんし》トイレに現《あらわ》れるピエロは「赤《あか》い紙《かみ》がほしいか？　青《あお》い紙《かみ》がほしいか？」と質問《しつもん》する。赤《あか》と答《こた》えると刃物《はもの》が飛《と》んでくる。青《あお》と答《こた》えると体《からだ》の血《ち》を抜《ぬ》かれてしまう。また、トイレで「一《いち》、二《に》、三《さん》のピエロ。」と歌《うた》うと男女《だんじょ》どちらかのピエロが現《あらわ》れる。女《おんな》のほうが残虐《ざんぎゃく》で、鋭《するど》い爪《つめ》で襲《おそ》いかかってくる。

ほかにも、深夜三時《しんやさんじ》にトイレに入《はい》るとピエロが「私《わたし》の杖《つえ》を折《お》れ。」と命令《めいれい》する。杖《つえ》が折《お》れればトイレから出《で》られるが、折《お》れないと異空間《いくうかん》に吸《す》い込《こ》まれてしまうという話《はなし》もある。

子《こ》どもの死体《したい》を引《ひ》きずって歩《ある》く女《おんな》

ひきこさん

雨《あめ》の日《ひ》に、ぼろぼろの白《しろ》い着物《きもの》を着《き》て現《あらわ》れ、子《こ》どもを襲《おそ》うという女《おんな》。必《かなら》ず子《こ》どもの死《し》体《たい》を引《ひ》きずっているという。

女《おんな》は子《こ》どもを見《み》つけると、ものすごいスピードで横歩《よこある》きしながら近《ちか》づいてくる。顔《かお》にひどい傷《きず》を負《お》っていて、子《こ》どもを襲《おそ》うときに「私《わたし》は醜《みにく》い顔《かお》か…。」と、聞《き》いてくるのだ。その顔《かお》は、口《くち》と目《め》じりが裂《さ》けていて恐《おそ》ろしい形相《ぎょうそう》だ。「醜《みにく》い。」と答《こた》えると怒《おこ》ってその子《こ》どもをたたきつけ、引《ひ》きずるという。「醜《みにく》くない。」と答《こた》えると一瞬喜《いっしゅんよろこ》ぶが、子《こ》どもはやはりたたきつけられて引《ひ》きずられるのだ。捕《つか》まえた子《こ》どもは、死《し》ぬまで引《ひ》きずり続《つづ》けるという。

ひきこさんは、「森妃姫子《もりひきこ》」という名《な》のかわいらしい女《おんな》の子《こ》だったが、持《も》ちものを隠《かく》されたりして学校《がっこう》でひどいいじめに遭《あ》っていた。ある日《ひ》、いじめがエスカレートして足《あし》をひもでしばられて、学校《がっこう》の中《なか》を引《ひ》きずられ、顔《かお》に傷《きず》を負《お》ってしまった。

それから長《なが》い間《あいだ》、家《いえ》に引《ひ》きこもり、雨《あめ》の日《ひ》に鳴《な》くヒキガエルの醜《みにく》い顔《かお》が、傷《きず》を負《お》った自分《じぶん》の顔《かお》を忘《わす》れさせてくれるので、雨《あめ》の日《ひ》が大好《だいす》きになったひきこさんは、いつの日《ひ》からか、雨《あめ》の日《ひ》に街《まち》に現《あらわ》れて子《こ》どもを襲《おそ》うようになったのだ。

雨《あめ》の日《ひ》に現《あらわ》れるのは、みんなが傘《かさ》を差《さ》して視界《しかい》が悪《わる》くなるため、自分《じぶん》の醜《みにく》い顔《かお》を見《み》られずにすむからだという。

轢《ひ》き逃《に》げからの恐怖《きょうふ》

ひじババア

深夜《しんや》、ある女性《じょせい》が車《くるま》を運転《うんてん》していると、車道《しゃどう》におばあさんが飛《と》び出《だ》してきた。急《きゅう》ブレーキをかけたが間《ま》に合《あ》わず、おばあさんを轢《ひ》いてしまう。女性《じょせい》は目撃者《もくげきしゃ》がいないのをいいことに、おばあさんを助《たす》けずに逃《に》げてしまった。現場《げんば》から遠《とお》くへ逃《のが》れたい一心《いっしん》で運転《うんてん》をしていると、バックミラー越《ご》しに、そのおばあさんがひじを地面《じめん》に交互《こうご》につきながら這《は》うようにして車《くるま》を追《お》いかけてくるのが見《み》えた。信《しん》じられない速度《そくど》で這《は》っている。女性《じょせい》は車《くるま》をさらに加速《かそく》させ、おばあさんを振《ふ》り切《き》って逃《に》げた。

おばあさんがついてきていないことを確《たし》かめると、安心《あんしん》したせいかトイレに行《い》きたくなった。公園《こうえん》のトイレに入《はい》って、何気《なにげ》なく顔《かお》を上《あ》げると、おばあさんが笑《わら》いながら女性《じょせい》のことを見下《みお》ろしていたのだ。

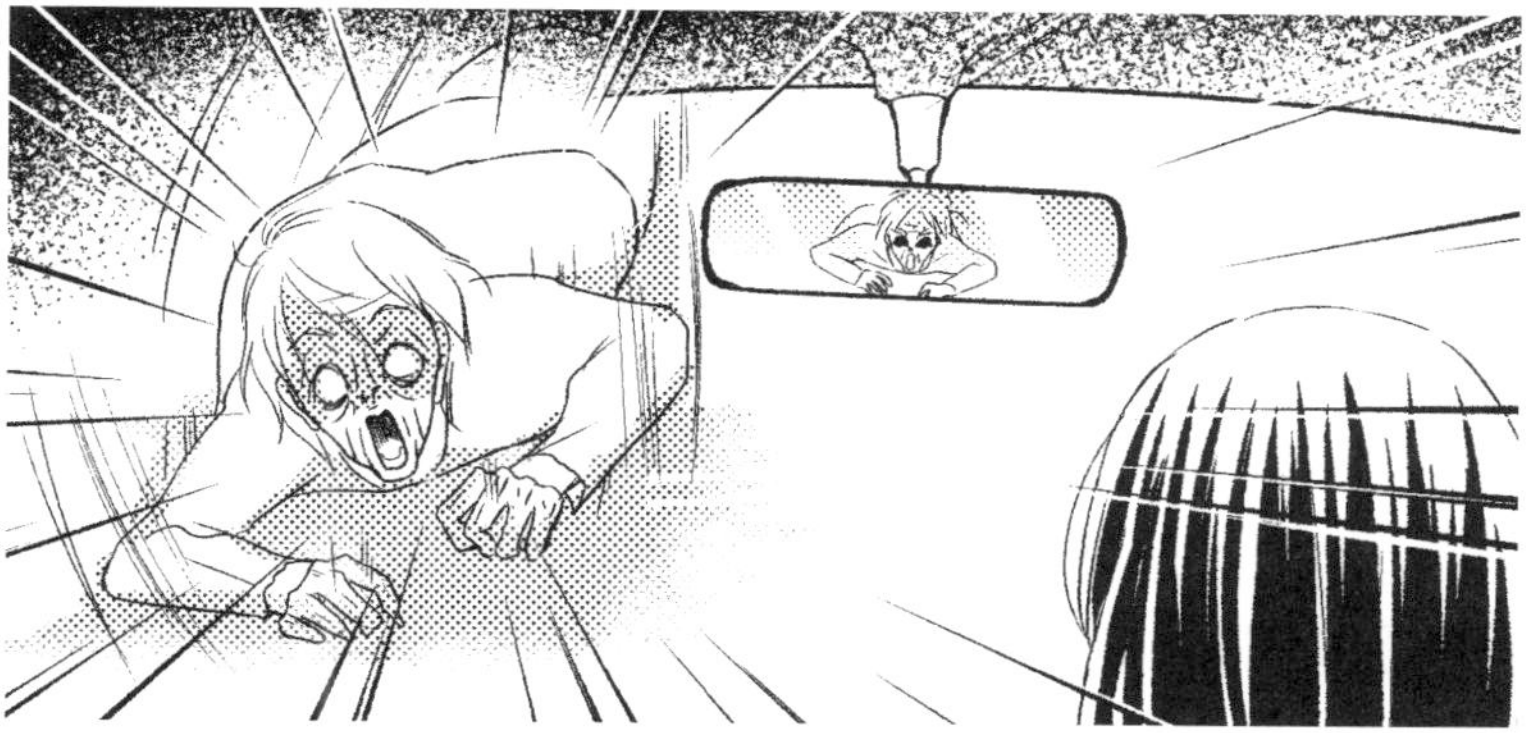

人間《にんげん》が入《はい》ってはいけない場所《ばしょ》

ひつか駅《えき》

ひつか駅《えき》は、全体《ぜんたい》が真《ま》っ白《しろ》な不思議《ふしぎ》な異世界《いせかい》の中《なか》にあり、普段《ふだん》と同《おな》じ電車《でんしゃ》に乗《の》っていると、いつの間《ま》にか、ひつか駅《えき》に迷《まよ》い込《こ》むことがあるという。

ひつか駅《えき》で降《お》りた体験者《たいけんしゃ》の話《はなし》によると、白《しろ》い看板《かんばん》に駅名《えきめい》が黒《くろ》い文字《もじ》で記《しる》されている以《い》外《がい》は駅《えき》の中《なか》も外《そと》も全《すべ》てが真《ま》っ白《しろ》で色《いろ》がなかったという。

その駅《えき》には五《ご》、六歳《ろくさい》くらいのおかっぱ頭《あたま》の女《おんな》の子《こ》がいた。

その子《こ》が言《い》うには、真《ま》っ白《しろ》なその世界《せかい》は本来《ほんらい》なら人間《にんげん》が入《はい》ることが許《ゆる》されない場所《ばしょ》だが、ひつか駅《えき》で降《お》りずに、そのまま電車《でんしゃ》に乗《の》ってもう一《ひと》つ先《さき》の駅《えき》まで行《い》くと、命《いのち》の保証《ほしょう》がないそうである。

その女《おんな》の子《こ》には迷《まよ》い込《こ》んだ人《ひと》を元《もと》の世界《せかい》に戻《もど》す力《ちから》があり、引《ひ》き換《か》えに何《なに》か身《み》につけているものを、女《おんな》の子《こ》に上《あ》げればいいようである。

わしの百円《ひゃくえん》じゃないか？

百《ひゃく》円《えん》ばばあ

関西地方《かんさいちほう》のとある国道《こくどう》と県《けん》道《どう》との交差点近《こうさてんちか》くに、一台《いちだい》の自動販売機《じどうはんばいき》がある。

ここで飲《の》みものを買《か》おうとすると、いつの間《ま》にか横《よこ》に老《ろう》婆《ば》が立《た》っている。自動販売機《じどうはんばいき》のお金《かね》の投入口《とうにゅうぐち》に小銭《こぜに》を入《い》れようとすると、老婆《ろうば》はその人《ひと》の手《て》をじっと見《み》つめて「それはわしの百円《ひゃくえん》じゃないか？」と聞《き》いてくる。「違《ちが》いますよ。」と返事《へんじ》をしても、しつこく何《なん》度《ど》も同《おな》じ質問《しつもん》を繰《く》り返《かえ》すので、「そうですよ。」と百円玉《ひゃくえんだま》を渡《わた》すと、老婆《ろうば》の姿《すがた》はかき消《き》えるのだ。

昔《むかし》、一人《ひとり》のおばあさんが、飲《の》みものを買《か》うために百円玉《ひゃくえんだま》を手《て》に握《にぎ》りしめてこの自動販《じどうはん》売機《ばいき》へ向《む》かう途中《とちゅう》、手前《てまえ》の交《こう》差点《さてん》で車《くるま》に轢《ひ》かれて死亡《しぼう》した。それ以来《いらい》、おばあさんは亡霊《ぼうれい》となって、自動販売機《じどうはんばいき》の横《よこ》に現《あらわ》れるようになったという。

プールの底《そこ》で人《ひと》を狙《ねら》う

プールのジョー

ある学校《がっこう》のプールの底《そこ》に潜《ひそ》んでいる妖怪《ようかい》である。

見《み》た目《め》は周囲《しゅうい》と同《おな》じコンクリートなのだが、飛《と》び込《こ》み台《だい》の下《した》の一番深《いちばんふか》い底部分《そこぶぶん》が、西洋人《せいようじん》の顔《かお》の形《かたち》に盛《も》り上《あ》がっている。この部分《ぶぶん》がジョーと呼《よ》ばれる妖怪《ようかい》だ。プールの底《そこ》に模様《もよう》があるようにしか見《み》えないが、人《ひと》が近《ちか》づくと、かっと目《め》を見開《みひら》き、顔《かお》の左右《さゆう》から両腕《りょううで》を伸《の》ばしてその人《ひと》を捕《つか》まえると水中《すいちゅう》に引《ひ》きずり込《こ》むのだ。

子《こ》どもを襲《おそ》う老婆《ろうば》

プールババア

老婆《ろうば》の姿《すがた》をしたプールババアは、ある小学校《しょうがっこう》のプールに現《あらわ》れる。

プールの底《そこ》に潜《ひそ》んで、泳《およ》いでいる子《こ》どもの足《あし》を引《ひ》っ張《ぱ》ったり、飛《と》び込《こ》んだ子《こ》どもをおどかしたりするという。また、体育館《たいいくかん》まで子《こ》どもを追《お》いかけたり、夜遅《よるおそ》くなると、プールサイドを走《はし》り回《まわ》ったりすることもある。

別《べつ》の学校《がっこう》にもプールババアの目撃談《もくげきだん》がある。プールには第六《だいろく》コースまでしかないのに、真夜中《まよなか》になると第七《だいなな》コースが増《ふ》えているのだ。その第七《だいなな》コースで、着物《きもの》を着《き》たプールババアが泳《およ》いでいるという。

首《くび》のない人形《にんぎょう》を抱《だ》いて現《あらわ》れる

ブキミちゃん

ある学校《がっこう》の女子《じょし》トイレの一《いち》番奥《ばんおく》の個室《こしつ》の前《まえ》で、四回《よんかい》まわりドアを六回《ろっかい》たたくと、ブキミちゃんという幽霊《ゆうれい》が現《あらわ》れるという。ブキミちゃんは太《ふと》っていて口《くち》の端《はし》から泡《あわ》を吹《ふ》き出《だ》し、首《くび》のないフランス人形《にんぎょう》を抱《だ》いている。ブキミちゃんに出会《であ》った女《おんな》の子《こ》の体験談《たいけんだん》がある。一緒《いっしょ》にトイレに行《い》った友《とも》だちが「この子《こ》の首《くび》がいいよ。その人形《にんぎょう》にすごく似合《にあ》うよ。」とブキミちゃんに告《つ》げて女《おんな》の子《こ》を指差《ゆびさ》した。だが、すぐに「冗談《じょうだん》だよ。もう首《くび》は用意《ようい》してあるから。」と笑《わら》いながら言《い》う。そのときブキミちゃんが廊下《ろうか》を指差《ゆびさ》した。女《おんな》の子《こ》が廊下《ろうか》の先《さき》を見《み》ると、別《べつ》の友《とも》だちの生首《なまくび》がずるずるとこちらへ向《む》かってきているのだ。女《おんな》の子《こ》は恐怖《きょうふ》のあまり気絶《きぜつ》してしまい、気《き》づくと家《いえ》で寝《ね》ていた。一緒《いっしょ》にいた友《とも》だちと生首《なまくび》だけの友《とも》だちは、女《おんな》の子《こ》がブキミちゃんと出会《であ》ったちょうどその時間帯《じかんたい》に、二人《ふたり》とも事故《じこ》で即死《そくし》していたという。

ブキミちゃんが人《ひと》に取《と》り憑《つ》く例《れい》もある。ブキミちゃんに憑《つ》かれると、人《ひと》を事故《じこ》に遭《あ》わせたり自殺《じさつ》させたりするようになる。その上《うえ》、二人《ふたり》犠牲者《ぎせいしゃ》を出《だ》すと、次《つぎ》は取《と》り憑《つ》かれた本人《ほんにん》が死《し》ぬ。回避《かいひ》するには、「ブキミちゃんは一《ひと》つの学校《がっこう》に一人《ひとり》だけ。」という話《はなし》をよその学校《がっこう》の生徒《せいと》に伝《つた》えると、ブキミちゃんはその学校《がっこう》へ移《い》動《どう》して話《はなし》を聞《き》いた生徒《せいと》に取《と》り憑《つ》くため元《もと》の人《ひと》からは離《はな》れる。

手紙《てがみ》を出《だ》さないと…？

不幸《ふこう》の手紙《てがみ》

決《き》められた期間内《きかんない》に決《き》められた人数《にんずう》に、送《おく》られてきた手《て》紙《がみ》と同《おな》じ内容《ないよう》の手紙《てがみ》を一字一《いちじいっ》句間違《くまちが》えずに書《か》いて送《おく》らなければ、不幸《ふこう》が訪《おとず》れるということが書《か》かれた手紙《てがみ》を「不幸《ふこう》の手紙《てがみ》」という。期間《きかん》や人数《にんずう》はまちまちだ。たとえば「この手紙《てがみ》を読《よ》んだ人《ひと》は、七日以内《なのかいない》に五人《ごにん》にこの手紙《てがみ》と同《おな》じ文章《ぶんしょう》を書《か》いて送《おく》りなさい。一字一《いちじいっ》句間違《くまちが》えてはいけません。守《まも》らない人《ひと》には不幸《ふこう》が訪《おとず》れます。」といったような文面《ぶんめん》だ。

不幸《ふこう》の手紙《てがみ》は、1960年《ねん》代《だい》に現《あらわ》れ始《はじ》め、急速《きゅうそく》に流行《りゅうこう》した。手紙《てがみ》を受《う》け取《と》った人《ひと》たちが指定《してい》された人数《にんずう》に手紙《てがみ》を出《だ》し続《つづ》けていくと、その数《かず》はねずみ算式《ざんしき》に増《ふ》えることになる。当時《とうじ》は手《て》で書《か》き写《うつ》していたが、その後《ご》コピーやファクスで送《おく》るパターンも登場《とうじょう》した。

手書《てが》きをしていた頃《ころ》には、字《じ》が汚《きたな》くて見間違《みまちが》えたのか、「不幸《ふこう》」の二文字《ふたもじ》をくっつけ「棒《ぼう》」と書《か》き写《うつ》した人《ひと》がいて「棒《ぼう》の手紙《てがみ》」が出回《でまわ》ったこともある。

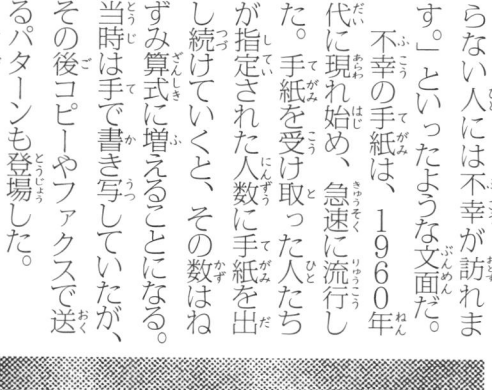

後頭部《こうとうぶ》にも口《くち》がある

二《ふた》口《くち》女《おんな》

夕方《ゆうがた》になると、髪《かみ》の長《なが》い女《おんな》が小学校《しょうがっこう》の校門前《こうもんまえ》に現《あらわ》れ、通《とお》りかかった子《こ》どもに「私《わたし》、きれい？」と聞《き》く。「ブス。」と子《こ》どもが答《こた》えると、女《おんな》は長《なが》い髪《かみ》の毛《け》をかき上《あ》げて、後頭部《こうとうぶ》の巨大《きょだい》な口《くち》で子《こ》どもを食《く》い殺《ころ》してしまう。「きれい。」と答《こた》えると「これでもか!?」と叫《さけ》びながら後頭部《こうとうぶ》の口《くち》を見《み》せる。驚《おどろ》き怯《おび》えた子《こ》どもが逃《に》げると、ものすごいスピードを出《だ》してがに股《また》で追《お》ってくる。捕《つか》まっても「リキッド。」と三回唱《さんかいとな》えると女《おんな》は消《き》えてしまうという。液状《えきじょう》の整髪料《せいはつりょう》（ヘアリキッド）が苦手《にがて》なので、この呪文《じゅもん》で撃退《げきたい》できると考《かんが》えられる。

もう一《ひと》つの顔《かお》

二《ふた》面《つら》女《おんな》

ある少女《しょうじょ》が、お化《ば》け屋敷《やしき》と噂《うわさ》されている建物《たてもの》に、一人《ひとり》で出《で》かけていった。その屋敷《やしき》は奇妙《きみょう》な光《ひかり》を放《はな》っていて、中《なか》には美《うつく》しい女性《じょせい》がいた。その女《じょ》性《せい》が「あなた勇気《ゆうき》があるわね。もし私《わたし》がお化《ば》けだったらどうするの？」と尋《たず》ねると「あなたみたいに美人《びじん》だったら怖《こわ》くありません。」と少女《しょうじょ》は答《こた》えた。すると女性《じょせい》は後《うし》ろを向《む》き、後《こう》頭部《とうぶ》の髪《かみ》を分《わ》けて、もう一《ひと》つの顔《かお》を見《み》せたのだった。

呪《のろ》われた布団《ふとん》で寝《ね》ると…

布団《ふとん》の怪《かい》

お葬式《そうしき》で遺体《いたい》を寝《ね》かせた布《ふ》団《とん》を、中古《ちゅうこ》で買《か》った人《ひと》がいた。その布団《ふとん》で寝《ね》ていると、毎晩《まいばん》布団《ふとん》の上《うえ》に何《なに》かが乗《の》っているような感《かん》じがする。ある夜《よる》、悲《かな》しそうな女性《じょせい》の声《こえ》がするので目《め》を開《あ》けると、目《め》の前《まえ》にこの世《よ》の人《ひと》ではない青白《あおじろ》い女性《じょせい》の顔《かお》があったという。

布団《ふとん》の怪《かい》にはこんな話《はなし》もある。一人《ひとり》の男性《だんせい》が中古《ちゅうこ》の布団《ふとん》を買《か》ってきて寝《ね》ていたところ、深夜《しんや》に必《かなら》ずうなされて胸《むね》を締《し》めつけられるようになった。そこで布団《ふとん》の側生地《がわきじ》を剥《は》がしてみると、中《なか》の綿《わた》にべっとりと大量《たいりょう》の血《ち》がついていたのだ。警察《けいさつ》に調《しら》べてもらうと、その布団《ふとん》の上《うえ》で殺人《さつじん》があり、側生《がわき》地《じ》だけを変《か》えて布団《ふとん》を売《う》っていたことがわかった。被害者《ひがいしゃ》の霊《れい》が犯人《はんにん》を見《み》つけてほしくて、男性《だんせい》の元《もと》に現《あらわ》れたのではないかと噂《うわさ》されたそうである。

布団《ふとん》に窒息死《ちっそくし》させられた幼《おさな》い子《こ》どももいる。子《こ》どもを殺《ころ》したその布団《ふとん》は、ばたばたと激《はげ》しく動《うご》き回《まわ》り、棒《ぼう》でたたいても動《うご》きは止《と》まらず、鎌《かま》で細《こま》かく切《き》っても、破片《はへん》がそれぞれ動《うご》いていたという。その後《のち》に調《しら》べたところ、布団《ふとん》の四隅《よすみ》には髪《かみ》の毛《け》が巻《ま》きついた人間《にんげん》の爪《つめ》が見《み》つかった。この布団《ふとん》は墓荒《はかあ》らしが掘《ほ》り起《お》こして人《ひと》手《で》に渡《わた》ったもので、悪霊《あくりょう》が取《と》り憑《つ》いていたと思《おも》われる。

ある中学校《ちゅうがっこう》の生徒《せいと》たちが合《がっ》宿所《しゅくじょ》に泊《と》まったとき、布団《ふとん》が這《は》い回《まわ》ったり、生徒《せいと》たちの体《からだ》を締《し》めつけたという話《はなし》もある。

列車《れっしゃ》に轢《ひ》かれた死体《したい》が動《うご》き出《だ》した

冬《ふゆ》の踏《ふみ》切《きり》事《じ》故《こ》伝《でん》説《せつ》

雪《ゆき》の北海道《ほっかいどう》で、一人《ひとり》の女子《じょし》高生《こうせい》が踏切《ふみきり》で列車《れっしゃ》に轢《ひ》かれる事故《じこ》があった。運転士《うんてんし》が列車《れっしゃ》を降《お》りて女子高生《じょしこうせい》の元《もと》に行《い》くと、彼女《かのじょ》の体《からだ》は胴体《どうたい》の真《ま》ん中《なか》で車輪《しゃりん》に轢《ひ》かれ、上半身《じょうはんしん》と下《か》半身《はんしん》の二《ふた》つに切断《せつだん》されて雪《ゆき》の上《うえ》に横《よこ》たわっていた。

運転士《うんてんし》が、まだ若《わか》い子《こ》なのにかわいそうにと呆然《ぼうぜん》としながら死体《したい》を見《み》ていると、上半《じょうはん》身《しん》がぴくぴくと動《うご》き出《だ》した。

女子高生《じょしこうせい》は青《あお》ざめた顔《かお》を上《あ》げて両腕《りょううで》を必死《ひっし》に動《うご》かしながら、運転士《うんてんし》のほうへにじり寄《よ》ってきたのだ。それを見《み》た運転士《うんてんし》は急《きゅう》に怖《こわ》くなり、近《ちか》くに立《た》っている電柱《でんちゅう》によじ登《のぼ》った。すると、女子高生《じょしこうせい》の上半身《じょうはんしん》は雪《ゆき》の上《うえ》を這《は》いながら運転士《うんてんし》の後《あと》を追《お》い、両腕《りょううで》を電柱《でんちゅう》に巻《ま》きつけながら登《のぼ》ってきた。そして、女子高生《じょしこうせい》は運転士《うんてんし》の背中《せなか》にすがりついたのだ。

しばらくして、線路《せんろ》の途中《とちゅう》でいつまでも止《と》まったままの列車《れっしゃ》に気《き》づいた人《ひと》が様子《ようす》を見《み》に近《ちか》づいた。そして、電柱《でんちゅう》にしがみついたまま亡《な》くなっている運転士《うんてんし》と、線路《せんろ》のそばで切断《せつだん》された女子高生《じょしこうせい》の死体《したい》を発見《はっけん》した。

ほかにも同《おな》じような列車事《れっしゃじ》故《こ》がある。女子高生《じょしこうせい》が線路《せんろ》で列車《れっしゃ》に轢《ひ》かれ、胴体《どうたい》の真《ま》ん中《なか》で二《ふた》つに切断《せつだん》されてしまった。それ以来《いらい》、その場所《ばしょ》を列車《れっしゃ》が通《とお》ると、女子高生《じょしこうせい》の泣《な》き声《ごえ》や「助《たす》けて！」「やめて！」と叫《さけ》ぶ声《こえ》が聞《き》こえるようになったという。

一緒《いっしょ》に乗《の》ると…

ブランコ小僧《こぞう》

四月《しがつ》の九《きゅう》がつく日《ひ》に学校《がっこう》のブランコに乗《の》ると、レインコートを着《き》たブランコ小僧《こぞう》が現《あらわ》れる。

子《こ》どもに「一緒《いっしょ》にブランコに乗《の》ろう。」と声《こえ》をかけてくるが、一緒《いっしょ》にブランコに乗《の》ってこいでいて、九回目《きゅうかいめ》に前《まえ》のほうに揺《ゆ》れると、子《こ》どもは消《き》えてしまう。九回目《きゅうかいめ》が後《うし》ろのほうに揺《ゆ》れた場合《ばあい》は、何《なに》も起《お》こらずに無事《ぶじ》だという。

変《へん》な姿勢《しせい》で現《あらわ》れる

ブリッジマン

ブリッジマンは、学校《がっこう》にブリッジの体勢《たいせい》をして現《あらわ》れる。ブリッジのまま、生徒《せいと》を追《お》いかけ回《まわ》すことが名前《なまえ》の由来《ゆらい》という。ブリッジの状態《じょうたい》だと階《かい》段《だん》を降《お》りられないので、追《お》いかけられたら階段《かいだん》を降《お》りて逃《に》げるとよい。

しかし、まれに階段《かいだん》を飛《と》び越《こ》えて降《お》りてくることがある。その場合《ばあい》は、理科室《りかしつ》と家庭科《かていか》室《しつ》の間《あいだ》まで行《い》って「助《たす》けて、ボッチャマン。」と三回言《さんかいい》う。すると、以前《いぜん》に学校《がっこう》で自殺《じさつ》した坊《ぼっ》ちゃん刈《が》りの男《おとこ》の子《こ》の霊《れい》が現《あらわ》れてブリッジマンをやっつけてくれるという。

音楽室《おんがくしつ》の恐《おそ》ろしい肖像画《しょうぞうが》

ベートーベンの怪《かい》

全国《ぜんこく》の学校《がっこう》で語《かた》られる都市《とし》伝説《でんせつ》で、学校《がっこう》の七不思議《ななふしぎ》の一《ひと》つになっていることも多《おお》い。

深夜《しんや》に音楽室《おんがくしつ》へ行《い》くとベートーベンの肖像画《しょうぞうが》の目《め》が光《ひか》る、目玉《めだま》が動《うご》く、涙《なみだ》を流《なが》す、怒《いか》りの表情《ひょうじょう》に変《か》わる、口《くち》から血《ち》を吐《は》きながら笑《わら》う、体《からだ》の向《む》きが変《か》わるなど、さまざまな怪異《かいい》が起《お》きるという。ベートーベンとシューベルトの肖像画《しょうぞうが》が口《くち》げんかをしていたという目撃情報《もくげきじょうほう》もある。

また、ピアノを弾《ひ》くこともある。夜中《よなか》の十二時《じゅうにじ》になると、目《め》が動《うご》き、絵《え》から抜《ぬ》け出《だ》して「エリーゼのために」を演奏《えんそう》するという。

目撃《もくげき》すると危険《きけん》な場合《ばあい》もある。目《め》が光《ひか》るのを見《み》た人《ひと》は三日後《みっかご》に死《し》ぬという話《はなし》や、ベートーベンの目《め》や鼻《はな》が顔《かお》から外《はず》れて踊《おど》り出《だ》すのを見《み》ると、やはり死《し》ぬなどの話《はなし》がある。

ベタベタ
生《なま》ゴミを食《た》べる妖怪《ようかい》

ベタベタは、ある学校《がっこう》の焼《しょう》却炉《きゃくろ》のそばに穴《あな》を掘《ほ》って暮《く》らしている妖怪《ようかい》である。

夜遅《よるおそ》くに穴《あな》から出《で》てくると、給食《きゅうしょく》の生《なま》ゴミを漁《あさ》って食《た》べている。夏《なつ》になるとプールの底《そこ》に移動《いどう》して生活《せいかつ》するともいう。

また、四年四組《よねんよんくみ》の教室《きょうしつ》で遊《あそ》ぶことが多《おお》い。誰《だれ》かが近《ちか》づくと、天井《てんじょう》に張《は》りついて待《ま》ち伏《ぶ》せし、教室《きょうしつ》に人《ひと》が入《はい》ってくると、襲《おそ》いかかって食《た》べてしまう。しかし、ベタベタはイカが苦手《にがて》なので、するめなどを投《な》げつけるとあわてて逃《に》げていくという。

ペタペタ
音《おと》だけがついてくる

ある生徒《せいと》が学校《がっこう》からの帰《かえ》り道《みち》に、忘《わす》れものに気《き》づいた。引《ひ》き返《かえ》して忘《わす》れものを取《と》りに戻《もど》ってから、再《ふたた》び家《いえ》に向《む》かったが、夕方遅《ゆうがたおそ》くなって辺《あた》りは暗《くら》くなってしまった。一人《ひとり》で歩《ある》いていると、背後《はいご》からペタペタという音《おと》がずっとついてくる。振《ふ》り向《む》いても誰《だれ》もいない。しかし、ペタペタという音《おと》だけがする。これが、ペタペタという妖怪《ようかい》なのだ。

夕方暗《ゆうがたくら》くなってから学校《がっこう》の廊下《ろうか》を歩《ある》いているときにも、ペタペタが現《あらわ》れて後《うし》ろからついてくることがある。

ペタペタに追《お》いかけられると、そのまま逃《に》げ続《つづ》けることはできない。必《かなら》ず捕《つか》まって手《て》足《あし》を切《き》り取《と》られてしまう。しかし、追《お》いかけられている間《あいだ》に転《ころ》ぶと、何事《なにごと》もなく助《たす》かるという。

羽根《はね》を回《まわ》して現《あらわ》れる

ヘリコプターばばあ

ある墓地《ぼち》に現《あらわ》れる老婆《ろうば》の姿《すがた》をした妖怪《ようかい》で、ヘリコプターの羽根《はね》のようなものを旋回《せんかい》させ、目《め》が赤《あか》く光《ひか》る。

かつて、ヘリコプターの墜《つい》落事故《らくじこ》で家族《かぞく》を失《うしな》い、悲《かな》しみのあまり自殺《じさつ》をしたおばあさんの霊《れい》が妖怪化《ようかいか》したという。

永久《えいきゅう》に家《いえ》に帰《かえ》れない…

彷徨少女《ほうこうしょうじょ》

ある学校《がっこう》の下校時《げこうじ》に現《あらわ》れる少女《しょうじょ》の姿《すがた》をした妖怪《ようかい》である。

セーラー服《ふく》を着《き》て青《あお》ざめた顔《かお》の少女《しょうじょ》が、学校《がっこう》の帰《かえ》り道《みち》の子《こ》どもたちを追《お》いかけるという。少女《しょうじょ》に追《お》いかけられ走《はし》って逃《に》げ続《つづ》けていると、もう家《いえ》には帰《かえ》れない。いつの間《ま》にか行《い》ったことのない知《し》らない場《ば》所《しょ》に入《はい》り込《こ》んでしまい、永久《えいきゅう》にそこをさまようことになるといわれている。

無《む》人《じん》の放《ほう》送《そう》室《しつ》から…

放《ほう》送《そう》室《しつ》の幽《ゆう》霊《れい》

ある学校《がっこう》では、放送室《ほうそうしつ》に誰《だれ》もいないときに霊《れい》が現《あらわ》れて、「ううおお……もしもし、あんた……五日後《いつかご》……死《し》ぬ……。」と放送《ほうそう》することがある。そして、その五日後《いつかご》には必《かなら》ず誰《だれ》かが死《し》ぬという。

別《べつ》の学校《がっこう》では、人《ひと》が少《すく》なくなる時間《じかん》に幽霊《ゆうれい》が放送室《ほうそうしつ》に現《あらわ》れて、音楽《おんがく》を流《なが》したり話《はなし》をしたりするという。

夏休《なつやす》みに、ある学校《がっこう》の放送《ほうそう》室《しつ》の中《なか》に閉《と》じ込《こ》められて死亡《しぼう》した少女《しょうじょ》がいた。しばらくして彼女《かのじょ》の霊《れい》がマイクを通《とお》して「一人《ひとり》にしないで。」と呼《よ》びかけたという話《はなし》がある。

ある小学校《しょうがっこう》では、放送室《ほうそうしつ》で全校放送《ぜんこうほうそう》の設定《せってい》にして、好《す》きな子《こ》に愛《あい》の告白《こくはく》すると、必《かなら》ず両思《りょうおも》いになるそうだ。これは、片思《かたおも》いをしていた放送部員《ほうそうぶいん》が事故《じこ》で亡《な》くなり、霊《れい》となって恋《こい》の手助《てだす》けをしているという。

誰《だれ》もいない布団《ふとん》の中《なか》に…

保《ほ》健《けん》室《しつ》の眠《ねむ》り姫《ひめ》

ある学校《がっこう》の保健室《ほけんしつ》ではベッドに一人《ひとり》で横《よこ》になっていると、誰《だれ》もいないはずなのに、いつの間《ま》にか隣《となり》のベッドの布団《ふとん》が、まるで人《ひと》が寝《ね》ているような形《かたち》にふくらんでいることがある。布団《ふとん》の中《なか》から「苦《くる》しい…、助《たす》けて…。」と言《い》う声《こえ》も聞《き》こえてくる。だが、心配《しんぱい》して布団《ふとん》をめくっても、そこには誰《だれ》もいないのだ。

以前《いぜん》この学校《がっこう》では、学芸会《がくげいかい》で「眠《ねむ》り姫《ひめ》」の劇《げき》をしたことがあった。そのとき、主役《しゅやく》の眠《ねむ》り姫《ひめ》を演《えん》じた少女《しょうじょ》が、役《やく》を演《えん》じ終《お》わった後《あと》、気分《きぶん》が悪《わる》くなって保健室《ほけんしつ》で休《やす》んでいた。だが、急性心不全《きゅうせいしんふぜん》を起《お》こし、そのとき運悪《うんわる》く保健室《ほけんしつ》には誰《だれ》もいなかったために、少女《しょうじょ》はそのまま亡《な》くなってしまった。それ以来《いらい》、少女《しょうじょ》の霊《れい》が保健室《ほけんしつ》の眠《ねむ》り姫《ひめ》となって現《あらわ》れるようになったのだ。

骨《ほね》こぶり

死者《ししゃ》の骨《ほね》をしゃぶる女《おんな》

骨《ほね》こぶりは、深夜《しんや》に墓地《ぼち》から掘《ほ》り出《だ》した死者《ししゃ》の骨《ほね》をしゃぶる妖怪《ようかい》である。

ある山村《さんそん》の寺《てら》に、林間学校《りんかんがっこう》で訪《おとず》れた子《こ》どもたちが泊《と》まっていた。林間学校最後《りんかんがっこうさいご》の夜《よる》のことだ。みんなが眠《ねむ》りについてしばらくした頃《ころ》、一人《ひとり》の少《しょう》年《ねん》がトイレに行《い》きたくなって目《め》が覚《さ》めた。部屋《へや》を出《で》て長《なが》い渡《わた》り廊下《ろうか》の先《さき》のトイレに行《い》った。用《よう》を足《た》しながら窓《まど》の外《そと》を見《み》ると、そこは一面《いちめん》に墓場《はかば》が広《ひろ》がっている。

そのとき何《なに》かが動《うご》いているのに気《き》がついた。白《しろ》い着物《きもの》を着《き》て髪《かみ》の長《なが》い青《あお》ざめた顔《かお》の女《おんな》が、月明《つきあ》かりに浮《う》かび上《あ》がった。女《おんな》は墓場《はかば》の土《つち》を素手《すで》で掘《ほ》り返《かえ》し、何《なに》かを取《と》り出《だ》してかじっている。

不意《ふい》に女《おんな》が少年《しょうねん》のほうを振《ふ》り返《かえ》った。手《て》に死人《しにん》の骨《ほね》を握《にぎ》り、女《おんな》はそれをしゃぶりながら「見《み》たな。」と言《い》うと、少《しょう》年《ねん》に骨《ほね》を投《な》げつけてトイレの窓《まど》に飛《と》びかかってきた。少年《しょうねん》はあわててトイレを出《で》て、渡《わた》り廊下《ろうか》を全速力《ぜんそくりょく》で走《はし》り抜《ぬ》け、部屋《へや》に戻《もど》ると布団《ふとん》に潜《もぐ》って息《いき》を殺《ころ》した。

追《お》いかけてきた女《おんな》は「寝《ね》ている奴《やつ》の足《あし》は温《あたた》かい。トイレにいた奴《やつ》の足《あし》は冷《つめ》たい。」と言《い》うと、寝《ね》ている子《こ》どもたちの布団《ふとん》をめくって足首《あしくび》を握《にぎ》り始《はじ》めた。女《おんな》は一人一人《ひとりひとり》の足《あし》を握《にぎ》っては「違《ちが》う。」と言《い》いながら少年《しょうねん》の布団《ふとん》にたどり着《つ》くと、氷《こおり》のように冷《つめ》たい手《て》でその足首《あしくび》を握《にぎ》った。「お前《まえ》だ！」

と言《い》う声で、少年《しょうねん》は叫《さけ》び声《ごえ》を上《あ》げた。その声《こえ》でほかの子《こ》どもたちが目《め》を覚《さ》まして明《あ》かりをつけると、もう女《おんな》の姿《すがた》はなかった。だが、少年《しょうねん》の足首《あしくび》には、女《おんな》に握《にぎ》られた手《て》の跡《あと》がついていた。

この女《おんな》が「骨《ほね》こぶり」という妖怪《ようかい》だが、葬式《そうしき》やその手伝《てつだ》いに行《い》くことをホネコブリ、ホネカミなどという地方《ちほう》がある。また、昔《むかし》ある地域《ちいき》では火《か》葬《そう》された骨《ほね》を噛《か》む風習《ふうしゅう》があったことから、このような伝説《でんせつ》が生《う》まれたのかもしれない。

本《ほん》の目《め》

無数《むすう》の視線《しせん》を感《かん》じる図書館《としょかん》

ある中学校《ちゅうがっこう》の図書館《としょかん》に現《あらわ》れる怪奇現象《かいきげんしょう》である。

その図書館《としょかん》は北向《きたむ》きに建《た》てられているために日《ひ》が当《あ》たることがなく、いつも薄暗《うすぐら》くて陰気《いんき》な雰囲気《ふんいき》が漂《ただよ》っている。一人《ひとり》でこの図書館《としょかん》にいると、四方八方《しほうはっぽう》からじっと見《み》つめられているようなたくさんの視《し》線《せん》を感《かん》じて、落《お》ち着いて本《ほん》を読《よ》んだり勉強《べんきょう》をしたりする気《き》分《ぶん》になれないという。

ある生徒《せいと》の目撃談《もくげきだん》では、図《と》書館《しょかん》のテーブルで読書《どくしょ》をしているとき、あちこちから見《み》られているような気《き》がするので、辺《あた》りを見回《みまわ》すと、書棚《しょだな》にぎっしりと並《なら》んだ大量《たいりょう》の本《ほん》の背表《せびょう》紙《し》に、それぞれ目《め》がついていたのだ。その無数《むすう》の目《め》が、瞬《まばた》きもせずに生徒《せいと》をじっと見《み》つめていたという。

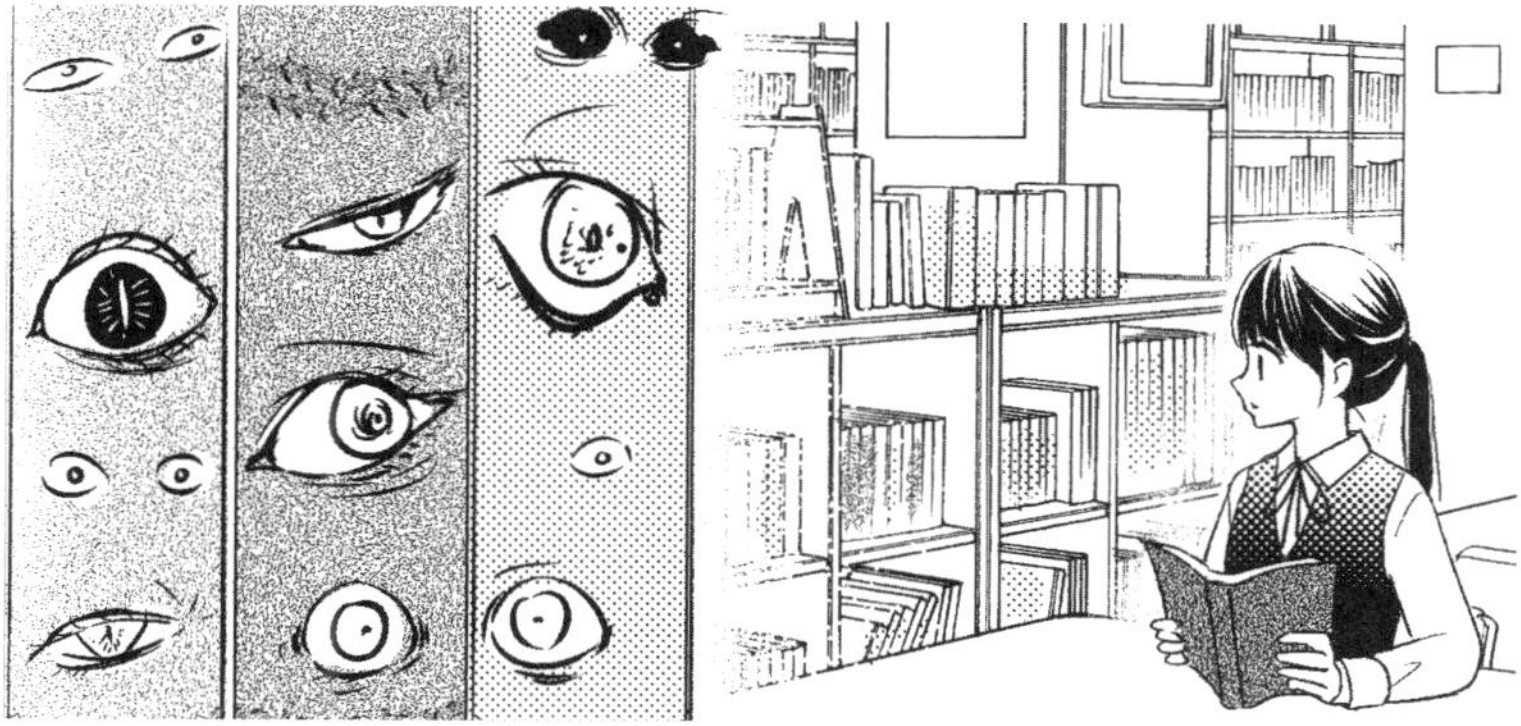

ま行《ぎょう》

真《ま》ん中《なか》の怪《かい》、マンホール少女《しょうじょ》、道連《みちづ》れ幽霊《ゆうれい》、未来《みらい》の結婚相手《けっこんあいて》、モナリザの怪《かい》など全《ぜん》33話《わ》。

姿《すがた》を見《み》た人《ひと》は死《し》んでしまう

まっかっかさん

まっかっかさんは雨《あめ》の降《ふ》る日《ひ》に現《あらわ》れる。赤《あか》いレインコートを着《き》て赤《あか》い長靴《ながぐつ》を履《は》き、赤《あか》い傘《かさ》を差《さ》して、身《み》に着《つ》けるもの全《すべ》てが真《ま》っ赤《か》なかっこうをした少年《しょうねん》の姿《すがた》をしている。

まっかっかさんに出会《であ》った人《ひと》は、その姿《すがた》を見《み》ただけでも死《し》んでしまうが、何《なに》か赤《あか》いものを身《み》に着《つ》けていると助《たす》かるという。

一人《ひとり》の小学生《しょうがくせい》の少女《しょうじょ》が、雨《あめ》の降《ふ》る日《ひ》に傘《かさ》を差《さ》して外《そと》を歩《ある》いていると、目《め》の前《まえ》に、全身《ぜんしん》真《ま》っ赤《か》な姿《すがた》をした少年《しょうねん》が現《あらわ》れた。その少年《しょうねん》は、少女《しょうじょ》の差《さ》している傘《かさ》をじっと見《み》つめていたという。後《のち》に、少女《しょうじょ》が同級生《どうきゅうせい》にその少年《しょうねん》の話《はなし》をすると、それはまっかっかさんという怪人《かいじん》で、その姿《すがた》を見《み》た人《ひと》は死《し》んでしまうと聞《き》かされた。しかし、少女《しょうじょ》は少年《しょうねん》の姿《すがた》を見《み》たのだが、少女《しょうじょ》の身《み》に何《なに》も変《か》わりはなかった。

まっかっかさんと出会《であ》った日《ひ》、少女《しょうじょ》は赤《あか》い傘《かさ》を差《さ》していたので無事《ぶじ》だったのだ。

便器《べんき》に座《すわ》った妖怪《ようかい》

真《ま》っ赤《か》なおばさん

　ある高校《こうこう》のトイレで起《お》きる怪奇《かいき》なできごとだ。

　この学校《がっこう》のトイレの個室《こしつ》に入《はい》ると、「真《ま》っ赤《か》なおばさんって知《し》ってる?」とどこからか声《こえ》がすることがある。それに対《たい》して「知《し》ってる。」と答《こた》えると、一週間以内《いっしゅうかんいない》に、真《ま》っ赤《か》な服《ふく》を着《き》て便器《べんき》に座《すわ》ったおばさんに出会《であ》う。

　真《ま》っ赤《か》なおばさんは「水《みず》をくれ。」と言《い》ってくるが、これに対《たい》して「あなたに上《あ》げる水《みず》はありません。」と一言一句《いちごんいっくまちが》間違えずに正確《せいかく》に答《こた》えると、真《ま》っ赤《か》なおばさんはトイレに流《なが》されてしまう。

　だが、そのせりふを少《すこ》しでも間違《まちが》えて答《こた》えると、逆《ぎゃく》に自分《じぶん》がトイレに流《なが》されてしまうのだ。

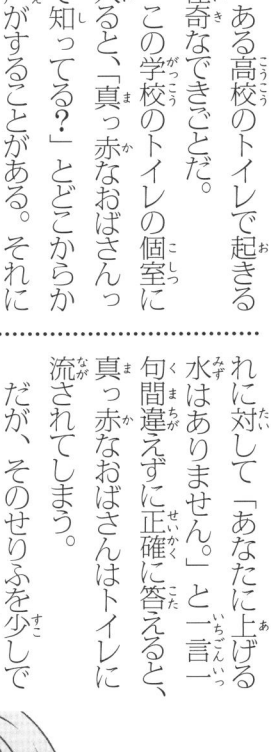

襲《おそ》ってくる人形《にんぎょう》

真《ま》っ赤《か》なリンゴ

ある少女《しょうじょ》がとても大切《たいせつ》にしてかわいがっている人形《にんぎょう》があった。もし自分《じぶん》が亡《な》くなったら、その人形《にんぎょう》を親友《しんゆう》に上《あ》げてほしいと少女《しょうじょ》は母親《ははおや》に言《い》った。そのような話《はなし》をしてからしばらくして、少女《しょうじょ》は交通事《こうつうじ》故《こ》で亡《な》くなり、母親《ははおや》は少女《しょうじょ》の希望通《きぼうどお》りに、その人形《にんぎょう》を少女《しょうじょ》の親友《しんゆう》に形見分《かたみわ》けした。

少女《しょうじょ》の親友《しんゆう》は、仲良《なかよ》しだった友《とも》だちの思《おも》い出《で》の品《しな》となった人形《にんぎょう》を自分《じぶん》の部屋《へや》に飾《かざ》ったのだが、翌朝《よくあさ》、目《め》を覚《さ》ますと人形《にんぎょう》が部屋《へや》から消《き》えていた。台所《だいどころ》からは、母親《ははおや》が朝食《ちょうしょく》の支《し》度《たく》をしている音《おと》がする。まな板《いた》で何《なに》かを切《き》っている音《おと》が聞《き》こえる。母親《ははおや》に人形《にんぎょう》のことを尋《たず》ねようと思《おも》い台所《だいどころ》へ行《い》くと人形《にんぎょう》が血《ち》だらけになって、まな板《いた》の上《うえ》に立《た》っていたのだ。

何《なに》があったのかと驚《おどろ》いた親友《しんゆう》が人形《にんぎょう》のそばにかけ寄《よ》ると、いきなり人形《にんぎょう》が彼女《かのじょ》の腕《うで》に咬《か》みついた。思《おも》わず人形《にんぎょう》を振《ふ》り払《はら》うと、その衝撃《しょうげき》で人形《にんぎょう》の頭《あたま》が胴体《どうたい》から外《はず》れてゴトンとまな板《いた》の上《うえ》に落《お》ちた。すると人《にん》形《ぎょう》は外《はず》れた頭《あたま》を拾《ひろ》い「ふふふ。」と気味《きみ》の悪《わる》い笑《わら》い声《こえ》を上《あ》げると、頭《あたま》を胴体《どうたい》にはめて家《いえ》の外《そと》に出《で》ていってしまった。

この人形《にんぎょう》の話《はなし》を知《し》った人《ひと》のところには、数日後《すうじつご》の深夜《しんや》に、人形《にんぎょう》が現《あらわ》れてその人《ひと》を食《く》ってしまうという。その恐怖《きょうふ》から逃《のが》れる方法《ほうほう》は一《ひと》つしかない。朝《あさ》、自分《じぶん》の靴《くつ》を時計回《とけいまわ》りに回《かい》転《てん》させて「真《ま》っ赤《か》なリンゴ。」と言《い》うのだ。

いつも何《なに》かが違《ちが》う病院《びょういん》…

真《ま》っ黒《くろ》なモノ

ある男性《だんせい》が父親《ちちおや》の入院《にゅういん》している病院《びょういん》に見舞《みま》いに行《い》ったときのことだ。

男性《だんせい》は何度《なんど》もこの病院《びょういん》を訪《おとず》れていたが、その日《ひ》は、病院《びょういん》の階段《かいだん》を下《お》りながら、階段《かいだん》の形《かたち》がいつもと違《ちが》っているのに気《き》がついた。手《て》すりも今《いま》までは金属製《きんぞくせい》だったが、木製《もくせい》のものに変《か》わっている。数日前《すうじつまえ》に来《き》たとき、病院内《びょういんない》の工事《こうじ》や改装《かいそう》などしていなかったのに、どうしたのだろうと思《おも》いながら、階段《かいだん》を下《お》りて廊下《ろうか》を歩《ある》いていると、突《つ》き当《あ》たりにドアがあった。妙《みょう》に気《き》になって、そのドアを開《あ》け中《なか》をのぞいてみた。部屋《へや》の床《ゆか》はほこりだらけで、靴跡《くつあと》や車《くるま》いすを動《うご》かした跡《あと》が無数《むすう》についていた。

すると、遠《とお》くのほうから見《み》知《し》らぬ少女《しょうじょ》が「早《はや》く逃《に》げたほうがいいよ。」と男性《だんせい》に声《こえ》をかけた。その少女《しょうじょ》の後《うし》ろからは、真《ま》っ黒《くろ》なモノがものすごいスピードで迫《せま》ってきている。危険《きけん》を感《かん》じた男性《だんせい》は、急《いそ》いでその部屋《へや》を飛《と》び出《だ》して必死《ひっし》に走《はし》っていると、いつの間《ま》にか父親《ちちおや》の入院《にゅういん》しているフロアにたどり着《つ》いていた。そこには、いつもと変《か》わらない病院《びょういん》の廊《ろう》下《か》や病室《びょうしつ》があった。

後《あと》で人《ひと》から聞《き》いた話《はなし》によると、その病院《びょういん》では過去《かこ》の世界《せかい》に繋《つな》がる不思議《ふしぎ》な現象《げんしょう》が、まれに起《お》こるということだった。迷《まよ》い込《こ》んだ部屋《へや》にあった靴跡《くつあと》や車《くるま》いすが動《うご》き回《まわ》った跡《あと》は、過去《かこ》にその病院《びょういん》で亡《な》くなった人々《ひとびと》のものだったのだ。

廃病院《はいびょういん》に無数《むすう》の手《て》

窓《まど》から振《ふ》られる手《て》

廃墟《はいきょ》の病院《びょういん》へ肝試《きもだめ》しに行《い》った青年《せいねん》たちがいた。

だが、あまりの気味《きみ》の悪《わる》さに全員《ぜんいん》、中《なか》に入《はい》ることができない。そこで、みんなでお金《かね》を出《だ》し合《あ》い、病院《びょういん》の五階《ごかい》まで上《あ》がって窓《まど》から手《て》を振《ふ》ることができた者《もの》に五万円《ごまんえん》の賞金《しょうきん》を渡《わた》すことにした。五万円《ごまんえん》につられて一人《ひとり》の青年《せいねん》が中《なか》へ入《はい》っていき、仲間《なかま》たちが外《そと》から見《み》ていると、やがて五階《ごかい》の窓《まど》から手《て》が振《ふ》られた。手《て》が引《ひ》っ込《こ》むと、青年《せいねん》が仲間《なかま》のところに戻《もど》ってきたのだが、彼《かれ》は怖《こわ》くて五階《ごかい》まで行《い》くことができずに引《ひ》き返《かえ》してきたと言《い》うのだ。

では先《さき》ほど誰《だれ》が手《て》を振《ふ》っていたのか…？　青年《せいねん》たちは恐《おそ》る恐《おそ》る病院《びょういん》の窓《まど》を見上《みあ》げた。すると、廃病院《はいびょういん》の全《すべ》ての窓《まど》から無数《むすう》のやせこけた手《て》が差《さ》し出《だ》され、ゆっくりと振《ふ》られていたのだ。

二階《にかい》の窓《まど》を開《あ》けると…

窓《まど》の怪《かい》

ある少年《しょうねん》が夜《よる》、部屋《へや》で勉強《べんきょう》をしていると、窓《まど》をたたく音《おと》がした。カーテンを開《あ》けると、若《わか》い女性《じょせい》が窓《まど》の外《そと》にいて少年《しょうねん》に「がんばって。」と声《こえ》をかけたという。だが、少年《しょうねん》の部屋《へや》は二階《にかい》なのだ。その女性《じょせい》の正体《しょうたい》は何《なん》だったのか……。

これは建物《たてもの》の二階以上《にかいいじょう》の窓《まど》の外《そと》に現《あらわ》れる怪奇現象《かいきげんしょう》である。全国各地《ぜんこくかくち》で目撃《もくげき》され、その姿《すがた》は老若男女《ろうにゃくなんにょ》さまざまだが、人《にん》間《げん》が被害《ひがい》に遭《あ》うことはほとんどない。

二階《にかい》の雨戸《あまど》をたたく音《おと》がして開《あ》けてみると、中年男性《ちゅうねんだんせい》が窓《まど》の外《そと》にいて、タバコ屋《や》さんの場所《ばしょ》を聞《き》いたという話《はなし》や、マンションの二階《にかい》の窓《まど》の外《そと》に女性《じょせい》が現《あらわ》れ、上半身《じょうはんしん》を窓《まど》の中《なか》に入《い》れてきた話《はなし》などがある。

学校《がっこう》にも出没《しゅつぼつ》する。校舎《こうしゃ》の二階《にかい》の窓《まど》の外《そと》を、赤《あか》い着物姿《きものすがた》の女性《じょせい》がほほえみながらおじぎをして通《とお》りすぎたこともあるという。

プールに現《あらわ》れる霊《れい》

魔《ま》の第《だい》四《よん》コース

学校《がっこう》のプールの第四《だいよん》コースで泳《およ》いでいると、足《あし》を引《ひ》っ張《ぱ》られるという怪奇現象《かいきげんしょう》がある。その正体《しょうたい》は、第四《だいよん》コースで泳《およ》いでいる最中《さいちゅう》に亡《な》くなった子《こ》どもの霊《れい》であることが多《おお》いという。足《あし》を引《ひ》っ張《ぱ》られたり、突然足《とつぜんあし》に髪《かみ》の毛《け》がからまったり、亡《な》くなった子《こ》どもの白《しろ》い人影《ひとかげ》が見《み》えたりする。また、ある少年《しょうねん》が第四《だいよん》コースを泳《およ》いでいると、突然《とつぜん》消《き》えて行方不《ゆくえふ》明《めい》になったという話《はなし》もある。

第四《だいよん》コースには恐《おそ》ろしい話《はなし》ばかりではない。ある学校《がっこう》のプールの第四《だいよん》コースで少女《しょうじょ》が練習中《れんしゅうちゅう》に溺死《できし》して、少女《しょうじょ》の霊《れい》が第四《だいよん》コースに現《あらわ》れるようになった。少女《しょうじょ》と一緒《いっしょ》にリレーの選手《せんしゅ》に選《えら》ばれていた少年《しょうねん》が、彼女《かのじょ》の分《ぶん》までがんばると宣言《せんげん》すると、水泳大会《すいえいたいかい》の日《ひ》、少女《しょうじょ》の霊《れい》は少年《しょうねん》を励《はげ》まし導《みちび》いて優《ゆう》勝《しょう》させたという。

見知《みし》らぬ道《みち》の先《さき》には…

迷《まよ》いの小《こ》屋《や》

埼玉県《さいたまけん》のある湖《みずうみ》の近《ちか》くには、いきなり見知《みし》らぬ道《みち》が現《あらわ》れる場所《ばしょ》がある。その道《みち》を行《い》くと、「迷《まよ》いの小屋《こや》」と呼《よ》ばれる不《ふ》思議《しぎ》な小屋《こや》にたどり着《つ》くという。その小屋《こや》の前《まえ》を何回通《なんかいとお》っても、小屋《こや》は道《みち》の右側《みぎがわ》に現《あらわ》れたり、左側《ひだりがわ》に現《あらわ》れたりする。そして、何回《なんかい》か小屋《こや》の前《まえ》を通《とお》ると、小屋《こや》に明《あ》かりがつく。この明《あ》かりを見《み》ると、小屋《こや》に行《い》ってみたいと思《おも》うようになるが、小屋《こや》の周《まわ》りに生《は》えた草《くさ》むらに足《あし》を踏《ふ》み入《い》れる前《まえ》に小屋《こ》の前《まえ》の道《みち》に戻《もど》ると、いつもある普段《ふだん》の道《みち》に無事《ぶじ》に出《で》てくることができる。だが、またあの小屋《こや》に行《い》きたいと思《おも》っても、二度《にど》と小屋《こや》に通《つう》じるあの見知《みし》らぬ道《みち》は現《あらわ》れない。「迷《まよ》いの小屋《こや》」もそこへ繋《つな》がる見《み》知《し》らぬ道《みち》も、迷《まよ》い込《こ》んだ人《ひと》によって異《こと》なった様子《ようす》を見《み》せるという。

絶対《ぜったい》にドアを開《あ》けてはいけない

真夜中《まよなか》のゴン

山登《やまのぼ》りをしていた三人《さんにん》の青年《せいねん》が道《みち》に迷《まよ》ってしまい、古《ふる》めかしい屋敷《やしき》にたどり着《つ》いた。そこには、おばあさんが一人《ひとり》で住《す》んでいて一晩泊《ひとばんと》めてもらうことになったが、「夜中《よなか》にノックの音《おと》がしても絶対《ぜったい》にドアを開《あ》けてはいけない。」とおばあさんに強《つよ》く忠告《ちゅうこく》された。

その夜《よる》、三人《さんにん》が部屋《へや》で酒《さけ》を飲《の》んでいるとゴン、ゴンとドアをたたく音《おと》がした。酔《よ》った青年《せいねん》たちは忠告《ちゅうこく》を忘《わす》れてドアを開《あ》けてしまう。しかし廊下《ろうか》には誰《だれ》もいないし特《とく》に変《か》わったこともない。三人《さんにん》はそのまま寝《ね》てしまい、酒《さけ》の酔《よ》いで翌朝《よくあさ》、何《なに》も覚《おぼ》えていなかった。

しかし、その帰《かえ》り道《みち》に青年《せいねん》の一人《ひとり》が発作《ほっさ》を起《お》こして亡《な》くなり一人《ひとり》は車《くるま》に轢《ひ》かれた。残《のこ》りの一人《ひとり》は無事《ぶじ》に家《いえ》まで戻《もど》ったが、家《いえ》は火事《かじ》で焼《や》けてしまい家族《かぞく》も焼死《しょうし》していたのだ。

毎夜《まいよ》現《あらわ》れ壁《かべ》をすり抜《ぬ》ける

マラソン幽《ゆう》霊《れい》

ある大学《だいがく》の男子《だんし》の学生寮《がくせいりょう》では以前《いぜん》、深夜十二時《しんやじゅうにじ》になると、部屋《へや》の壁《かべ》から幽霊《ゆうれい》が現《あらわ》れ、部屋《へや》から部屋《へや》へと壁《かべ》をすり抜《ぬ》けて走《はし》り去《さ》るという怪奇現象《かいきげんしょう》が起《お》きていた。その幽霊《ゆうれい》は、ランニングシャツにたすきをかけたマラソン選手《せんしゅ》の姿《すがた》をしていた。それを見《み》た寮《りょう》の学生《がくせい》が、いつも幽霊《ゆうれい》が最後《さいご》にたどり着《つ》く部屋《へや》にゴールテープを張《は》ってみた。すると、幽霊《ゆうれい》はゴールテープのところで、とても満足《まんぞく》そうな表情《ひょうじょう》をして両手《りょうて》を上《あ》げながら消《き》え去《さ》った。それからは、二度《にど》と現《あらわ》れることはなかったという。

幽霊《ゆうれい》の正体《しょうたい》は、かつてこの大学《だいがく》の陸上部員《りくじょうぶいん》だった。彼《かれ》は駅伝競走《えきでんきょうそう》のゴールの直前《ちょくぜん》で、心臓発作《しんぞうほっさ》を起《お》こして亡《な》くなり、ゴールできなかったことが心《こころ》残《のこ》りで、成仏《じょうぶつ》できずに寮《りょう》の中《なか》をさまよっていたのだ。

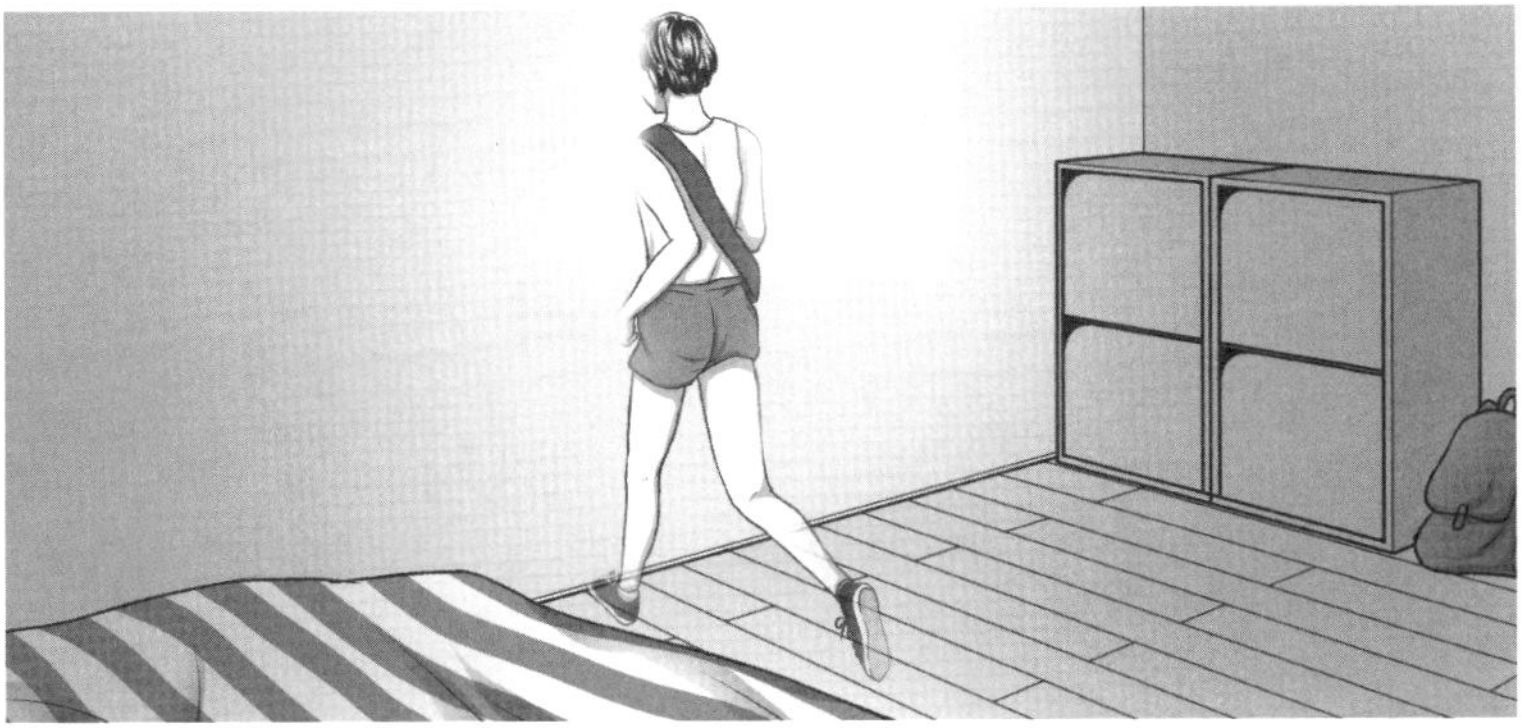

深夜《しんや》に手《て》を振《ふ》る少女《しょうじょ》の像《ぞう》

マリちゃんの像《ぞう》

ある墓地《ぼち》に建《た》てられた少女《しょうじょ》のブロンズ像《ぞう》は、深夜《しんや》になると手《て》を振《ふ》るという。まりちゃんと呼《よ》ばれるその像《ぞう》は、左手《ひだりて》にまりを持《も》ち、右手《みぎて》を上《あ》げて足元《あしもと》にはウサギの像《ぞう》がある。

手《て》を横《よこ》に振《ふ》っている場合《ばあい》は何《なに》も起《お》こらないが、手招《てまね》きの動作《どうさ》のようにたてに振《ふ》った場合《ばあい》、それを見《み》た人《ひと》は墓地《ぼち》からの帰《かえ》りに交通事故《こうつうじこ》に遭《あ》うなど悪《わる》いことが起《お》きるという。

それ以外《いがい》にも、この少女《しょうじょ》の像《ぞう》にはさまざまな噂《うわさ》がある。雨《あめ》の日《ひ》に墓地《ぼち》へ行《い》くと、マリちゃんがまりをついて遊《あそ》んでいた、墓地《ぼち》に眠《ねむ》る子《こ》どもたちの霊《れい》が集《あつ》まってきてマリちゃんと一緒《いっしょ》に遊《あそ》んでいた、足元《あしもと》にいるウサギが墓地《ぼち》をかけ回《まわ》っていた、墓地《ぼち》の前《まえ》の道路《どうろ》を通《とお》るとマリちゃんが追《お》いかけてきたなど、多《おお》くの目撃談《もくげきだん》があるという。

まりつきに秘《ひ》められた悲《ひ》劇《げき》

まりつき少《しょう》女《じょ》

夕方遅《ゆうがたおそ》く、少女《しょうじょ》が一人《ひとり》でまりつきをしていた。そこを通《とお》りかかったおじいさんが「もう暗《くら》いから帰《かえ》りなさい。」と声《こえ》をかけたが、少女《しょうじょ》は返事《へんじ》をせずにまりをついている。不《ふ》思議《しぎ》に思《おも》ったおじいさんは、「はいなら一回《いっかい》、いいえなら二回《にかい》まりをついてごらん。お嬢《じょう》ちゃんは死《し》んでいるの？」と質問《しつもん》した。すると少女《しょうじょ》は一《いっ》回《かい》まりをついた。さらに「どうして死《し》んじゃったの？」と尋《たず》ねると、少女《しょうじょ》はいきなりおじいさんをにらみつけ「お前《まえ》に殺《ころ》されたんだ！」と叫《さけ》んだ。

まりつき少女《しょうじょ》の話《はなし》はほかにもある。トラックの運転手《うんてんしゅ》が雨《あめ》の降《ふ》る中《なか》、車《くるま》を走《はし》らせていると、道路《どうろ》の真《ま》ん中《なか》でまりつきをしている少女《しょうじょ》を発見《はっけん》した。あわてて急《きゅう》ブレーキをかけたが間《ま》に合《あ》わなかった。しかし、トラックの周辺《しゅうへん》を見《み》ても少女《しょうじょ》を轢《ひ》いた痕跡《こんせき》は全《まった》くなかったのだ。昔《むかし》、この道路《どうろ》を工事中《こうじちゅう》、工事現場《こうじげんば》で働《はたら》いている父《ちち》を訪《たず》ねてきた少女《しょうじょ》が、まりをついて遊《あそ》んでいたところ、土砂崩《どしゃくず》れに巻《ま》き込《こ》まれて亡《な》くなった。その数十年後《すうじゅうねんご》に再《ふたた》び土砂崩《どしゃくず》れが起《お》き、少女《しょうじょ》の白骨《はっこつ》が出《で》たことで少女《しょうじょ》の幽霊《ゆうれい》がこの道路《どうろ》に現《あらわ》れるようになったという。

あるトンネルを抜《ぬ》けた場所《ばしょ》に、まりつき峠《とうげ》と呼《よ》ばれる峠《とうげ》がある。以前《いぜん》そこで、まりつきをしていた少女《しょうじょ》が轢《ひ》き逃《に》げ事故《じこ》で死亡《しぼう》した。それ以来《いらい》、夜《よる》になるとこの峠《とうげ》には、まりをつく少女《しょうじょ》の霊《れい》が出《で》るという。

三人《さんにん》並《なら》んで写真《しゃしん》を撮《と》ると…

真《ま》ん中《なか》の怪《かい》

三人並《さんにんなら》ぶと、真《ま》ん中《なか》の人《ひと》には不吉《ふきつ》なできごとが起《お》こるという都市伝説《としでんせつ》だ。三人並《さんにんなら》んで写真《しゃしん》を撮《と》ると、真《ま》ん中《なか》の人《ひと》が消《き》えていて、その後《ご》、その人《ひと》は死亡《しぼう》するという話《はなし》が多《おお》く聞《き》かれる。

明治時代《めいじじだい》には、写真《しゃしん》を撮《と》るときに三人《さんにん》の真《ま》ん中《なか》に並《なら》ぶことを嫌《きら》っていた。真《ま》ん中《なか》の人《ひと》は早死《はやじ》にするとか、魂《たましい》を吸《す》い取《と》られるなどといわれていたからだ。それを避《さ》けるために真《ま》ん中《なか》の人《ひと》は人形《にんぎょう》を持《も》って、三人《さんにん》ではなく四人《よにん》での写真撮影《しゃしんさつえい》ということにする風習《ふうしゅう》が戦前《せんぜん》まで残《のこ》っていた。

写真《しゃしん》の場合以外《ばあいいがい》でも三人《さんにん》の怪《かい》は多《おお》く、学校《がっこう》でもさまざまなできごとが語《かた》られている。階段《かいだん》の踊《おど》り場《ば》にある鏡《かがみ》の前《まえ》に、三人《さんにん》で並《なら》んで映《うつ》ると、真《ま》ん中《なか》の子《こ》どもが霊《れい》と入《い》れ替《か》わるという話《はなし》や、トイレの鏡《かがみ》を三人《さんにん》で見《み》ると、真《ま》ん中《なか》の子《こ》どもだけ映《うつ》らない話《はなし》、中学校《ちゅうがっこう》の職員室《しょくいんしつ》にある大《おお》きな鏡《かがみ》の前《まえ》に深夜《しんや》十二時《じゅうにじ》に三人《さんにん》で並《なら》ぶと、真《ま》ん中《なか》の人《ひと》だけ映《うつ》らずに二時間後《にじかんご》に死亡《しぼう》するという話《はなし》などがある。ほかにも、ある学校《がっこう》の体育館《たいいくかん》の女子《じょし》トイレに三人《さんにん》で入《はい》ると、真《ま》ん中《なか》に立《た》っていた女《おんな》の子《こ》は、その次《つぎ》にトイレに来《き》たときに亡《な》くなってしまうという噂《うわさ》もある。

また、ある小学校《しょうがっこう》の校庭《こうてい》に置《お》いてある白《しろ》い熊《くま》の像《ぞう》に三人《さんにん》でまたがると、真《ま》ん中《なか》の子《こ》どもがいなくなってしまうという話《はなし》もある。

少女《しょうじょ》の繰《く》り返《かえ》す数字《すうじ》とは…

マンホール少女《しょうじょ》

ある少年《しょうねん》が学校《がっこう》からの帰《かえ》り道《みち》で、小学一《しょうがくいち》、二年生《にねんせい》くらいの少女《しょうじょ》が「十五《じゅうご》、十五《じゅうご》、十五《じゅうご》。」と同《おな》じ数字《すうじ》を何度《なんど》も言《い》いながら、マンホールの上《うえ》を跳《と》びはねているのを見《み》つけた。気《き》になった少年《しょうねん》は「何《なに》してるの？」と少女《しょうじょ》に聞《き》いてみたが、何《なに》も答《こた》えずに十五《じゅうご》という数字《すうじ》を繰《く》り返《かえ》しながら跳《と》びはねている。少女《しょうじょ》には一緒《いっしょ》に遊《あそ》ぶ友《とも》だちがいないのかなと思《おも》った少年《しょうねん》は「一緒《いっしょ》に跳《と》んでもいい？」と聞《き》くと、少女《しょうじょ》はうれしそうにほほえんでうなずいた。しかし、少年《しょうねん》がマンホールのふたの上《うえ》で跳《と》んでいると、少年《しょうねん》の体《からだ》は吸《す》い込《こ》まれるようにマンホールの中《なか》へと消《き》えていったのだ。そして少女《しょうじょ》は何事《なにごと》もなかったかのように、再《ふたた》びマンホールの上《うえ》で跳《と》び続《つづ》けた。

しかし、少女《しょうじょ》の繰《く》り返《かえ》す数《すう》字《じ》は、十五《じゅうご》から「十六《じゅうろく》、十六《じゅうろく》、十六《じゅうろく》。」に変《か》わっていた。この数字《すうじ》はマンホールの中《なか》に吸《す》い込《こ》まれた人数《にんずう》だった。一人《ひとり》吸《す》い込《こ》まれるごとに、少女《しょうじょ》の繰《く》り返《かえ》す数字《すうじ》は、一《ひと》つずつ増《ふ》えていくのだ。

インターネット上《じょう》に、これに似《に》た怪談《かいだん》がある。

あるいじめっ子《こ》が歩《ある》いていると、自分《じぶん》がいつもいじめている少女《しょうじょ》がマンホールの上《うえ》で跳《と》びはねながら「九《きゅう》、九《きゅう》、九《きゅう》。」と同《おな》じ数字《すうじ》を繰《く》り返《かえ》し叫《さけ》んでいるのを見《み》つけた。少女《しょうじょ》に何《なに》をしているか聞《き》いたのだが、全《まった》く答《こた》えようとしないのでだんだんと腹《はら》が立《た》ってきていじめたくなった。しかも少女《しょうじょ》が妙《みょう》に楽《たの》しそうに跳《と》んでいるので、自分《じぶん》も試《ため》したくなってきた。そこで、少女《しょうじょ》の邪魔《じゃま》をしようと思《おも》ったいじめっ子《こ》は少《しょう》女《じょ》を押《お》しのけると、自分《じぶん》がマンホールの上《うえ》に乗《の》って跳《と》び上《あ》がった。その瞬間《しゅんかん》、いじめられっ子《こ》の少女《しょうじょ》はふたをずらして、いじめっ子《こ》をマンホールの中《なか》へ落《お》としたのだ。

ふたを元《もと》に戻《もど》すと、少女《しょうじょ》は「十《じゅう》、十《じゅう》、十《じゅう》。」と言《い》いながら、楽《たの》しそうにマンホールの上《うえ》で跳《と》び始《はじ》めた。こちらの話《はなし》の少《しょう》女《じょ》は、高校生《こうこうせい》くらいの年齢《ねんれい》で普通《ふつう》の人間《にんげん》だという。

死者《しsha》のつぶやき

見《み》えてるくせにの幽霊《ゆうれい》

　ある少女《しょうじょ》が、横断歩道《おうだんほどう》で信号《しんごう》が変《か》わるのを待《ま》っていたときのことだ。道路《どうろ》の向《む》こう側《がわ》で待《ま》つ人々《ひとびと》の中《なか》に、この世《よ》のものとは思《おも》えない雰囲気《ふんいき》の女《おんな》の姿《すがた》を見《み》つけた。少女《しょうじょ》は強《つよ》い霊感《れいかん》の持《も》ち主《ぬし》で、すぐにそれが死者《ししゃ》だとわかった。信号《しんごう》が青《あお》に変《か》わり、その幽霊《ゆうれい》と目《め》を合《あ》わせないようにして横断歩《おうだんほ》道《どう》を渡《わた》り始《はじ》めたが、すれ違《ちが》いざまにその幽霊《ゆうれい》が「見《み》えてるくせに。」とつぶやいたのだ。

　道《みち》を通《とお》りすぎる人間《にんげん》に「見《み》えてるくせに。」と声《こえ》をかける幽霊《ゆうれい》の姿《すがた》は、女性《じょせい》だけでなく、血《ち》まみれの軍服《ぐんぷく》を着《き》た兵《へい》隊《たい》の場合《ばあい》も多《おお》い。ある街《まち》で通《とお》りを行進《こうしん》する兵隊《へいたい》たちの霊《れい》が「見《み》えてるくせに。」と、すれ違《ちが》った人《ひと》に声《こえ》をかけたという。

　また、あるとき、前《まえ》から歩《ある》いてくる着物《きもの》を着《き》た女性《じょせい》を見《み》た子《こ》どもたちが「幽霊《ゆうれい》がいるとしたら、あの女《おんな》の人《ひと》みたいなんだろうね。」と話《はな》していたら、すれ違《ちが》いざまにその女《おんな》が「よくわかったわね。」とつぶやいたという話《はなし》もある。

振《ふ》り返《かえ》ったその顔《かお》は…

ミシンの女《おんな》の子《こ》

ある少年《しょうねん》が、深夜《しんや》トイレに行《い》きたくなって目《め》を覚《さ》ました。二階《にかい》の自分《じぶん》の部屋《へや》を出《で》て一階《いっかい》のトイレに行《い》った後《あと》、階段《かいだん》を上《あ》がろうとしたときのことだ。廊下《ろうか》の奥《おく》に置《お》いてある足踏《あしぶ》みミシンに、見知《みし》らぬ少女《しょうじょ》が座《すわ》っていたのだ。驚《おどろ》いた少年《しょうねん》がその子《こ》を見《み》つめていると、少女《しょうじょ》が突然《とつぜん》、少年《しょうねん》のほうに顔《かお》を向《む》けた。何《なん》とその顔《かお》は、目《め》があるべきところがのっぺらとして何《なに》もなく、青《あお》いあざのようになっているだけだった。少女《しょうじょ》はいきなり立《た》ち上《あ》がると、少年《しょうねん》のほうへ近《ちか》づいてきた。少年《しょうねん》はあわてて階段《かいだん》をかけ上《あ》がったが背後《はいご》から足音《あしおと》がついてきていた。少年《しょうねん》は部屋《へや》に戻《もど》ると布団《ふとん》の中《なか》で震《ふる》えていたが、それ以降《いこう》は何《なに》も起《お》こらず朝《あさ》を迎《むか》えた。部屋《へや》を出《で》てミシンを見《み》てみると茶色《ちゃいろ》の糸《いと》がくちゃくちゃにからまっていた。

あの世《よ》からの誘《さそ》い

道連《みちづ》れ幽霊《ゆうれい》

隼人《はやと》さん（仮名《かめい》）と結《ゆい》さん（仮名《かめい》）の夫婦《ふうふ》は友人夫婦《ゆうじんふうふ》と別荘《べっそう》に遊《あそ》びに行《い》くことになったが、隼人《はやと》さんは仕事《しごと》の都合《つごう》で後《あと》から行《い》くことにした。結《ゆい》さんと友人夫婦《ゆうじんふうふ》の三人《さんにん》は先《さき》に車《くるま》で別荘《べっそう》に向《む》かった。

車《くるま》が山道《やまみち》にさしかかると、結《ゆい》さんは急《きゅう》に猛烈《もうれつ》な睡魔《すいま》に襲《おそ》われ眠《ねむ》ってしまい、気《き》づくと別荘《べっそう》のソファに横《よこ》になっていた。友人夫婦《ゆうじんふうふ》が結《ゆい》さんを暗《くら》い表情《ひょうじょう》で見《み》つめながら、何《なに》かを言《い》いづらそうにしている。結《ゆい》さんがどうしたのか尋《たず》ねると、友人夫婦《ゆうじんふうふ》はやっと重《おも》い口《くち》を開《ひら》き、隼人《はやと》さんが別荘《べっそう》に向《む》かう途中《とちゅう》で事故《じこ》に遭《あ》い亡《な》くなったと言《い》った。それを聞《き》いた結《ゆい》さんが悲《かな》しみで取《と》り乱《みだ》していると、別荘《べっそう》のドアを激《はげ》しくたたく音《おと》がする。そして「結《ゆい》！ドアを開《あ》けてくれ！」と死《し》んだはずの隼人《はやと》さんの叫《さけ》ぶ声《こえ》がしたのだ。結《ゆい》さんがドアにかけ寄《よ》ろうとすると、友人夫婦《ゆうじんふうふ》が「死《し》んだ隼人《はやと》が、結《ゆい》をあの世《よ》へ道連《みちづ》れにしようとしているんだ。開《あ》けるな！」と引《ひ》き留《と》めた。しかし、結《ゆい》さんはドアを開《あ》けた……。

目《め》が覚《さ》めると、結《ゆい》さんは病《びょう》院《いん》のベッドにいた。夫《おっと》の隼人《はやと》さんが横《よこ》で見守《みまも》っている。どうなっているのかさっぱりわからず混乱《こんらん》した結《ゆい》さんは、隼《はや》人《と》さんに何《なに》が起《お》きたのか説明《せつめい》してもらった。

事故《じこ》に遭《あ》ったのは、別荘《べっそう》に向《む》かっていた結《ゆい》さんと友人夫《ゆうじんふう》婦《ふ》が乗《の》った車《くるま》で、友人夫婦《ゆうじんふうふ》は亡《な》くなり、結《ゆい》さんは重傷《じゅうしょう》を負《お》って一晩中《ひとばんじゅう》、生死《せいし》の境《さかい》をさまよっていたのだ。夢《ゆめ》に現《あらわ》れた友人夫婦《ゆうじんふうふ》が、結《ゆい》さんをあの世《よ》へ道連《みちづ》れにしようとしていたのかもしれない。

逃《に》げてはいけない

ミッチェル嬢《じょう》

二人《ふたり》の旅行者《りょこうしゃ》が道《みち》に迷《まよ》ってさまよっていたところ、おばあさんの住《す》む山小屋《やまごや》にたどり着《つ》いた。おばあさんは道《みち》を教《おし》えた上《うえ》でこんなことを言《い》った。

「こんな夜《よる》にはミッチェル嬢《じょう》が出《で》るかもしれない。ミッチェル嬢《じょう》に出会《であ》っても決《けっ》して声《こえ》を出《だ》したり、びっくりして逃《に》げたらいけないよ。とにかく無視《むし》することだ。」二人《ふたり》が教《おし》えてもらった通《とお》りに歩《ある》き始《はじ》めると、後《うし》ろから誰《だれ》かがついてくる気配《けはい》を感《かん》じた。振《ふ》り向《む》いたが誰《だれ》もいなかったので前《まえ》を向《む》くと、長《なが》い髪《かみ》の女《おんな》が立《た》っていた。その女《おんな》は、青《あお》い水玉《みずたま》模様《もよう》のブラウスに白《しろ》いレースのスカートをはいて、頭《あたま》の大《おお》きさが握《にぎ》りこぶしほどしかない。ミッチェル嬢《じょう》を見《み》た二人《ふたり》のうちの一人《ひとり》は、声《こえ》も出《だ》せずに腰《こし》が抜《ぬ》けてその場《ば》にへたりこんでしまった。もう一人《ひとり》が悲鳴《ひめい》を上《あ》げながら逃《に》げ出《だ》すと、ミッチェル嬢《じょう》は笑《わら》いながら追《お》いかけていった。夜《よ》が明《あ》けて、腰《こし》が抜《ぬ》けたほうの旅行者《りょこうしゃ》は何《なん》とか無事《ぶじ》に家《いえ》へ帰《かえ》ることができたが、ミッチェル嬢《じょう》に追《お》いかけられたほうは行方不明《ゆくえふめい》のままだ。

塀《へい》の上《うえ》からにらむ

三《みっ》つの生首《なまくび》

毎日一緒《まいにちいっしょ》に学校《がっこう》に通《かよ》っている二人《ふたり》の女《おんな》の子《こ》がいた。

一人《ひとり》のほうの女《おんな》の子《こ》が、行《い》きも帰《かえ》りも高速道路《こうそくどうろ》の高架下《こうかした》に来《く》ると、急《きゅう》に黙《だま》ってしまい急《いそ》ぎ足《あし》になる。そのことを不《ふ》思議《しぎ》に思《おも》ったもう一人《ひとり》の女《おんな》の子《こ》が理由《りゆう》を聞《き》いてみた。「あそこの塀《へい》の上《うえ》に、いつもお侍《さむらい》さんの首《くび》が三《みっ》つ並《なら》んでいて、こちらを見《み》るなって言《い》うの。怖《こわ》くって…。」と答《こた》えた。その侍《さむらい》たちは、かつてこの場所《ばしょ》で晒《さら》し首《くび》にされた者《もの》たちかもしれない。

返事《へんじ》をしてはいけない

みどりガッパ

夕方《ゆうがた》になると、緑色《みどりいろ》の河童《かっぱ》が子《こ》どもに「遊《あそ》ぼう。」と声《こえ》をかけてくることがある。それに対《たい》して「うん。」と返事《へんじ》をすると、どこかへ連《つ》れていかれて二度《にど》と帰《かえ》ってくることができない。「いやだ。」と答《こた》えるとその場《ば》で殺《ころ》されてしまう。それ以外《いがい》にも少《すこ》しでも返《へん》事《じ》をすると逃《に》げられなくなる。みどりガッパが出《で》たら、去《さ》ってしまうまで黙《だま》っていれば無《ぶ》事《じ》だという。

ピアスにこだわる女《おんな》

耳《みみ》かじり女《おんな》

女性《じょせい》が道《みち》を歩《ある》いていると、いきなり若《わか》い女《おんな》が「あなたはピアスをしていますか?」と尋《たず》ねてくる。これに対《たい》して「はい、してます。」と答《こた》えると、女《おんな》はその女性《じょせい》の耳《みみ》にかじりつき、食《く》いちぎってしまうのだ。

女《おんな》の名前《なまえ》はカオルといい、以前《いぜん》ピアスをするために自分《じぶん》で耳《みみ》たぶに穴《あな》を開《あ》けたとき、その穴《あな》から出《で》てきた白《しろ》い糸《いと》を引《ひ》っ張《ぱ》ったら、急《きゅう》に目《め》が見《み》えなくなった。それが原因《げんいん》で精神《せいしん》に異常《いじょう》をきたしたカオルは、ピアスをしている女性《じょせい》を恨《うら》むようになり、ピアスの女性《じょせい》の耳《みみ》をかじって食《く》いちぎるようになったのだ。

耳《みみ》を近《ちか》づけてはいけない

耳《みみ》そぎばあさん

耳《みみ》に包帯《ほうたい》をした少年《しょうねん》の手《て》を引《ひ》いて現《あらわ》れる老婆《ろうば》の妖怪《ようかい》だ。

老婆《ろうば》は通《とお》りかかった子《こ》どもを呼《よ》び止《と》めると「いいことを教《おし》えてあげるよ。ちょっと耳《みみ》を貸《か》してごらん。」と話《はな》しかける。興味《きょうみ》を示《しめ》した子《こ》どもが老婆《ろうば》に耳《みみ》を近《ちか》づけると「お前《まえ》の耳《みみ》をもらう。」と言《い》うや否《いな》や、かみそりで子《こ》どもの耳《みみ》をそぎ取《と》ってしまうのだ。

この老婆《ろうば》は連《つ》れて歩《ある》いている少年《しょうねん》の母親《ははおや》で、事故《じこ》で耳《みみ》を切断《せつだん》された少年《しょうねん》に耳《みみ》を移植《いしょく》しようとして、少年《しょうねん》と同《おな》い年《どし》くらいの子《こ》どもの耳《みみ》をそぎ続《つづ》けているという。

ミミをくれ

そのミミじゃない！

ある青年《せいねん》が父親《ちちおや》と二人《ふたり》で仲《なか》良《よ》く暮《く》らしていた。父親《ちちおや》はパンの耳《みみ》が大好物《だいこうぶつ》で、毎日《まいにち》パンの耳《みみ》ばかりを食《た》べていたが、ある日《ひ》、パンの耳《みみ》の食《た》べすぎで亡《な》くなってしまう。青年《せいねん》は悲《かな》しみに暮《く》れ、毎日《まいにち》のように父親《ちちおや》の墓参《はかまい》りに通《かよ》っていた。

その日《ひ》も父親《ちちおや》の墓《はか》に行《い》くと、墓《はか》の中《なか》から「ミミをくれ。」と父親《ちちおや》の声《こえ》がした。青年《せいねん》はパンの耳《みみ》が大好《だいす》きだった父親《ちちおや》のために、急《いそ》いで近所《きんじょ》のパン屋《や》さんに行《い》ってパンの耳《みみ》を買《か》うと、墓前《ばぜん》に供《そな》えた。すると、墓《はか》の中《なか》から「そのミミじゃない。お前《まえ》の耳《みみ》をくれ！」と叫《さけ》ぶ声《こえ》がして、青年《せいねん》は耳《みみ》をむし り取《と》られて死《し》んでしまった。

別《べつ》の話《はなし》もある。パンの耳《みみ》が大好《だいす》きな子《こ》どもが事故死《じこし》をして、その子《こ》が母親《ははおや》の夢《ゆめ》に現《あらわ》れると「ミミちょうだい。」と言《い》った。翌日《よくじつ》、母親《ははおや》がさっそくパンの耳《みみ》を仏壇《ぶつだん》に供《そな》えたところ、目《め》の前《まえ》に子《こ》どもの霊《れい》が出《で》てきて「そのミミじゃない。ママの耳《みみ》ちょうだい！」と叫《さけ》んだという。

水面《すいめん》に映《うつ》る男性《だんせい》の顔《かお》

未来《みらい》の結婚相手《けっこんあいて》

深夜《しんや》の十二時《じゅうにじ》にかみそりを口《くち》にくわえて、水《みず》を入《い》れた洗面器《せんめんき》をのぞき込《こ》むと、未来《みらい》の結婚相手《けっこんあいて》の顔《かお》が映《うつ》るという占《うらな》いがある。

ある女性《じょせい》が十代《じゅうだい》の頃《ころ》、この占《うらな》いをやってみた。聞《き》いていた通《とお》り、真夜中《まよなか》の十二時《じゅうにじ》になると同時《どうじ》に、洗面器《せんめんき》の水面《すいめん》に見知《みし》らぬ男性《だんせい》の顔《かお》が映《うつ》ったのだ。驚《おどろ》いた彼女《かのじょ》は悲鳴《ひめい》を上《あ》げ、口《くち》にくわえていたかみそりを洗面器《せんめんき》の中《なか》に落《お》としてしまった。すると、洗面器《せんめんき》の水《みず》が血《ち》のような真《ま》っ赤《か》な色《いろ》に染《そ》まったのだ。彼女《かのじょ》は怖《こわ》くなって、洗面器《せんめんき》をそのままにして寝《ね》てしまったが、朝起《あさお》きると洗面《せんめん》器《き》の水《みず》は透明《とうめい》に戻《もど》っていた。

数年後《すうねんご》、その占《うらな》いのことをすっかり忘《わす》れた女性《じょせい》は、ある男性《だんせい》とつきあい始《はじ》めた。男性《だんせい》がいつも大《おお》きなマスクをしていて外《はず》そうとしないのが気《き》になり、理由《りゆう》を尋《たず》ねてみると、男性《だんせい》は無言《むごん》でマスクを外《はず》した。その顔《かお》には古《ふる》い切《き》り傷《きず》の痕《あと》があったのだ。女性《じょせい》がどうしたのか聞《き》くと「お前《まえ》にやられたんだよ。」と答《こた》えた。

また、別《べつ》の女性《じょせい》は、台所《だいどころ》で料理《りょうり》をしていたとき、包丁《ほうちょう》をうっかり水《みず》を張《は》った洗《あら》い桶《おけ》に落《お》としてしまった。水面《すいめん》に男《だん》性《せい》の顔《かお》が映《うつ》っていたのだが、女性《じょせい》は気《き》づかなかった。数年《すうねん》後《ご》、女性《じょせい》は結婚《けっこん》したが、ある日《ひ》、夫《おっと》の体《からだ》に包丁《ほうちょう》が刺《さ》さって亡《な》くなっていた。その包丁《ほうちょう》は以前《いぜん》、女性《じょせい》が洗《あら》い桶《おけ》に落《お》とした包丁《ほうちょう》だったのだ。

ムネチカ君《くん》

トイレに現《あらわ》れるお願《ねが》い少年《しょうねん》

ムネチカ君《くん》はある小学校《しょうがっこう》の男子《だんし》トイレに現《あらわ》れる妖怪《ようかい》だ。

一人《ひとり》の少年《しょうねん》がトイレに行《い》くと、個室《こしつ》の中《なか》から「近所《きんじょ》の薬局《やっきょく》でドリンク剤《ざい》を買《か》ってきてもらえませんか。」と弱々《よわよわ》しい声《こえ》がした。少年《しょうねん》が言《い》われた通《とお》りに買《か》ってくると、ドアの隙間《すきま》から腕《うで》を出《だ》しドリンク剤《ざい》をつかんですぐに飲《の》み始《はじ》めた。そして飲《の》み終《お》わると先《さき》ほどの弱々《よわよわ》しい声《こえ》とは打《う》って変《か》わって「ファイト、いっぱぁつ！」と野太《のぶと》い声《こえ》で叫《さけ》ぶと、個室《こしつ》の中《なか》で暴《あば》れ始《はじ》めたのだ。ドリンク剤《ざい》を頼《たの》まれたことのある別《べつ》の少年《しょうねん》の話《はなし》では、頼《たの》まれたものと違《ちが》うドリンク剤《ざい》を渡《わた》すと、激《はげ》しく怒《いか》り狂《くる》い恐《おそ》ろしい文句《もんく》をわめき散《ち》らしたので、夜《よる》も眠《ねむ》れないほど怖《こわ》かったという。

また、少年《しょうねん》たちが廊下《ろうか》でトイレットペーパーを転《ころ》がして遊《あそ》んでいたら、ムネチカ君《くん》が男子《だんし》トイレから出《で》てきて、「だーめじゃないか。だーめじゃないか。」と言《い》ってトイレットペーパーを芯《しん》に巻《ま》き戻《もど》しながら迫《せま》ってきた。その後《ご》、少年《しょうねん》たちがトイレに行《い》くたびに、一回《いっかい》伸《の》ばしてまた巻《ま》き戻《もど》したようなぐちゃぐちゃなトイレットペーパーが置《お》いてあるようになったという。

トイレに現《あらわ》れ子《こ》どもを襲《おそ》う

紫《むらさき》ばばあ

紫色《むらさきいろ》の着物《きもの》や洋服《ようふく》を着《き》て、学校《がっこう》のトイレに現《あらわ》れる妖怪《ようかい》である。トイレの天井《てんじょう》や壁《かべ》の穴《あな》や鏡《かがみ》から出《で》てきて子《こ》どもを襲《おそ》い、鏡《かがみ》の中《なか》の異次元世界《いじげんせかい》に引《ひ》きずり込《こ》んだり腹《はら》を裂《さ》いて心《しん》臓《ぞう》や肝臓《かんぞう》を奪《うば》ったりする。回《かい》避方法《ひほうほう》は紫色《むらさきいろ》のものを身《み》に着《つ》けるか、「ムラサキ、ムラサキ。」と呪文《じゅもん》を唱《とな》えるか、あるいはその両方《りょうほう》を行《おこな》うことだ。

紫《むらさき》ばばあはかつて人間《にんげん》だった。貧《まず》しい家《いえ》に生《う》まれた彼女《かのじょ》は、一着《いっちゃく》の着古《きふる》した着物《きもの》しか持《も》っていなかった。その貧《まず》しい少女《しょうじょ》は、裕福《ゆうふく》な地主《じぬし》の娘《むすめ》が着《き》ている紫色《むらさきいろ》のケープのついた洋服《ようふく》をうらやましく思《おも》っていたが、ある日《ひ》、そのケープが道《みち》に落《お》ちているのを見《み》つけて、ちょっとだけ自分《じぶん》の肩《かた》にケープをかけてみようとした。それを見《み》た地主《じぬし》の娘《むすめ》が、少女《しょうじょ》を泥棒《どろぼう》だと言《い》いふらしたのだ。

それが原因《げんいん》で彼女《かのじょ》は盗《ぬす》み癖《ぐせ》のある人間《にんげん》だと思《おも》われるようになり、幸《しあわ》せなことが一《ひと》つもなく老《お》いて亡《な》くなった。彼女《かのじょ》が住《す》んでいた場所《ばしょ》に、学校《がっこう》が建《た》てられて、紫《むらさき》ばばあが現《あらわ》れるようになったという。

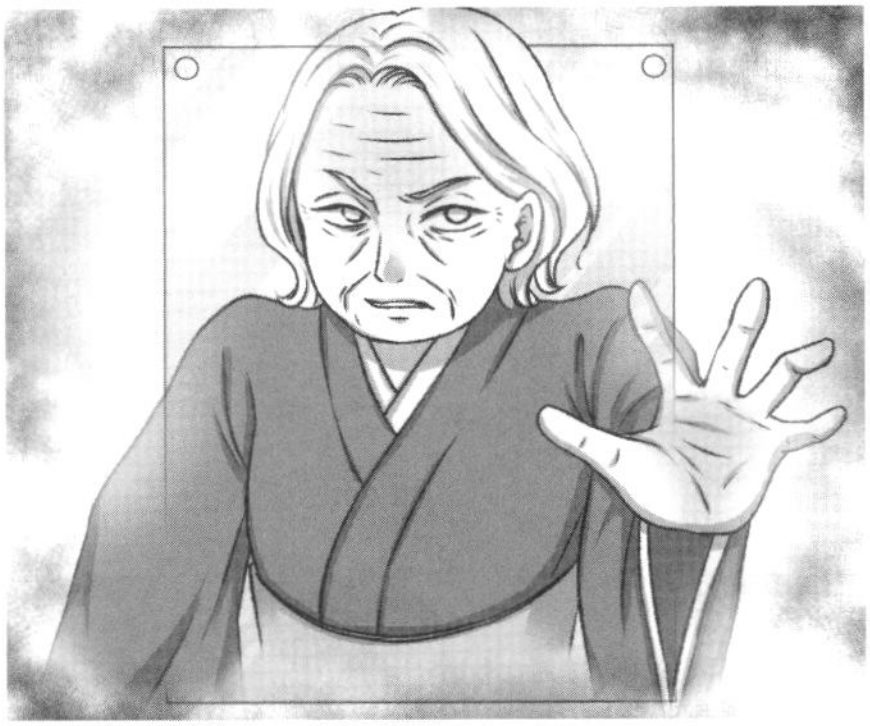

捨《す》ててしまった人形《にんぎょう》

メリーさんの電話《でんわ》

ある少女《しょうじょ》がメリーさんと名《な》づけた西洋人形《せいようにんぎょう》を、幼《おさな》い頃《ころ》からかわいがっていたが、古《ふる》くなったのでゴミ捨《す》て場《ば》に捨《す》ててしまった。その夜《よる》、少女《しょうじょ》の携帯電話《けいたいでんわ》が鳴《な》った。電話《でんわ》に出《で》ると、幼《おさな》い女《おんな》の子《こ》の声《こえ》で「私《わたし》、メリーさん。今《いま》、ゴミ捨《す》て場《ば》にいるの。」と言《い》った。少女《しょうじょ》はいたずら電話《でんわ》だと思《おも》い、何《なに》も言《い》わずに電話《でんわ》を切《き》ったが、また着信《ちゃくしん》があった。同《おな》じ声《こえ》で「私《わたし》、メリーさん。今《いま》、たばこ屋《や》さんの前《まえ》にいるの。」と言《い》う。最初《さいしょ》よりも相手《あいて》が近《ちか》づいてきていると思《おも》った少女《しょうじょ》は、薄気味悪《うすきみわる》くなり電話《でんわ》を切《き》った。だが、再《ふたた》び電話《でんわ》が鳴《な》った。「私《わたし》、メリーさん。今《いま》、あなたの家《いえ》の前《まえ》にいるの。」恐怖《きょうふ》を感《かん》じた少女《しょうじょ》は玄関《げんかん》のドアスコープをそっとのぞいたが、誰《だれ》もいないようだ。ドアを開《あ》けて玄《げん》関《かん》の外《そと》を見《み》たが、やはり誰《だれ》もいない。ただのいたずら電話《でんわ》だったのだと安心《あんしん》した少女《しょうじょ》が自分《じぶん》の部屋《へや》に戻《もど》ると、また携《けい》帯電話《たいでんわ》が鳴《な》った。恐《おそ》る恐《おそ》る電《でん》話《わ》に出《で》ると、あの幼《おさな》い女《おんな》の子《こ》の声《こえ》が話《はな》しかけてきた。「私《わたし》、メリーさん。今《いま》、あなたの後《うし》ろにいるの。」

捨《す》てられた人形《にんぎょう》が復讐《ふくしゅう》しに戻《もど》ってくる都市伝説《としでんせつ》だが、この後《あと》、持《も》ち主《ぬし》だった少女《しょうじょ》が刃《は》物《もの》で刺殺《しさつ》されてしまうとも語《かた》られている。これを回避《かいひ》するには、家中《いえじゅう》の鍵《かぎ》を全《すべ》てかけて、ドアは決《けっ》して開《あ》けないことだ。また、シュークリームを与《あた》えると助《たす》かるともいわれている。

ひっそりと建《た》つ不気味《ぶきみ》な洋館《ようかん》

メリーさんの館《やかた》

兵庫県《ひょうごけん》の六甲山《ろっこうさん》に「メリーさんの館《やかた》」という廃墟《はいきょ》の屋敷《やしき》があるというが、その場所《ばしょ》は誰《だれ》にもわからない。

あるとき、ドライブをしていた二人《ふたり》の青年《せいねん》がその屋敷《やしき》を探《さが》すことにした。車《くるま》を走《はし》らせていると、木々《きぎ》の間《あいだ》から洋館《ようかん》の屋根《やね》を見《み》つけた。そばまで行《い》くと、古《ふる》びて今《いま》にも崩《くず》れ落《お》ちそうな洋館《ようかん》があった。一人《ひとり》が建物《たてもの》の入《い》り口《ぐち》で見張《みは》りに立《た》ち、もう一人《ひとり》の青年《せいねん》が館《やかた》の中《なか》に侵入《しんにゅう》することにした。

館《やかた》の中《なか》は照明《しょうめい》もないのに、なぜだか異様《いよう》に白《しろ》くて明《あか》るい。青年《せいねん》は階段《かいだん》を上《あ》がって二階《にかい》の部屋《へや》に入《はい》った。その途端《とたん》、ドアが勝手《かって》に閉《し》まり、青年《せいねん》は白人《はくじん》の子《こ》どもたちに取《と》り囲《かこ》まれたのだ。子《こ》どもたちは全員《ぜんいん》、目《め》が真《ま》っ白《しろ》で無言《むごん》のまま青年《せいねん》をにらんでいる。恐怖《きょうふ》のあまり青年《せいねん》は気《き》を失《うしな》ってしまった。

意識《いしき》が戻《もど》ると病院《びょういん》のベッドで寝《ね》ていた。外《そと》にいた青年《せいねん》が彼《かれ》を発見《はっけん》して病院《びょういん》へ運《はこ》んだそうだった。なぜ「メリーさんの館《やかた》」と呼《よ》ばれているのか、その館《やかた》は何《なん》なのか、いまだに不明《ふめい》だという。

言《い》ってはいけない言葉《ことば》

もういいかい

日《ひ》が暮《く》れて、一人《ひとり》の少女《しょうじょ》が塾《じゅく》からの帰《かえ》り道《みち》を歩《ある》いていたときのことだ。人《ひと》けのないイチョウ並木《なみき》にさしかかると、背後《はいご》から「もういいかい。」とかわいい子《こ》どもの声《こえ》がした。振《ふ》り返《かえ》ってみたが、誰《だれ》もいない。空耳《そらみみ》だったと思《おも》い再《ふたた》び歩《ある》いていると、五十《ごじゅう》メートルほど進《すす》んだところで、「もういいかい。」と、また聞《き》こえてきたのだ。後《うし》ろを見《み》たが、やはり誰《だれ》もいない。

気味《きみ》が悪《わる》くなった少女《しょうじょ》は早《はや》足《あし》で歩《ある》いたが、また「もういいかい。」と聞《き》こえる。そこで、少女《しょうじょ》は「まあだだよ。」と答《こた》えてみた。しばらくすると、再《ふたた》び「もういいかい。」と言《い》う声《こえ》がしたので、少女《しょうじょ》もまた「まあだだよ。」と答《こた》えた。それを繰《く》り返《かえ》しているうちに家《いえ》にたどり着《つ》いた。家《いえ》に入《はい》ると、もうその声《こえ》はしなくなった。

夜《よる》、布団《ふとん》に入《はい》った少女《しょうじょ》は、何気《なにげ》なく「もういいよ。」と言《い》ってみた。その途端《とたん》、天井《てんじょう》が裂《さ》けて、二本《にほん》の黒《くろ》い腕《うで》が少《しょう》女《じょ》に伸《の》びてきたのだ。

恐怖《きょうふ》のかくれんぼ

もういいよ

小学生《しょうがくせい》が公園《こうえん》でかくれんぼをしていた。そのうちの一人《ひとり》の少女《しょうじょ》が、公園《こうえん》の隅《すみ》に捨《す》てられていた冷蔵庫《れいぞうこ》の中《なか》に入《はい》ってドアを閉《し》めてしまった。現在《げんざい》の冷蔵庫《れいぞうこ》のドアは内側《うちがわ》からも開《あ》けられる場合《ばあい》が多《おお》いが、この当時《とうじ》の冷蔵庫《れいぞうこ》のドアは、閉《し》めると外側《そとがわ》からロックされる仕組《しく》みになっていて、内側《うちがわ》からは開《あ》けられなかった。

少女《しょうじょ》の入《はい》った冷蔵庫《れいぞうこ》は、その後《ご》、ゴミ収集車《しゅうしゅうしゃ》が回収《かいしゅう》していき、車《くるま》が急《きゅう》カーブを曲《ま》がった衝撃《しょうげき》で、冷蔵庫《れいぞうこ》は荷台《にだい》から転《ころ》げ落《お》ちてビルの建設現場《けんせつげんば》のコンクリートの中《なか》に埋《う》もれてしまったのだ。そして冷蔵庫《れいぞうこ》が埋《う》まったままビルが完成《かんせい》した。そのビルでは、深夜《しんや》になると地下《ちか》から少女《しょうじょ》の声《こえ》が聞《き》こえるという。「鬼《おに》さん、もういいよ。まだ見《み》つけてくれないの？　早《はや》く見《み》つけてよ。」

もうすぐ行《い》く

電話《でんわ》の主《ぬし》は？

ある男性《だんせい》の家《いえ》の電話《でんわ》が鳴《な》った。男性《だんせい》が出《で》てみると「もうすぐ行《い》く。」と言《い》って電話《でんわ》は切《き》れた。その声《こえ》に聞《き》き覚《おぼ》えがないので間違《まちが》い電話《でんわ》だと思《おも》ったが、またしばらくして電話《でんわ》が鳴《な》り、受話器《じゅわき》を取《と》ると先《さき》ほどと同《おな》じ声《こえ》で「もういる。」と言《い》ったのだ。薄気味悪《うすきみわる》くなった男性《だんせい》がドアののぞき穴《あな》を見《み》ると、ドアの外《そと》に巨大《きょだい》な目玉《めだま》がいたのだ。

もっと速《はや》く

後《うし》ろから来《き》た少年《しょうねん》

ある場所《ばしょ》でマラソンをしていると、小学生《しょうがくせい》くらいの少年《しょうねん》が後《うし》ろから近《ちか》づき、楽《たの》しそうに笑《わら》いながら「もっと速《はや》く。もっと速《はや》く。」とあおってくる。その言葉通《ことばどお》りにスピードを上《あ》げると、抑制《よくせい》が効《き》かなくなってとんでもない速《はや》さになり、壁《かべ》や車《くるま》に激突《げきとつ》して死《し》んでしまうという。

その少年《しょうねん》の正体《しょうたい》は、少年《しょうねん》が出没《しゅつぼつ》する場所《ばしょ》の近所《きんじょ》にある病院《びょういん》に、植物状態《しょくぶつじょうたい》で入院《にゅういん》をしている青年《せいねん》の生《い》き霊《りょう》だという。少年《しょうねん》が近《ちか》づくにつれて、その顔《かお》が少年《しょうねん》から青年《せいねん》のものに変化《へんか》することもあるそうだ。

美術室《びじゅつしつ》の絵《え》はじっとしていない

モナリザの怪《かい》

レオナルド・ダ・ヴィンチが描《えが》いた油彩画《ゆさいが》、モナリザは学校《がっこう》の美術室《びじゅつしつ》などに複製画《ふくせいが》が飾《かざ》られていて、多《おお》くの怪奇現象《かいきげんしょう》が語《かた》られている。モナリザの目《め》が光《ひか》る、目《め》から血《ち》を流《なが》す、動《うご》きながら本《ほん》を読《よ》んでいる、モナリザの首《くび》が深夜《しんや》ポロリと転《ころ》がり落《お》ちるなど、さまざまな噂《うわさ》がある。モナリザは、絵《え》から抜《ぬ》け出《だ》すこともあるという。再《ふたた》び絵《え》の中《なか》に戻《もど》ったときに体《からだ》の向《む》きが反対向《はんたいむ》きになっていたという目撃情報《もくげきじょうほう》がある。

モナリザの絵《え》には恐《おそ》ろしい噂《うわさ》もある。絵《え》から抜《ぬ》け出《だ》して人《ひと》を食《く》ってしまうというのだ。また、絵《え》の口《くち》の部分《ぶぶん》から長《なが》い舌《した》が伸《の》びてきて、目《め》の前《まえ》で見《み》ていた人《ひと》をからめ取《と》って食《く》うともいわれている。そこまでしなくても、絵《え》から手《て》を出《だ》して子《こ》どもの手足《てあし》や首《くび》をつかむこともあるそうだ。

や行《ぎょう》 ら行《ぎょう》 わ行《ぎょう》

夜叉神ヶ淵《やしゃがみがふち》の怪《かい》、幽霊授業《ゆうれいじゅぎょう》、
夢《ゆめ》と違《ちが》う、四時《よじ》ババア、
四隅《よすみ》の怪《かい》など全《ぜん》21話《わ》。

深《ふか》い谷底《たにぞこ》に落《お》ちて…

夜《や》叉《しゃ》神《がみ》ヶ《が》淵《ふち》の怪《かい》

夜叉神ヶ淵《やしゃがみがふち》という渓谷《けいこく》で起《お》きたできごとだ。

一組《ひとくみ》の男女《だんじょ》のカップルが車《くるま》で夜叉神ヶ淵《やしゃがみがふち》へやってきた。この渓谷《けいこく》はたいへん深《ふか》い谷《たに》で、人《ひと》が落《お》ちてもその死体《したい》を発見《はっけん》できないといわれており、自殺《じさつ》の名所《めいしょ》でもあった。

女性《じょせい》のほうが谷底《たにぞこ》をのぞき込《こ》んでいるうちに、男性《だんせい》の姿《すがた》が見《み》えなくなった。谷《たに》に落《お》ちてしまったのではないかと心配《しんぱい》した女性《じょせい》は、助《たす》けを求《もと》めて近《ちか》くの町《まち》まで行《い》った。町《まち》の人《ひと》たちは女性《じょせい》の元《もと》に集《あつ》まってきたが、誰《だれ》も彼女《かのじょ》の話《はなし》を聞《き》いてくれない。

どうすればいいのか途方《とほう》に暮《く》れていると、集《あつ》まっている町民《ちょうみん》の中《なか》に、谷《たに》に落《お》ちてしまったと思《おも》われる男性《だんせい》がいたのだ。彼《かれ》の姿《すがた》を見《み》て、女性《じょせい》は思《おも》い出《だ》した。二人《ふたり》は一緒《いっしょ》に谷《たに》へ落《お》ちたことを……。

その瞬間《しゅんかん》に、女性《じょせい》の意識《いしき》が戻《もど》った。彼女《かのじょ》は病院《びょういん》のベッドに寝《ね》ていた。あのとき、二人《ふたり》は谷底《たにぞこ》をのぞき込《こ》んでいるうちに、誤《あやま》って足《あし》を滑《すべ》らせ落《お》ちてしまった。女性《じょせい》は運良《うんよ》く谷《たに》の途中《とちゅう》で止《と》まり、後《あと》から来《き》た人《ひと》が見《み》つけて救急《きゅうきゅう》に通報《つうほう》してくれた。病室《びょうしつ》で一晩《ひとばん》生死《せいし》をさまよっていたが、一命《いちめい》を取《と》り留《と》めたのだ。しかし、男性《だんせい》のほうは谷底《たにぞこ》まで滑落《かつらく》して、見《み》つかることはなかった。

女性《じょせい》が助《たす》けを求《もと》めに向《む》かったあの町《まち》は、夜叉神ヶ淵《やしゃがみがふち》に落《お》ちた浮《う》かばれない死者《ししゃ》たちの霊《れい》が住《す》む幻《まぼろし》の町《まち》だったのだ。

女性《じょせい》にだけ取《と》り憑《つ》く妖怪《ようかい》

ヤマノケ

ヤマノケとは、宮城県《みやぎけん》と山形県《やまがたけん》の県境《けんきょう》の山道《さんどう》に現《あらわ》れる妖怪《ようかい》である。

肌《はだ》が白《しろ》く人間《にんげん》のような姿《すがた》をしているが、片足《かたあし》と頭《あたま》がなく、目《め》や鼻《はな》や口《くち》が胸《むね》の部分《ぶぶん》についている。「テン……ソウ……メツ……。」という謎《なぞ》の言葉《ことば》を発《はっ》しながら、両手《りょうて》を激《はげ》しく動《うご》かし、体《からだ》を震《ふる》わせて片足《かたあし》で跳《と》ぶという奇妙《きみょう》な移動方法《いどうほうほう》で近《ちか》づいてくる。

ヤマノケは女性《じょせい》にだけ取《と》り憑《つ》く。取《と》り憑《つ》かれた人《ひと》は、人格《じんかく》を乗《の》っ取《と》られて「入《はい》れた入《はい》れた入《はい》れた入《はい》れた。」と「テン……ソウ……メツ……。」という言葉《ことば》を繰《く》り返《かえ》したり、顔《かお》つきが不気味《ぶきみ》に変《か》わってしまったりする。

ヤマノケに取《と》り憑《つ》かれた場合《ばあい》は四十九日以内《よんじゅうくにちいない》に追《お》い出《だ》さなければ、一生正気《いっしょうしょうき》に戻《もど》れないという。

地獄《じごく》に引《ひ》き込《こ》まれた男《おとこ》は…

遺言《ゆいごん》ビデオ

ある男性《だんせい》が事故《じこ》で亡《な》くなったのだが、男性《だんせい》はその半年前《はんとしまえ》に、万一《まんいち》自分《じぶん》が死《し》んだときのためにと、友人《ゆうじん》に頼《たの》んで家族《かぞく》へのメッセージビデオを撮影《さつえい》してもらっていた。そのとき友人《ゆうじん》は、白《しろ》い壁《かべ》の前《まえ》に立《た》って家族《かぞく》への感謝《かんしゃ》の気持《きも》ちを語《かた》る男性《だんせい》の映像《えいぞう》を撮影《さつえい》した。遺族《いぞく》の前《まえ》でそのビデオを再生《さいせい》すると、真《ま》っ暗《くら》な画面《がめん》に亡《な》くなった男性《だんせい》が映《うつ》り、ヴーという異《い》音《おん》が響《ひび》き続《つづ》ける中《なか》、男性《だんせい》は家《か》族《ぞく》へのメッセージを語《かた》っていたが、途中《とちゅう》から断末魔《だんまつま》のような叫《さけ》び声《ごえ》を上《あ》げ、最後《さいご》には暗《くら》闇《やみ》の画面《がめん》の隅《すみ》から伸《の》びた手《て》が、男性《だんせい》の腕《うで》をつかんで引《ひ》っ張《ぱ》っていった。その映像《えいぞう》を霊媒師《れいばいし》に見《み》せると、ビデオを撮影《さつえい》した時点《じてん》で男性《だんせい》はすでに地獄《じごく》に引《ひ》っ張《ぱ》り込《こ》まれていて、その後半年《ごはんとし》も生《い》きていたのが不思《ふし》議《ぎ》だと語《かた》ったそうだ。

トイレから叫《さけ》ぶ声《こえ》

ゆう子《こ》ちゃん

かつて、ある小学校《しょうがっこう》に、みつ子《こ》とゆう子《こ》という姉妹《しまい》が通《かよ》っていた。二人《ふたり》は仲《なか》が良《よ》く、登下校《とうげこう》のときはもちろんのこと、休《やす》み時間《じかん》にも一緒《いっしょ》にいた。

ある日《ひ》、妹《いもうと》のゆう子《こ》がトイレに行《い》きたがったので、姉《あね》のみつ子《こ》は一階《いっかい》のトイレへ連《つ》れていき、一番奥《いちばんおく》の個室《こしつ》で用《よう》を足《た》させた。だが、そこは汲《く》み取《と》り式《しき》トイレで、ゆう子《こ》は足《あし》を滑《すべ》らせて便器《べんき》に体《からだ》がはまってしまう。みつ子《こ》は助《たす》けを呼《よ》んだが間《ま》に合《あ》わず、ゆう子《こ》は便槽《べんそう》の中《なか》に落《お》ちて溺死《できし》した。

それ以降《いこう》、このトイレの一番奥《いちばんおく》の個室《こしつ》のドアを五回《ごかい》ノックして、「ゆう子《こ》ちゃん。」と名前《なまえ》を呼《よ》ぶと「助《たす》けて!」と叫《さけ》び声《ごえ》が聞《き》こえるようになったという。

※汲《く》み取《と》り式《しき》トイレ…便器《べんき》の下《した》の便槽《べんそう》に排泄物《はいせつぶつ》が落《お》ち、便槽《べんそう》に貯《た》まった排泄物《はいせつぶつ》はバキュームカーで吸《す》い取《と》る。それ以前《いぜん》は長《なが》い柄杓《ひしゃく》で汲《く》み取《と》っていた。名前《なまえ》の由来《ゆらい》はここからきている。

異世界《いせかい》から来《き》た先生《せんせい》

U《ユー》先生《せんせい》

ある幼稚園《ようちえん》に勤《つと》めていたU《ユー》先生《せんせい》には奇怪《きかい》な行動《こうどう》が多《おお》かった。「光《ひかり》の誓《ちか》い」という暗《くら》いメロディーで幼《おさな》い子《こ》どもにはむずかしい歌詞《かし》の曲《きょく》を園児《えんじ》たちに歌《うた》わせたり、園児全員《えんじぜんいん》にわら人形《にんぎょう》を作《つく》らせたりしていた。あるとき、遠足《えんそく》で行《い》った神社《じんじゃ》の奥《おく》の木《き》に、園児《えんじ》たちにわら人形《にんぎょう》を打《う》ちつけさせて、「光《ひかり》の誓《ちか》い」を歌《うた》わせた。すると遠足《えんそく》の後《あと》、多《おお》くの園児《えんじ》が病気《びょうき》になったりけがをした。

その遠足《えんそく》の数日後《すうじつご》U《ユー》先生《せんせい》の姿《すがた》は消《き》えた。その行方《ゆくえ》は誰《だれ》も知《し》らず、なぜかアルバムからもU《ユー》先生《せんせい》の姿《すがた》は消《き》えてしまったのだ。先生《せんせい》のことを覚《おぼ》えていない子《こ》たちがいた上《うえ》に、ほかの保育士《ほいくし》の先生《せんせい》たちは最初《さいしょ》からU《ユー》先生《せんせい》を知《し》らなかった。本名《ほんみょう》が「うでちぎり」だったというU《ユー》先生《せんせい》は、人《ひと》ではない異界《いかい》の存在《そんざい》だったと思《おも》われる。

幽霊授業《ゆうれいじゅぎょう》

廃校《はいこう》に集《あつ》まった生徒《せいと》たちとは…

ある学校《がっこう》に、まもなく定年《ていねん》退職《たいしょく》をするという男性教師《だんせいきょうし》がいた。彼《かれ》はまじめな性格《せいかく》だが、気《き》が弱《よわ》いため生徒《せいと》たちには頼《たよ》りにされていなかった。

ある夜《よ》、その教師《きょうし》が何年《なんねん》も前《まえ》に廃校《はいこう》になった学校《がっこう》の校舎《こうしゃ》へ入《はい》っていくのを、同僚《どうりょう》の女《じょ》性教師《せいきょうし》が見《み》かけた。気《き》になって後《あと》をついていくと、不思議《ふしぎ》なことに廃校《はいこう》の教室《きょうしつ》にたくさんの生徒《せいと》がいて、男性教師《だんせいきょうし》は、普段《ふだん》とは別人《べつじん》のように生《い》き生《い》きと授業《じゅぎょう》を始《はじ》めたのだ。女性《じょせい》教師《きょうし》がその教師《きょうし》に、廃校《はいこう》で勝《かっ》手《て》に授業《じゅぎょう》をしていいのかと注《ちゅう》意《い》をすると、彼《かれ》は「この子《こ》たちは私《わたし》の授業《じゅぎょう》を熱心《ねっしん》に聞《き》いてくれるから、とてもうれしいんだよ。」と言《い》った。すると生徒《せいと》たちが「先生《せんせい》に文句《もんく》を言《い》うやつは許《ゆる》さない！」と口々《くちぐち》に責《せ》め立《た》てて、女性教師《じょせいきょうし》に襲《おそ》いかかってきたのだ。彼女《かのじょ》は必死《ひっし》に走《はし》って校門《こうもん》の外《そと》に逃《に》げた。だが、追《お》ってきた生徒《せいと》たちは、なぜか校門《こうもん》の外《そと》に出《で》ることはなかった。女性教師《じょせいきょうし》はすぐに警察《けいさつ》に通報《つうほう》をしたが、彼《かれ》らが来《き》たときには元《もと》の廃校《はいこう》に戻《もど》っていて誰《だれ》もいなかった。ただ荒《あ》れ果《は》てた教室《きょうしつ》の床《ゆか》に一《いち》枚《まい》の写真《しゃしん》が落《お》ちていた。その写真《しゃしん》には、あの男性教師《だんせいきょうし》と生《せい》徒《と》たちが写《うつ》っていた。その学《がっ》校《こう》では十年前《じゅうねんまえ》に火事《かじ》があり、生徒《せいと》たちが大勢焼死《おおぜいしょうし》して学校《がっこう》は廃校《はいこう》になったという。

その夜以来《よるいらい》、廃校《はいこう》で授業《じゅぎょう》をしていた男性教師《だんせいきょうし》は、行方《ゆくえ》知《し》れずになってしまった。

ビデオに録音《ろくおん》された声《こえ》

幽《ゆう》霊《れい》屋《や》敷《しき》

その屋敷《やしき》では、かつて一家《いっか》全員《ぜんいん》が皆殺《みなごろ》しにされるという事件《じけん》があり、廃墟《はいきょ》となった屋《や》敷《しき》には、家族《かぞく》の亡霊《ぼうれい》がさまよい続《つづ》けているという。その屋《や》敷《しき》を一人《ひとり》の男性《だんせい》が、ビデオカメラを持《も》って探検《たんけん》に訪《おとず》れた。男性《だんせい》は屋敷《やしき》の玄関《げんかん》で「お邪魔《じゃま》します。」と挨拶《あいさつ》をして入《はい》り、「ずいぶん古《ふる》い家《いえ》ですね。」とか「二階《にかい》もあるんですね。」などと誰《だれ》もいない場所《ばしょ》で質問《しつもん》をしながら、屋敷《やしき》の中《なか》を見《み》て回《まわ》った。帰宅後《きたくご》、録画《ろくが》したビデオを再生《さいせい》すると、誰《だれ》もいなかったにもかかわらず男性《だんせい》の質問《しつもん》に「はい。」「そうですよ。」などと返事《へんじ》をする女性《じょせい》の声《こえ》が入《はい》っていたのだ。恐怖《きょうふ》を覚《おぼ》えながらも、その続《つづ》きを見《み》ていると、屋敷《やしき》から出《で》るときに「お邪魔《じゃま》しました。」と言《い》った瞬《しゅん》間《かん》に「ちょっと待《ま》て。」と低《ひく》く気味《きみ》の悪《わる》い声《こえ》がした。

雪女《ゆきおんな》

その女《おんな》の正体《しょうたい》は…

　吹雪《ふぶき》の日《ひ》、ある中学校《ちゅうがっこう》の非《ひ》常階段《じょうかいだん》に雪女《ゆきおんな》が現《あらわ》れた。
　日《ひ》が暮《く》れて、二人《ふたり》の女子生《じょしせい》徒《と》が学校《がっこう》から帰《かえ》ろうとしたとき、非常階段《ひじょうかいだん》に一人《ひとり》の女《おんな》が立《た》っているのが見《み》えた。二人《ふたり》が声《こえ》をかけると、「寒《さむ》い。」と言《い》うその女《おんな》の声《こえ》が雪《ゆき》の中《なか》に響《ひび》き渡《わた》った。二人《ふたり》が傘《かさ》を貸《か》そうとすると、女《おんな》は非常階段《ひじょうかいだん》を上《あ》がり、「もっと寒《さむ》いのよ。」と言《い》って笑《わら》い始《はじ》めたのだ。その途端《とたん》に吹雪《ふぶき》が激《はげ》しくなり女《おんな》もさらに笑《わら》い続《つづ》けるので、不気《ぶき》味《み》に感《かん》じた二人《ふたり》は女《おんな》を置《お》いて帰《かえ》ろうとした。すると、女《おんな》が「待《ま》って。置《お》いていかないで。」と言《い》うので振《ふ》り向《む》くと、雪《ゆき》の中《なか》に女《おんな》の真《ま》っ白《しろ》な顔《かお》が浮《う》かび上《あ》がって見《み》えたという。かつて、その非常階段《ひじょうかいだん》から雪《ゆき》の降《ふ》る日《ひ》に飛《と》び降《お》り自殺《じさつ》をした女《じょ》性教師《せいきょうし》がいた。その霊《れい》が雪女《ゆきおんな》となって現《あらわ》れたという。

　また、別《べつ》の場所《ばしょ》でも雪女《ゆきおんな》の話《はなし》がある。ある兄弟《きょうだい》が家《いえ》に帰《かえ》る途中《とちゅう》、若《わか》い女《おんな》が少《すこ》しの間《あいだ》、子《こ》どもを抱《だ》いてくれないかと言《い》ってきた。弟《おとうと》が子《こ》どもを預《あず》かったが女《おんな》はなかなか戻《もど》ってこない。今度《こんど》は兄《あに》が子《こ》どもを抱《だ》っこしていると「私《わたし》のかわりにその子《こ》を育《そだ》ててくださいませんか。」と女《おんな》の声《こえ》がして、青白《あおじろ》い火《ひ》の玉《たま》が、兄弟《きょうだい》の間《あいだ》を通《とお》り抜《ぬ》けて消《き》えた。その子《こ》どもを抱《だ》いたまま帰宅《きたく》すると、兄《あに》の子《こ》どもが井戸《いど》に落《お》ちて亡《な》くなっていた。兄《あに》が腕《うで》の中《なか》の子《こ》どもを見《み》ると、それは雪《ゆき》の塊《かたまり》に変《か》わっていたという。

ゆきちゃん

あなたの足《あし》を取《と》りに行《い》く

ある女性《じょせい》の携帯電話《けいたいでんわ》にメールが届《とど》いた。「私《わたし》、ゆきちゃん。一緒《いっしょ》に遊《あそ》んで楽《たの》しかったね。昨日《きのう》、あなたのおうちの近《ちか》くに引《ひ》っ越《こ》してきました。また一緒《いっしょ》に遊《あそ》ぼうね。」それは全《まった》く知《し》らない人《ひと》からのメールだったが、それから頻繁《ひんぱん》にゆきちゃんと名乗《なの》る人物《じんぶつ》からメールが届《とど》くようになった。「今日《きょう》は雨《あめ》。雨《あめ》の日《ひ》は嫌《きら》い。」だって痛《いた》くなるの。」「一緒《いっしょ》に遊《あそ》びたいけど、足《あし》が痛《いた》くて動《うご》けないの。」「あなたは足《あし》があるからどこへでも行《い》けてうらやましい。私《わたし》は歩《ある》けないから、遊《あそ》びに来《き》てね。」

そんなある日《ひ》、女性《じょせい》が外出中《がいしゅつちゅう》に「あなたがうらやましい。私《わたし》も足《あし》がほしいの。」というメールが届《とど》いた後《あと》、非通知《ひつうち》の電話《でんわ》がかかってきた。「私《わたし》、ゆきちゃん。あなたの足《あし》を取《と》りに行《い》くね。」と言《い》って電話《でんわ》は切《き》れたのだ。気味《きみ》が悪《わる》かったが、ただのいたずら電話《でんわ》だと思《おも》った女性《じょせい》は、その後《あと》、近《ちか》くのトイレに行《い》った。

そこの個室《こしつ》に入《はい》ると、トイレットペーパーの上《うえ》にピンクのワンピースを着《き》た人形《にんぎょう》が置《お》いてあるのに気《き》がついた。その人形《にんぎょう》は、女性《じょせい》が子《こ》どもの頃《ころ》にかわいがっていた着《き》せ替《か》え人形《にんぎょう》によく似《に》ていた。ながめていると、人形《にんぎょう》の目《め》が動《うご》いた。人形《にんぎょう》は女性《じょせい》を見《み》て、「私《わたし》…ゆきちゃん…足《あし》…ほしい…あなたの…足《あし》が…ほしい…。」としゃべったのだ。恐怖《きょうふ》におののく女性《じょせい》の手《て》が人形《にんぎょう》に当《あ》たると、人形《にんぎょう》は床《ゆか》に落《お》ち、片方《かたほう》の足《あし》が取《と》れて転《ころ》がった。女性《じょせい》はあわててトイレを飛《と》び出《だ》すと、家路《いえじ》へと急《いそ》いだ。

帰宅《きたく》をすると、押《お》し入《い》れの片《かた》づけをしていた母親《ははおや》が、女《じょ》性《せい》に人形《にんぎょう》を見《み》せた。それは、幼《おさな》い頃《ころ》に片足《かたあし》が取《と》れてしまったために、もう遊《あそ》びたくないと言《い》って押《お》し入《い》れにしまい込《こ》んでいた人形《にんぎょう》だった。その人《にん》形《ぎょう》を、ゆきちゃんと呼《よ》んでいたことも思《おも》い出《だ》した。すると、片足《かたあし》が取《と》れたゆきちゃんは、女性《じょせい》の顔《かお》を見上《みあ》げて、にやりと笑《わら》った。

この話《はなし》を聞《き》いた人《ひと》の元《もと》に現《あらわ》れる

ユミコさん

　ある高校《こうこう》で、ユミコという名前《なまえ》の女子生徒《じょしせいと》が、いじめが原因《げんいん》で自殺《じさつ》をした。

　ユミコさんと親《した》しかった少女《しょうじょ》が学校《がっこう》のトイレの洗面台《せんめんだい》で手《て》を洗《あら》いながら鏡《かがみ》を見《み》ると、少女《しょうじょ》の背後《はいご》をユミコさんが通《とお》りすぎるのが映《うつ》った。少女《しょうじょ》は、今《いま》まで通《どお》りについ「ユミコ。」と声《こえ》をかけてしまったが、その途端《とたん》、今見《いまみ》たユミコさんはこの世《よ》のものではないことに気《き》づき、同時《どうじ》に少女《しょうじょ》の体《からだ》は金縛《かなしば》りになった。そこで少女《しょうじょ》は「ユミコ。お願《ねが》い、成仏《じょうぶつ》して。」と三回唱《さんかいとな》えてみた。すると金《かな》縛《しば》りが解《と》けて、体《からだ》が自由《じゆう》になったのだ。

　少女《しょうじょ》はそのできごとを友人《ゆうじん》たちに話《はな》したが誰《だれ》も信《しん》じてくれなかった。だがその三日後《みっかご》、話《はなし》を聞《き》いた友人《ゆうじん》たちもみんな、ユミコさんの姿《すがた》を見《み》るようになり、金縛《かなしば》りになったのだ。

　ユミコさんは彼女《かのじょ》の話《はなし》を聞《き》いた人《ひと》の元《もと》に現《あらわ》れる。彼女《かのじょ》が現《あらわ》れ金縛《かなしば》りになった場合《ばあい》は、ユミコさんの名前《なまえ》を三回唱《さんかいとな》えなければならない。

夢《ゆめ》と違《ちが》う

女性《じょせい》の後《あと》をつけた男《おとこ》の誤算《ごさん》

ある女性《じょせい》が怖《こわ》い夢《ゆめ》を見《み》た。その夢《ゆめ》とは……夜《よる》、家《いえ》への帰《かえ》り道《みち》で、後《あと》をつけてくる男《おとこ》がいた。怖《こわ》くなって急《いそ》ぎ足《あし》で家《いえ》に向《む》かうと、突然《とつぜん》すぐ後《うし》ろに男《おとこ》が立《た》っていて、斧《おの》を彼女《かのじょ》に振《ふ》り下《お》ろそうとした……と、そこで女性《じょせい》は目《め》が覚《さ》めた。

その夢《ゆめ》を見《み》てから数日後《すうじつご》、女性《じょせい》が帰宅途中《きたくとちゅう》に今度《こんど》は本当《ほんとう》に男《おとこ》が後《あと》をつけてきた。彼女《かのじょ》は夢《ゆめ》のことを思《おも》い出《だ》したので、母親《ははおや》に迎《むか》えに来《き》てもらうように電話《でんわ》をかけ、待《ま》っている間《あいだ》、近《ちか》くのコンビニで時間《じかん》をつぶすことにした。窓《まど》のところに置《お》いてある雑誌《ざっし》を立《た》ち読《よ》みしていると、何《なに》か視線《しせん》を感《かん》じる。顔《かお》を上《あ》げると、女性《じょせい》をつけてきた男《おとこ》がガラス越《ご》しに彼女《かのじょ》をじっと見《み》ていたのだ。

そして、男《おとこ》は彼女《かのじょ》をにらみつけて「夢《ゆめ》と違《ちが》うことするなよ。」と言《い》った。

亡《な》くなった少年《しょうねん》の魂《たましい》が宿《やど》った木《き》

ヨシオくんの木《き》

　ヨシオくんは、ある小学校《しょうがっこう》に通《かよ》うサッカー好《ず》きの少年《しょうねん》だったが、四年生《よねんせい》になる少《すこ》し前《まえ》に、原因不明《げんいんふめい》の高熱《こうねつ》が出《で》て亡《な》くなってしまった。しばらくして少年《しょうねん》の両親《りょうしん》が学校《がっこう》を訪《おとず》れ、サッカーボールを寄贈《きぞう》すると同時《どうじ》に、サッカーの練習《れんしゅう》が見《み》える場所《ばしょ》に、ある一本《いっぽん》の木《き》をぜひ植《う》えてくれないかとお願《ねが》いをした。

　少年《しょうねん》のサッカー仲間《なかま》たちは、校庭《こうてい》に植《う》えられたその木《き》をヨシオくんだと思《おも》って、練習中《れんしゅうちゅう》に話《はな》しかけたり、撫《な》でたり、軽《かる》くたたいたりしていた。その木《き》はすくすくと育《そだ》って、幹《みき》もがっしりと太《ふと》くなり、いつしか「ヨシオくんの木《き》」と呼《よ》ばれるようになった。

　あるとき、サッカー仲間《なかま》の一人《ひとり》がいつものように練習《れんしゅう》の合間《あいま》に、その木《き》に話《はな》しかけていると、木《き》の幹《みき》に人《ひと》の顔《かお》そっくりのコブを見《み》つけた。ほかの仲間《なかま》もそのコブを見《み》たが、この顔《かお》はヨシオくんに間違《まちが》いないと全員《ぜんいん》が思《おも》った。

　人面木《じんめんぼく》の噂《うわさ》は学校中《がっこうじゅう》に広《ひろ》まり、低学年《ていがくねん》の子《こ》どもたちは怖《こわ》がって木《き》のそばに行《い》かないようになったが、ヨシオくんのサッカー仲間《なかま》たちは、いつもそのそばで楽《たの》しそうにしていて、まるで本当《ほんとう》にヨシオくんがそこにいるかのようだった。

　そのサッカー仲間《なかま》たちは小《しょう》学校《がっこう》を卒業《そつぎょう》したが、ヨシオくんは、現在《げんざい》もサッカーをしている子《こ》どもたちを見守《みまも》っているのかもしれない。

老婆《ろうば》の妖怪《ようかい》は四時《よじ》に現《あらわ》れる

四時《よじ》ババア

四時《よじ》になると、トイレに現《あらわ》れる老婆《ろうば》の姿《すがた》をした妖怪《ようかい》だ。

ある小学校《しょうがっこう》では、四月四日《しがつよっか》午後四時四十四分四十四秒《ごごよじよんじゅうよんぷんよんじゅうよんびょう》にトイレのドアを四回《よんかい》ノックすると、四時《よじ》ババアが現《あらわ》れて、何《なに》もない無《む》の空間《くうかん》へ連《つ》れていかれるという。別《べつ》の学校《がっこう》では、午前四時《ごぜんよじ》から五時《ごじ》の間《あいだ》にトイレに入《はい》ると、四時《よじ》ババアが現《あらわ》れてクイズを五問出題《ごもんしゅつだい》する。これに三問以上正解《さんもんいじょうせいかい》しないと、一生《いっしょう》つきまとわれるという。

トイレだけでなく、教室《きょうしつ》や図書館《としょかん》や公園《こうえん》などにも四時《よじ》ババアは現《あらわ》れる。四時四十四分《よじよんじゅうよんぷん》四十四秒《よんじゅうよんびょう》に教室《きょうしつ》の黒板《こくばん》に円《えん》を描《か》き、そこに両手《りょうて》を当《あ》てると四時《よじ》ババアが出《で》てきて、黒板《こくばん》の中《なか》に引《ひ》きずり込《こ》むという話《はなし》、夕方四時《ゆうがたよじ》に公園《こうえん》に現《あらわ》れて子《こ》どもを追《お》い回《まわ》し、捕《つか》まえると二《に》度《ど》と帰《かえ》してくれないという話《はなし》もある。

それは魔《ま》の時刻《じこく》…

四時《よじ》四十四《よんじゅうよん》分《ぷん》の怪《かい》

四時四十四分《よじよんじゅうよんぷん》は不可思議《ふかしぎ》な現象《げんしょう》が起《お》きる時刻《じこく》といわれており、多《おお》くの恐《おそ》ろしい都市伝《としでん》説《せつ》が語《かた》られている。「四《し》」は「死《し》」を、「四時《よじ》」は「四次元《よじげん》」を連想《れんそう》させることから、不吉《ふきつ》な話《はなし》が多《おお》いものと思《おも》われる。

四時四十四分《よじよんじゅうよんぷん》だけでなく、四《し》月四日《がつよっか》のその時刻《じこく》だったり、四十四分《よんじゅうよんぷん》でなく四分《よんぷん》だったり、分《ふん》だけでなく四秒《よんびょう》や四十四秒《よんじゅうよんびょう》と秒単位《びょうたんい》までつくこともある。

その時刻《じこく》にトイレに入《はい》ると三日後《みっかご》に死《し》んでしまう話《はなし》、その時刻《じこく》にトイレの鏡《かがみ》を触《さわ》った少年《しょうねん》が鏡《かがみ》に吸《す》い込《こ》まれ、ベートーベンに呼《よ》ばれて数分後《すうふんご》に音楽室《おんがくしつ》にいたという話《はなし》、教室《きょうしつ》の隅《すみ》に四人《よにん》で立《た》ち、その時刻《じこく》にみんなで教室《きょうしつ》の真《ま》ん中《なか》へ行《い》くと過去《かこ》や未来《みらい》に行《い》ってしまう話《はなし》、その時刻《じこく》に学校《がっこう》の廊下《ろうか》を走《はし》ると墓地《ぼち》に瞬間《しゅんかん》移動《いどう》する話《はなし》などさまざまある。

四人《よにん》のはずが…

四隅《よすみ》の怪《かい》

五人《ごにん》の若者《わかもの》たちが雪山登山《ゆきやまとざん》をしたところ、吹雪《ふぶき》に見舞《みま》われ遭難《そうなん》をしてしまった。一人《ひとり》の若者《わかもの》が亡《な》くなり、残《のこ》りの四《よ》人《にん》は仲間《なかま》の遺体《いたい》を背負《せお》って山《やま》小屋《ごや》へ避難《ひなん》した。その山小屋《やまごや》には暖房《だんぼう》も明《あ》かりもなく、夜《よる》になると気温《きおん》はさらに下《さ》がっていった。じっとしていると眠《ねむ》って凍死《とうし》をするおそれがあるので、夜《よ》が明《あ》けるまで体《からだ》を動《うご》かそうということになった。

そこで四人《よにん》は次《つぎ》のようなことをした。一人《ひとり》ずつ真《ま》っ暗《くら》な部《へ》屋《や》の隅《すみ》に立《た》って、一人《ひとり》が隣《となり》の隅《すみ》まで移動《いどう》し仲間《なかま》の肩《かた》をたたく。たたかれた人《ひと》は反対《はんたい》の隅《すみ》まで行《い》って、そこにいる人《ひと》の肩《かた》をたたく。そしてたたかれた人《ひと》は、次《つぎ》の隅《すみ》まで行《い》きそこにいる人《ひと》の肩《かた》をたたく。この行動《こうどう》を繰《く》り返《かえ》して、四人《よにん》とも眠《ねむ》ることなく朝《あさ》を迎《むか》えることができた。山小屋《やまごや》の外《そと》はすでに吹雪《ふぶき》も収《おさ》まっており四人《よにん》は何《なん》とか下山《げざん》をした。

数日後《すうじつご》、仲間《なかま》の一人《ひとり》が奇妙《きみょう》なことに気《き》がついた。一人目《ひとりめ》は隣《となり》の隅《すみ》に移動《いどう》して二人目《ふたりめ》の肩《かた》をたたいたので、四人目《よにんめ》が一人目《ひとりめ》のいた隅《すみ》に行《い》ってもそこには誰《だれ》もいないはずなのだ。だが、四人目《よにんめ》は肩《かた》をたたいて、この繰《く》り返《かえ》しの行動《こうどう》は朝《あさ》まで続《つづ》いていた。初《はじ》めに一人目《ひとりめ》が移動《いどう》したときに、そこにはもう一人《ひとり》いなければ、この繰《く》り返《かえ》しは成《な》り立《た》たない。四人《よにん》は、亡《な》くなった仲間《なかま》の霊《れい》が自分《じぶん》たちを助《たす》けるために現《あらわ》れたのではないかと語《かた》り合《あ》ったそうだ。

異世界《いせかい》に入《はい》り込《こ》んだ男《おとこ》…

読《よ》めない駅《えき》

ある男性《だんせい》が朝《あさ》の通勤電車《つうきんでんしゃ》に乗《の》っていた。電車《でんしゃ》はいつものように混《こ》んでいたが、ふと気《き》づくと車内《しゃない》には誰《だれ》もいなくなり、電車《でんしゃ》は見《み》たことのない駅《えき》に停車《ていしゃ》していた。

何《なん》という名前《なまえ》の駅《えき》なのかと思《おも》い、男性《だんせい》は看板《かんばん》を見《み》たのだが、駅名《えきめい》を読《よ》もうとするが読《よ》めない。よく知《し》っている漢字《かんじ》のはずなのだが、なぜだかどうしても全《まった》く読《よ》めないのだ。さらに、後《あと》から駅名《えきめい》を調《しら》べようと思《おも》いその字《じ》を覚《おぼ》えようとしたが、どうしても記憶《きおく》することができなかった。

駅《えき》のホームには中年《ちゅうねん》の男《おとこ》の姿《すがた》があった。声《こえ》をかけようとすると、その男《おとこ》のほうから話《はな》しかけてきた。「もう戻《もど》してあげられないから、こっちにおいで。」と、男《おとこ》の口《くち》は動《うご》いていないが、その声《こえ》が直接《ちょくせつ》、耳《みみ》の奥《おく》に響《ひび》いてきたのだ。と同時《どうじ》に、爆竹《ばくちく》がはじけるような衝撃《しょうげき》があり、思《おも》わず目《め》をつぶったが、再《ふたた》び目《め》を開《ひら》くと、不思議《ふしぎ》なことに男性《だんせい》は会社《かいしゃ》にいて仕事《しごと》をしていた。

男性《だんせい》は自分自身《じぶんじしん》に違和感《いわかん》を抱《いだ》いた。鏡《かがみ》を見《み》ると何《なに》か印象《いんしょう》が変《か》わっていて他人《たにん》を見《み》ているような感《かん》じがするのだ。また、同僚《どうりょう》たちにも、どこか別人《べつじん》のような違和感《いわかん》を覚《おぼ》えた。男性《だんせい》はその後《ご》、会社《かいしゃ》を辞《や》めて故郷《こきょう》に戻《もど》ったが、やはり両親《りょうしん》にも全《まった》く別人《べつじん》の印象《いんしょう》を持《も》った。

読《よ》めない駅《えき》に迷《まよ》い込《こ》んだ男性《だんせい》は、今《いま》までとは別《べつ》の世界《せかい》に来《き》てしまったのだ。

読《よ》んではいけない本《ほん》

読《よ》まずにすぐに閉《と》じなさい！

放課後《ほうかご》、ある少女《しょうじょ》が学校《がっこう》の図書室《としょしつ》へ行《い》ったとき、奥《おく》の本《ほん》棚《だな》で一冊《いっさつ》の本《ほん》を見《み》つけた。表《ひょう》紙《し》には「読《よ》んではいけない本《ほん》」と書《か》かれているだけで、ほかには作者《さくしゃ》の名前《なまえ》も何《なに》もない。その本《ほん》の表紙《ひょうし》を開《ひら》くと「読《よ》むな。すぐに閉《と》じよ。」と書《か》かれている。興味《きょうみ》を持《も》った少女《しょうじょ》は読《よ》み始《はじ》めた。書《か》かれている内容《ないよう》はミイラ男《おとこ》が子《こ》どもを襲《おそ》う物語《ものがたり》で、怖《こわ》かったがあまりにもおもしろいため少女《しょうじょ》は警《けい》告文《こくぶん》を無視《むし》して読《よ》みふけった。すると突然《とつぜん》、何《なに》も印刷《いんさつ》されていない真《ま》っ白《しろ》なページがあり「ここでやめろ。先《さき》に進《すす》むな。」と鉛筆《えんぴつ》で書《か》いてあった。それでもさらに読《よ》んでいくと、話《はなし》の中《なか》に少女《しょうじょ》とそっくりな人物《じんぶつ》が現《あらわ》れたのだ。気味《きみ》が悪《わる》かったが、さらに読《よ》み進《すす》めると、物語《ものがたり》の最後《さいご》には、少女《しょうじょ》とそっくりな人物《じんぶつ》がミイラ男《おとこ》に後《うし》ろから襲《おそ》われる場面《ばめん》が出《で》てきた。少女《しょうじょ》がその箇所《かしょ》を読《よ》んだ瞬間《しゅんかん》、背後《はいご》に気配《けはい》を感《かん》じた。少女《しょうじょ》が振《ふ》り返《かえ》ると、本《ほん》に登場《とうじょう》したミイラ男《おとこ》が立《た》っていたのだ。

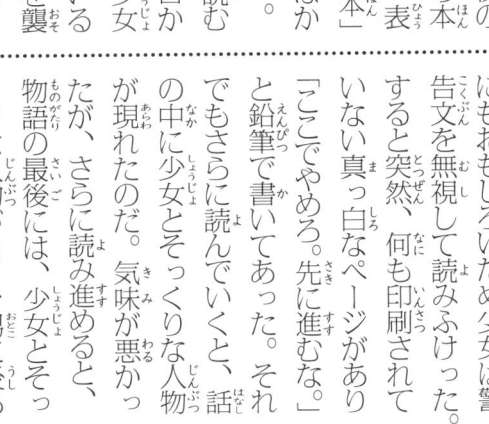

リカちゃんの電話《でんわ》

捨《す》てた人形《にんぎょう》からの電話《でんわ》

ある少女《しょうじょ》が、それまで大切《たいせつ》にしていたリカちゃん人形《にんぎょう》を引《ひ》っ越《こ》しを機《き》に捨《す》ててしまった。新居《しんきょ》に引《ひ》っ越《こ》しが済《す》んだある日《ひ》のこと、妙《みょう》な電話《でんわ》がかかってきた。「もしもし、私《わたし》、リカちゃん。よくも私《わたし》を捨《す》てたわね。あなたを同《おな》じ目《め》に遭《あ》わせてあげる。」いたずら電《でん》話《わ》だと思《おも》って電話《でんわ》を切《き》ったが、数日後《すうじつご》にまた電話《でんわ》があった。「もしもし、私《わたし》、リカちゃん。今《いま》、近《ちか》くの駅《えき》にいるの。迎《むか》えに来《き》てね。」少女《しょうじょ》は怖《こわ》くなりすぐに電話《でんわ》を切《き》ったが、深夜《しんや》に再《ふたた》び電話《でんわ》が鳴《な》った。「もしもし、私《わたし》、リカちゃん。待《ま》っていたのに来《き》てくれなかったわね。でも大丈夫《だいじょうぶ》よ。今《いま》、あなたの後《うし》ろにいるんだから。」

リカちゃんの電話《でんわ》には、別《べつ》の話《はなし》もある。ある少女《しょうじょ》が一人《ひとり》で留守番《るすばん》をしているとき、退《たい》屈《くつ》しのぎに、リカちゃん人形《にんぎょう》が電話《でんわ》で話《はな》してくれる「リカちゃん電話《でんわ》」に電話《でんわ》をした。電話《でんわ》が繋《つな》がると「もしもし、私《わたし》、リカちゃん。これからお出《で》かけするところなの。」と

リカちゃんの声《こえ》がした。再《ふたた》び少女《しょうじょ》は電話《でんわ》をかけてみた。「もしもし、私《わたし》、リカちゃん。お電話《でんわ》ありがとう。今《いま》お出《で》かけ中《ちゅう》なの。」と言《い》う。楽《たの》しいのでさらに電話《でんわ》をかけてみた。

「もしもし、私《わたし》、リカちゃん。今《いま》、あなたのおうちの前《まえ》にいるの。」とリカちゃんが言《い》ったのだ。不気味《ぶきみ》に思《おも》った少女《しょうじょ》は、あわてて電話《でんわ》を切《き》ると自《じ》分《ぶん》の部屋《へや》へ戻《もど》った。すると、少女《しょうじょ》の携帯電話《けいたいでんわ》に非通知《ひつうち》の着《ちゃく》信《しん》があった。恐《おそ》る恐《おそ》る出《で》てみると、リカちゃんの声《こえ》がした。

「もしもし、私《わたし》、リカちゃん。今《いま》、あなたの後《うし》ろにいるの。」

リリーさん

全身《ぜんしん》に包帯《ほうたい》を巻《ま》いた霊《れい》が現《あらわ》れる

リリーさんは体全身《からだぜんしん》に包帯《ほうたい》を巻《ま》いた姿《すがた》で、学校《がっこう》のトイレに現《あらわ》れる。かつて、ある学校《がっこう》で火災《かさい》が起《お》きた。そのとき、逃《に》げ遅《おく》れた生徒《せいと》を助《たす》けようとした女《おんな》の先生《せんせい》が焼死《しょうし》し、霊《れい》となってさまよっているという。

トイレの鏡《かがみ》の前《まえ》で「リリーさん、リリーさん、リリーさん、こちらへ来《き》て。一緒《いっしょ》に遊《あそ》ぼう。」という呪文《じゅもん》を唱《とな》えて、指《ゆび》を三回鳴《さんかいな》らすとリリーさんが現《あらわ》れる。そしてどこまでもものすごいスピードで追《お》いかけてくるか、呼《よ》び出《だ》した生徒《せいと》に一生不幸《いっしょうふこう》が続《つづ》くようにするのだ。それを回避《かいひ》するには、リリーさんは学校《がっこう》から出《で》ることができないので、すぐに学《がっ》校《こう》から出《で》て近《ちか》づかないか、あるいは、鏡《かがみ》に向《む》かって「リリー去《さ》れ。リリー去《さ》れ。リリー去《さ》れ。」と三回唱《さんかいとな》えるとリリーさんは消《き》え去《さ》るという。

少年《しょうねん》が最期《さいご》に忘《わす》れたものは…

忘《わす》れもの帳《ちょう》

ある小学二年生《しょうがくにねんせい》の少年《しょうねん》は、毎日必《まいにちかなら》ず何《なに》か忘《わす》れものをしていた。先生《せんせい》は母親《ははおや》と相談《そうだん》して、表紙《ひょうし》に「わすれものちょう」と書《か》いたノートを少年《しょうねん》に持《も》たせるようにした。翌日学校《よくじつがっこう》に持《も》っていくものを記入《きにゅう》するようにして、ノートを確認《かくにん》する習慣《しゅうかん》をつけると、忘《わす》れものは少《すこ》しずつ減《へ》っていった。

ある日《ひ》の朝《あさ》、少年《しょうねん》は登校途中《とうこうとちゅう》で体操着《たいそうぎ》を忘《わす》れたことに気《き》づく。走《はし》って引《ひ》き返《かえ》したが、踏切《ふみきり》で遮断機《しゃだんき》が下《お》り始《はじ》めた。急《いそ》いでいた少年《しょうねん》は、遮断機《しゃだんき》をくぐって渡《わた》ろうとしたときに線路《せんろ》で転《ころ》んでしまった……。

不思議《ふしぎ》なことに、電車《でんしゃ》に轢《ひ》かれて死亡《しぼう》した少年《しょうねん》の頭《あたま》は見《み》つからなかった。数日後《すうじつご》、母《はは》親《おや》は少年《しょうねん》のランドセルの中《なか》から忘《わす》れもの帳《ちょう》を見《み》つけた。そのノートの最後《さいご》に「わすれもの、ぼくの頭《あたま》」と書《か》かれていた。

廃墟《はいきょ》にいる「わたし」とは…

わたし

小学生《しょうがくせい》が二人《ふたり》で廃墟《はいきょ》へ肝試《きもだめ》しに行《い》った。その建物《たてもの》の二階《にかい》の扉《とびら》の前《まえ》に「わたしは　このさきの　へやに　いるよ」と書《か》いてあった。その通《とお》りに進《すす》んでいくと、突《つ》き当《あ》たりが左《さ》右《ゆう》に分《わ》かれていて「わたしは　ひだりに　いるよ」と壁《かべ》に書《か》いてある。左《ひだり》に進《すす》むと、今度《こんど》は「あたまは　ひだり　からだは　みぎ」とある。それを見《み》た一人《ひとり》の子《こ》は怖《こわ》くなり逃《に》げ出《だ》してしまったが、もう一人《ひとり》は、その先《さき》に何《なに》があるか気《き》になって右《みぎ》のほうへ進《すす》んだ。すると、突《つ》き当《あ》たりの壁《かべ》に「わたしの　からだは　このしたに　いるよ」と書《か》いてあったので、視線《しせん》を落《お》とすと「左《ひだり》の部屋《へや》からわたしの頭《あたま》が来《き》てるよ。後《うし》ろを見《み》ないでね。」と言《い》う声《こえ》が下《した》から聞《き》こえたのだ。その子《こ》は恐《おそ》ろしくなって、二《に》階《かい》の窓《まど》から飛《と》び降《お》りて逃《に》げ出《だ》した。

下《した》から聞《き》こえてきた声《こえ》は、廃墟《はいきょ》をさまよう頭《あたま》のない体《からだ》だけのほうの「わたし」が発《はっ》したものと想像《そうぞう》される。

まだまだあるぞ

都《と》道《どう》府《ふ》県《けん》別《べつ》不《ふ》思《し》議《ぎ》な話《はなし》

学《がっ》校《こう》わらし（岩《いわ》手《て》県《けん》）、骸《がい》骨《こつ》ライダー（埼《さい》玉《たま》県《けん》）、電《でん》車《しゃ》幽《ゆう》霊《れい》（岡《おか》山《やま》県《けん》）など全《ぜん》93話《わ》。

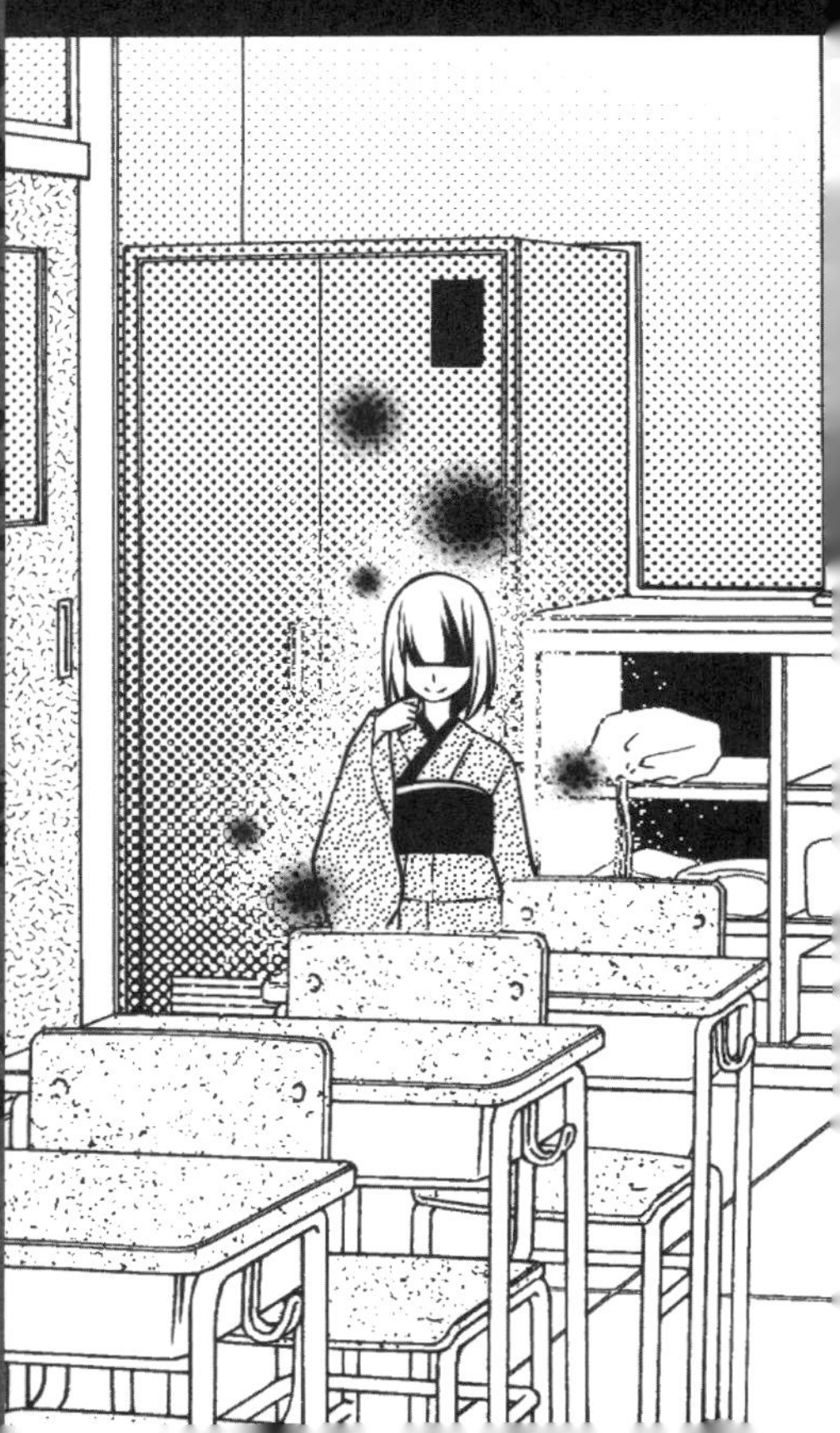

北《ほっ》海《かい》道《どう》

すごいスピードで走《はし》る女《おんな》
ダッシュ女《おんな》

北海道《ほっかいどう》の学校《がっこう》の校舎《こうしゃ》の中《なか》をものすごい速《はや》さでかけ抜《ぬ》ける女《おんな》がいるという。あまりに速《はや》いので、その女《おんな》の顔《かお》を見《み》た人《ひと》は誰《だれ》もいない。そのスピードは時速百《じそくひゃっ》キロメートル以上《いじょう》だともいわれている。

熊《くま》を殺《ころ》すと天候《てんこう》が荒《あ》れる
熊《くま》風《かぜ》

今《いま》から百年《ひゃくねん》ぐらい前《まえ》、エゾヒグマが民家《みんか》を襲《おそ》って死亡者《しぼうしゃ》や重傷者《じゅうしょうしゃ》を多数《たすう》出《だ》した事件《じけん》が起《お》きた。この熊《くま》を射殺《しゃさつ》して死《し》体《たい》を運《はこ》んでいるとき、晴《は》れ上《あ》がっていた空《そら》が急《きゅう》にくもって、強《つよ》い風《かぜ》とともに吹雪《ふぶき》になったという。

地元《じもと》の人《ひと》は、そのとき吹《ふ》いてきた強風《きょうふう》を熊風《くまかぜ》や熊嵐《くまあらし》と呼《よ》んだ。山《やま》の中《なか》で熊《くま》を仕留《しと》めると、麓《ふもと》でも熊風《くまかぜ》が吹《ふ》いたという。

スーツの怪《かい》

坂道《さかみち》に現《あらわ》れる謎《なぞ》の男《おとこ》

青森県《あおもりけん》のある坂《さか》に現《あらわ》れるスーツを着《き》た男《おとこ》の怪人《かいじん》。長《なが》い坂道《さかみち》に現《あらわ》れ、そこを通《とお》る自転車《じてんしゃ》を転倒《てんとう》させたりする。いなくなるときは、体《からだ》を丸《まる》めて坂道《さかみち》を転《ころ》がって、そのまま姿《すがた》を消《け》してしまうという。

首《くび》いるか

夢《ゆめ》の中《なか》に現《あらわ》れる老婆《ろうば》

地蔵《じぞう》の顔《かお》に紙《かみ》が張《は》ってあった。その地蔵《じぞう》の紙《かみ》をはがしてしまうと、夢《ゆめ》の中《なか》に老婆《ろうば》が現《あらわ》れて、「首《くび》いるか、首《くび》いるか。」と尋《たず》ねるのだ。「いらない。」と答《こた》えると、首《くび》を切《き》られて死《し》んでしまう。この老婆《ろうば》は、恐山《おそれざん》に現《あらわ》れるというが、地蔵《じぞう》と老婆《ろうば》の関係《かんけい》は不明《ふめい》である。

学校《がっこう》わらし

学校《がっこう》に現《あらわ》れる不思議《ふしぎ》な子《こ》ども

家《いえ》に出現《しゅつげん》するのは座敷《ざしき》わらしだが、学校《がっこう》には学校《がっこう》わらしが現《あらわ》れる。

岩手県《いわてけん》では、1910年頃《ねんごろ》遠野市《とおのし》の小学校《しょうがっこう》で学校《がっこう》わらしが現《あらわ》れ、その姿《すがた》が見《み》えたのは一年生《いちねんせい》だけだったという。また、時代《じだい》は違《ちが》うがほかの小学校《しょうがっこう》では、白《しろ》い服《ふく》を着《き》て学校《がっこう》の玄関《げんかん》から入《はい》り、教室《きょうしつ》で遊《あそ》んでいた六《ろく》、七歳《しちさい》の子《こ》どもが学校《がっこう》わらしであっただろうといわれている。

学校《がっこう》わらしではこんな話《はなし》もある。ある高校《こうこう》では毎年《まいとし》夏休《なつやす》みに校舎《こうしゃ》で肝試《きもだめ》しをしていた。お化《ば》け役《やく》の生徒《せいと》が各教室《かくきょうしつ》に隠《かく》れて、肝試《きもだめ》しに来《き》た生徒《せいと》を驚《おどろ》かすのだ。ある年《とし》、肝試《きもだめ》しが終《お》わった後《あと》に、どの教室《きょうしつ》が一《いち》番怖《ばんこわ》かったか聞《き》くと、全員《ぜんいん》が「三年四組《さんねんよんくみ》。」と答《こた》えた。だが、その教室《きょうしつ》にはお化《ば》け役《やく》の生徒《せいと》は、誰《だれ》も隠《かく》れていなかった。三年四組《さんねんよんくみ》の教室《きょうしつ》には学校《がっこう》わらしがいたといわれている。

チシマレイコ

自分《じぶん》の首《くび》を探《さが》す女《おんな》

交通事故《こうつうじこ》で死亡《しぼう》した女性《じょせい》の霊《れい》。事故《じこ》で首《くび》が切断《せつだん》され、その首《くび》を探《さが》して歩《ある》き回《まわ》っているという。宮城県《みやぎけん》の北部《ほくぶ》で語《かた》られていたという話《はなし》。

ケセランパサラン

空中《くうちゅう》をフワフワ、謎《なぞ》の物体《ぶったい》

宮城県《みやぎけん》では「ケセラバサラ」とも呼《よ》ばれている。ケセランパサランの登場《とうじょう》は古《ふる》く江戸《えど》時代《じだい》にも記録《きろく》があり、主《おも》に東北《とうほく》地方《ちほう》で見《み》られる怪異《かいい》だ。

ケセランパサランは白《しろ》い毛《け》玉《だま》のような姿《すがた》で、空中《くうちゅう》をフワフワと漂《ただよ》う謎《なぞ》の物体《ぶったい》である。人間《にんげん》に幸福《こうふく》を運《はこ》ぶといわれ、白粉《おしろい》を与《あた》えて桐《きり》の箱《はこ》で飼育《しいく》したといわれている。ただ、東《とう》北地方《ほくちほう》では見《み》るのは一年《いちねん》に一《いち》度《ど》だけで、二度《にど》以上《いじょう》見《み》ると不《ふ》幸《こう》になってしまうという言《い》い伝《つた》えもあった。

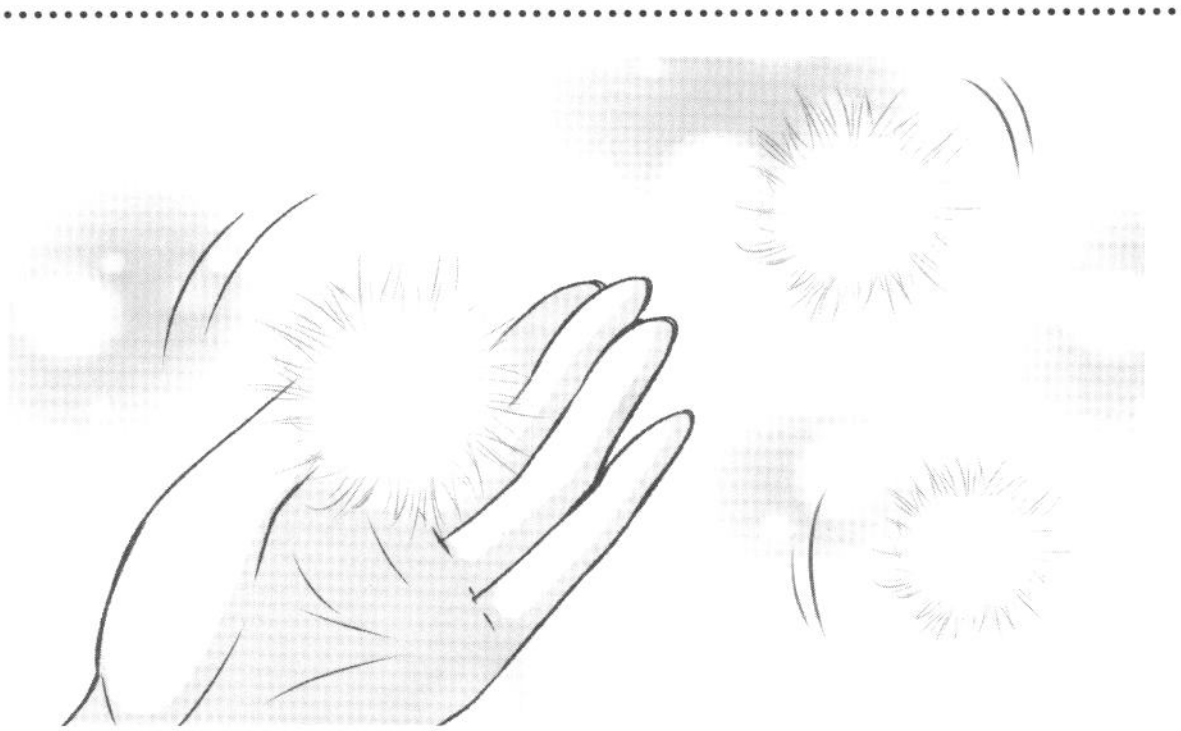

おんぶおばけ

背中《せなか》にしがみつく妖怪《ようかい》

学校《がっこう》の校舎《こうしゃ》の地下物置《ちかものおき》にいる妖怪《ようかい》で、背中《せなか》にしがみつくとなかなか振《ふ》り落《お》とされないという。秋田県《あきたけん》のある中学校《ちゅうがっこう》に出現《しゅつげん》するという怪異《かいい》。

お岩《いわ》さん

学校《がっこう》のトイレと「お岩《いわ》さん」

「お岩《いわ》さん」といえば、江《え》戸時代《どじだい》の鶴屋南北《つるやなんぼく》の著《ちょ》『東海《とうかい》道四谷怪談《どうよつやかいだん》』で、お岩《いわ》さんが飲《の》まされた薬《くすり》で顔半分《かおはんぶん》が醜《みにく》くなり、死《し》んでからも幽霊《ゆうれい》となって怨《うら》みを晴《は》らそうとする話《はなし》だ。この四谷怪談《よつやかいだん》の話《はなし》とは関係《かんけい》がないが、学校《がっこう》のトイレに関《かん》する怖《こわ》い話《はなし》でも「お岩《いわ》さん」の名前《なまえ》がよく登場《とうじょう》する。秋田県《あきたけん》のある学校《がっこう》のトイレで「お岩《いわ》さん。」と呼《よ》ぶと、トイレの水《みず》が勝手《かって》に流《なが》れるという。

ムナカタくん
牛乳《ぎゅうにゅう》を飲《の》みたいという声《こえ》

山形県《やまがたけん》のある小学校《しょうがっこう》のトイレでの話《はなし》。男子《だんし》トイレの個室《こしつ》から「お願《ねが》いです。牛乳《ぎゅうにゅう》を飲《の》ませてください。」と言《い》う声《こえ》がしてくるので、牛乳《ぎゅうにゅう》を持《も》ってくるとドアの隙間《すきま》から手《て》が出《で》てきて牛乳《ぎゅうにゅう》を持《も》っていく。しばらくすると、個室《こしつ》には空《から》になった牛乳《ぎゅうにゅう》ビンが置《お》かれているという。

首《くび》折《お》れ女《おんな》
階段《かいだん》に座《すわ》る女《おんな》

山形県《やまがたけん》の心霊《しんれい》スポットで有《ゆう》名《めい》なある展望台《てんぼうだい》での話《はなし》。展望《てんぼう》台《だい》の階段《かいだん》の途中《とちゅう》に首《くび》が不自然《ふしぜん》に折《お》れ曲《ま》がった女《おんな》が座《すわ》っていることがあるという。この女《おんな》は展望台《てんぼうだい》で死《し》んだ女《おんな》の霊《れい》だという。

オカリヤ様《さま》

石碑《せきひ》のそばに現《あらわ》れる霊《れい》

福島市《ふくしまし》に伝《つた》わる話《はなし》。処刑場《しょけいじょう》跡《あと》に建《た》てられたある中学校《ちゅうがっこう》の校庭《こうてい》にある石碑《せきひ》の近《ちか》くで、オカリヤ様《さま》といわれる霊《れい》が現《あらわ》れるという。そして、その石碑《せきひ》を蹴《け》ったりするとよくないことが起《お》きるという。

アクロバティックサラサラ

サラサラの黒髪《くろかみ》の女《おんな》

長《なが》くてサラサラとした黒髪《くろかみ》に赤《あか》い服《ふく》・赤《あか》い帽子《ぼうし》の背《せ》の高《たか》い女性《じょせい》が主《おも》に福島県《ふくしまけん》で目撃《もくげき》されるという。この女性《じょせい》は背《せ》が非常《ひじょう》に高《たか》くて、左腕《ひだりうで》に多《おお》くの切《き》り傷《きず》があり、顔《かお》は大《おお》きな口《くち》に目《め》の部分《ぶぶん》が黒《くろ》くて眼球《がんきゅう》がないという。走《はし》っている車《くるま》の前《まえ》に突然《とつぜん》現《あらわ》れたり、公園《こうえん》のベンチに座《すわ》っていることもある。この女《おんな》に目《め》をつけられるとさらわれたり、女《おんな》を目撃《もくげき》しただけで、その後《あと》に事故《じこ》を起《お》こしたりするという話《はなし》も…。

風化《ふうか》じいさん

古文書《こもんじょ》を読《よ》む老人《ろうじん》

筑波大学《つくばだいがく》のある宿舎《しゅくしゃ》に現《あらわ》れる老人《ろうじん》で、風化《ふうか》（年月《ねんげつ》が経《た》って徐々《じょじょ》に壊《こわ》れていくこと）しかかった古文書《こもんじょ》を読《よ》んでいる幽霊《ゆうれい》だという。

姉壁《あねかべ》

死《し》の前《まえ》に叫《さけ》んだ言葉《ことば》

つくば市《し》での話《はなし》。道路《どうろ》の反《はん》対側《たいがわ》にいる姉《あね》のところに行《い》こうとした子《こ》どもが車《くるま》にはねられて亡《な》くなった。後《のち》に事故《じこ》が起《お》こった場所《ばしょ》の後《うし》ろに建《た》っていたビルの壁《かべ》に地震《じしん》で亀裂《きれつ》が入《はい》ったとき、その子《こ》どもが叫《さけ》んだ「姉《ねえ》さん」という言葉《ことば》が文字《もじ》になって壁《かべ》に浮《う》かび上《あ》がってきたという。その壁《かべ》を「姉壁《あねかべ》」と呼《よ》んでいたが、現《げん》在《ざい》は塗《ぬ》り替《か》えられてその文字《もじ》は読《よ》めなくなったという。

道路《どうろ》の守護霊《しゅごれい》

道路《どうろ》を監視《かんし》する霊《れい》

栃木県《とちぎけん》のある道路《どうろ》に現《あらわ》れる霊《れい》で、この丁字路《ていじろ》で事故《じこ》を起《お》こしそうな人《ひと》を助《たす》けるという。これは、かつてここで事故《じこ》に遭《あ》った女性《じょせい》の霊《れい》だという。

ほうらいさん

いきなり首《くび》を絞《し》めてくる

ある学校《がっこう》のトイレに現《あらわ》れるという。右《みぎ》から四番目《よんばんめ》のトイレをノックして「ほうらいさん。」と言《い》うと、「はーい。」と返事《へんじ》がしてきて、「遊《あそ》びましょ。」と言《い》うと、「首絞《くびし》めよ。」と返《かえ》ってくる。そして、首《くび》を絞《し》めてきて、その後消《あとき》えてしまうという。

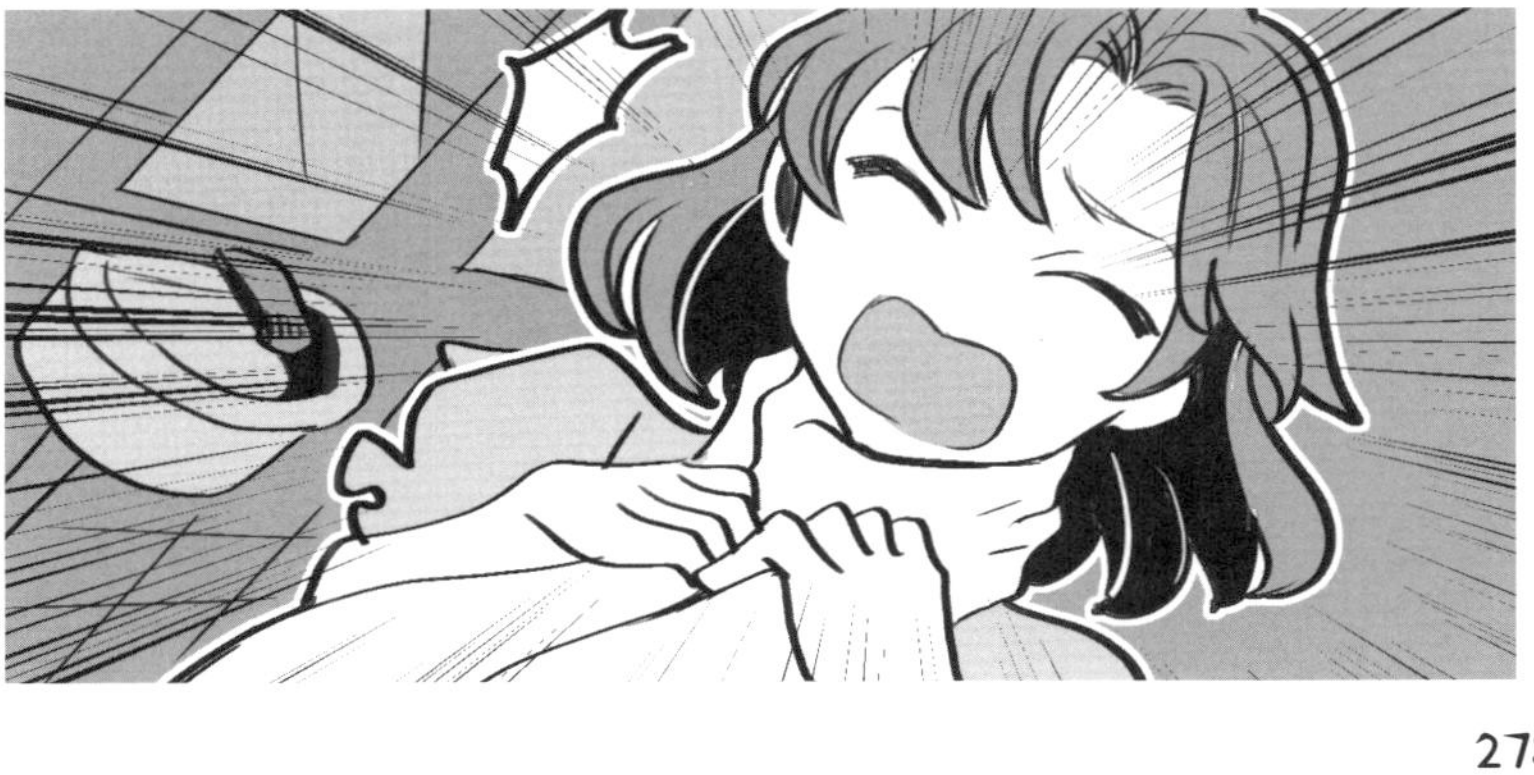

事故《じこ》を誘《さそ》う霊《れい》
相名勝馬《そうなかつま》

「相名勝馬《そうなかつま》」とは危険運転《きけんうんてん》をしていて電柱《でんちゅう》にぶつかって亡《な》くなった暴走族《ぼうそうぞく》のリーダーの名前《なまえ》である。亡《な》くなった後《あと》、かつての暴走族《ぼうそうぞく》の仲間《なかま》に「手《て》をくれ。」とか「足《あし》をくれ。」と言《い》って現《あらわ》れた。その後《ご》、仲《なか》間《ま》は霊《れい》に言《い》われた通《とお》りのところをケガしたという。また、相名勝馬《そうなかつま》の事故車《じこしゃ》が中古車販《ちゅうこしゃはん》売店《ばいてん》で売《う》られたとき、その車《くるま》を買《か》った人《ひと》の助手席《じょしゅせき》に現《あらわ》れて、事故《じこ》が起《お》こるように導《みちび》いたという。「そうなかつま」は逆《ぎゃく》から読《よ》むと「まつかなうそ」、つまり「真《ま》っ赤《か》なうそ」になる。

顔《かお》から血《ち》を流《なが》す女《おんな》
赤《あか》いヤッケの女《おんな》

水上町《みなかみちょう》のスキー場《じょう》に現《あらわ》れるという赤《あか》いヤッケ※の髪《かみ》の長《なが》い女性《じょせい》。この女性《じょせい》はスキーをしながら現《あらわ》れるが、顔《かお》から血《ち》があふれ出《で》ているという。かつて、スキー場《じょう》で滑走禁止《かっそうきんし》の崖《がけ》から落《お》ちて死《し》んだ女性《じょせい》の霊《れい》だといわれている。

※ヤッケ…フードつきの防風《ぼうふう》・防寒着《ぼうかんぎ》。

埼《さい》玉《たま》県《けん》

ぬばさま

池《いけ》から伸《の》びてくる手《て》

ある女子高《じょしこう》に現《あらわ》れるという。嫉妬心《しっとしん》や友《とも》だちを呪《のろ》おうとする悪《わる》い心《こころ》を持《も》った生徒《せいと》が、この学校《がっこう》にある池《いけ》に近《ちか》づくと、池《いけ》から手《て》が出《で》てきて池《いけ》の中《なか》に引《ひ》きずり込《こ》んでしまうという。

骸《がい》骨《こつ》ライダー

黒《くろ》いバイクの怪《かい》

埼玉県《さいたまけん》の山間部《さんかんぶ》に出現《しゅつげん》したという。山間部《さんかんぶ》をバイクで走《はし》っていた若者《わかもの》が後方《こうほう》を振《ふ》り返《かえ》ると、黒《くろ》いヘルメットに黒《くろ》いスーツ、黒《くろ》いバイクが現《あらわ》れ、若者《わかもの》のバイクを抜《ぬ》き去《さ》っていった。若者《わかもの》がそのバイクのヘルメットの中《なか》を見《み》ると、顔《かお》は骸骨《がいこつ》だった。

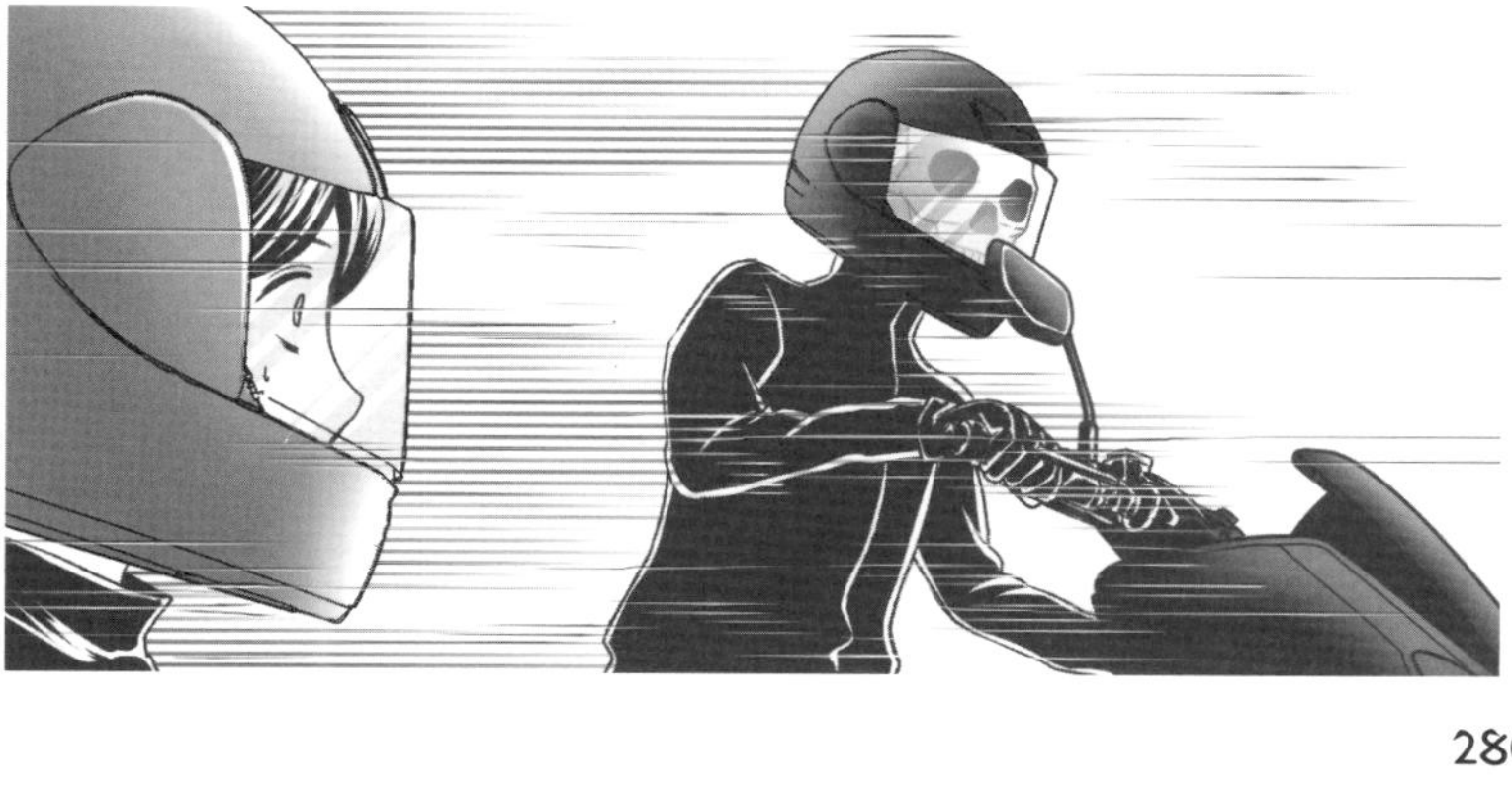

千《ち》葉《ば》県《けん》

入《はい》ったら、出《で》られない森《もり》
八幡《やわた》の藪《やぶ》知《し》らず

市川市《いちかわし》の国道《こくどう》に面《めん》した小《ちい》さな森《もり》の話《はなし》。小《ちい》さな鳥居《とりい》の奥《おく》に広《ひろ》がる森《もり》に入《はい》ったら二度《にど》と出《で》てくることができないといわれている。この伝説《でんせつ》は江《え》戸時代《どじだい》から伝《つた》えられていて、「日本武尊《やまとたけるのみこと》が陣所《じんしょ》とした跡《あと》だから入《はい》ってはいけない。」など、この森《もり》が禁足地《きんそくち》になった理由《りゆう》にはいろいろな説《せつ》がある。

砂浜《すなはま》に打《う》ち上《あ》げられた死体《したい》
頭《あたま》と手《て》と足《あし》

千葉港《ちばこう》の海浜《かいひん》に現《あらわ》れた女《おんな》。三人《さんにん》の男性《だんせい》が砂浜《すなはま》でキャンプをしていると、女《おんな》の人《ひと》が現《あらわ》れ「頭《あたま》と手《て》と足《あし》。」と言《い》ったが、何《なん》のことかわからないので無《む》視《し》した。その夜《よる》、大《おお》きな波《なみ》が来《き》て三人《さんにん》ともテントごと流《なが》されてしまった。次《つぎ》の日《ひ》、それぞれ頭《あたま》と手《て》と足《あし》のない死体《したい》が砂浜《すなはま》に打《う》ち上《あ》げられたという。

東京都《とうきょうと》

幽霊電車《ゆうれいでんしゃ》

深夜《しんや》に突然現《とつぜんあらわ》れた電車《でんしゃ》

1969年《ねん》に廃止《はいし》になった玉川線《たまがわせん》は、道路《どうろ》を走《はし》る路面電車《ろめんでんしゃ》だった。終電《しゅうでん》の時刻《じこく》もすぎた真夜中《まよなか》、一人《ひとり》の女性《じょせい》を乗《の》せた電車《でんしゃ》が現《あらわ》れ、停留所《ていりゅうじょ》に着《つ》くと女性《じょせい》は電車《でんしゃ》ごと消《き》えてしまったという。

七人坊主《しちにんぼうず》

お坊《ぼう》さんの呪《のろ》い

八丈島《はちじょうじま》に伝《つた》わる話《はなし》だ。江戸《えど》時代《じだい》に島《しま》に七人《しちにん》のお坊《ぼう》さんが流《なが》れ着《つ》いた。当時《とうじ》、島《しま》は大飢《だいき》饉《きん》で、島《しま》の住民《じゅうみん》はお坊《ぼう》さんに食料《しょくりょう》を分《わ》け与《あた》えなかった。お坊《ぼう》さんは、自分《じぶん》たちを見殺《みごろ》しにした島《しま》の人《ひと》たちを憎《にく》みながら力尽《ちからつ》きて死《し》んでいったと伝《つた》えられている。

島《しま》では七人坊主《しちにんぼうず》の悪口《わるくち》を言《い》うと祟《たた》りがあるといわれ、道《どう》路工事現場《ろこうじげんば》で七人《しちにん》のお坊《ぼう》さんの悪口《わるくち》を言《い》ったところ、七人《しちにん》の人《ひと》が土砂崩《どしゃくず》れで死亡《しぼう》する事故《じこ》があったという。

神《か》奈《な》川《がわ》県《けん》

トンネルの老婆《ろうば》

孫《まご》の死体《したい》を背負《せお》った老婆《ろうば》

箱根町《はこねまち》のトンネルに現《あらわ》れる怪異《かいい》。トンネルの近《ちか》くのバス停《てい》のそばで孫《まご》が轢《ひ》き逃《に》げされ、通《とお》りかかった車《くるま》に助《たす》けを求《もと》めたが、止《と》まる車《くるま》はなく孫《まご》は死《し》亡《ぼう》してしまった。それ以来《いらい》、背中《せなか》に孫《まご》の死体《したい》を背負《せお》った老《ろう》婆《ば》がトンネルに現《あらわ》れ、通《とお》りかかる車《くるま》を止《と》めようとし、止《と》まらないと猛《もう》スピードで追《お》いかけてくるという。

またこんな噂《うわさ》もある。老婆《ろうば》を見《み》た車《くるま》は止《と》まっても、止《と》まらなくても永遠《えいえん》にトンネルから出《で》られなくなるというのだ。

キミアキ君《くん》

謎《なぞ》の同級生《どうきゅうせい》

ある中学校《ちゅうがっこう》の卒業生《そつぎょうせい》の間《あいだ》で語《かた》り継《つ》がれている噂《うわさ》。彼《かれ》らが中学校《ちゅうがっこう》に入学《にゅうがく》して、初《はじ》めて先《せん》生《せい》が出席《しゅっせき》を取《と》ったとき、「キミアキ君《くん》」という名前《なまえ》が呼《よ》ばれた。

しかし、その生徒《せいと》は、名字《みょうじ》も保護者名《ほごしゃめい》も不明《ふめい》で、住所《じゅうしょ》もあいまいだった。キミアキ君《くん》は学校《がっこう》では普通《ふつう》の男子生徒《だんしせいと》だったが、キミアキ君《くん》の家《いえ》に行《い》った者《もの》はいなかった。

入学《にゅうがく》から一年以上《いちねんいじょう》すぎたある日《ひ》、キミアキ君《くん》は突然誰《とつぜんだれ》にも転居先《てんきょさき》を言《い》わないで転校《てんこう》してしまった。いろいろな噂《うわさ》があったが、キミアキ君《くん》の正体《しょうたい》は不明《ふめい》だという。

新潟《にいがた》ジェイソン村《むら》
全滅《ぜんめつ》した集落《しゅうらく》

ある集落《しゅうらく》にまつわる怪異《かいい》。精神《せいしん》が不安定《ふあんてい》になった少女《しょうじょ》が家族《かぞく》を惨殺《ざんさつ》した後《あと》、近《ちか》くの集落《しゅうらく》の家《いえ》に次々《つぎつぎ》と侵入《しんにゅう》し、鉈《なた》などの凶器《きょうき》で人々《ひとびと》を襲《おそ》い、一夜《いちゃ》にして集落《しゅうらく》の人《ひと》を全滅《ぜんめつ》させた。その後《のち》、少女《しょうじょ》はいきなり取《と》り憑《つ》かれたように南《みなみ》に向《む》かって走《はし》り、姿《すがた》を消《け》したという。事《じ》件《けん》の後《あと》、放置《ほうち》された集落《しゅうらく》は、いつしか新潟《にいがた》ジェイソン村《むら》と呼《よ》ばれるようになった。

ヌナガワヒメ
神隠《かみかく》しに遭《あ》った少年《しょうねん》

松代町《まつしろまち》（現《げん》・十日町市《とおかまちし》）に現《あらわ》れたという怪異《かいい》。町《まち》の神社《じんじゃ》のお祭《まつ》りのとき、一人《ひとり》の少年《しょうねん》が山《やま》の中《なか》で神隠《かみかく》しに遭《あ》ってしまった。四日目《よっかめ》にようやく現《あらわ》れた少年《しょうねん》は、山《やま》の中《なか》で白《しろ》い着《き》物《もの》を着《き》た女《おんな》の人《ひと》に会《あ》ったという。少年《しょうねん》は「きれいな女《おんな》の人《ひと》が膝枕《ひざまくら》して、しっぱつ（いがほおずき）っていうおいしいものを食《た》べさせてくれた。」と言《い》った。町《まち》では、近《ちか》くに祀《まつ》ってあるヌナガワヒメという神様《かみさま》の仕業《しわざ》ではないかと噂《うわさ》になったという。

富山県《とやまけん》

イルカ島《じま》

覚《おぼ》えていてはいけない言葉《ことば》

二十歳《はたち》まで「イルカ島《じま》」という言葉《ことば》を覚《おぼ》えていると、体《からだ》がバラバラになって死《し》んでしまうという怪異《かいい》。

「イルカ島《じま》」にまつわる都《と》市伝説《しでんせつ》がほかにもあって、「イルカ島《じま》」という言葉《ことば》を二十歳《はたち》まで覚《おぼ》えていると「足《あし》いりませんか。」という電話《でんわ》がかかってくるなど、各地《かくち》ではさまざまな話《はなし》が語《かた》られている。

一尺《いっしゃく》じいさん

キセルをくわえる老人《ろうじん》

氷見市《ひみし》に現《あらわ》れた怪異《かいい》。身長《しんちょう》が一尺《いっしゃく》（約三十《やくさんじっ》センチメートル）の小《ち》さな老人《ろうじん》の姿《すがた》で、市谷橋《いちのたにばし》という場所《ばしょ》に立《た》ってキセル（パイプに似《に》た喫煙具《きつえんぐ》）をくわえてニタリと笑《わら》っていたという。道路《どうろ》が整備《せいび》されてからは現《あらわ》れなくなったという。

湯《ゆ》をかける妖怪《ようかい》
ネコババ三人組《さんにんぐみ》

ある学校《がっこう》の近《ちか》くの山《やま》に、夜《よる》二時《にじ》に行《い》くとネコババという妖怪《ようかい》がいる。近寄《ちかよ》ると湯《ゆ》をかけられ、朝《あさ》になるとその部分《ぶぶん》に毛《け》が生《は》えているという。

不思議《ふしぎ》なトーテムポール
トーテムポールの怪《かい》

ある学校《がっこう》の校舎《こうしゃ》と塀《へい》に囲《かこ》まれた狭《せま》い場所《ばしょ》に、卒業生《そつぎょうせい》が制作《せいさく》したトーテムポールがあり、願《ねが》いごとをするとかなえてくれるが、他人《たにん》の不幸《ふこう》を願《ねが》うと願《ねが》った人間《にんげん》に害《がい》があったという。また、トーテムポールの重《かさ》なった顔《かお》の中《なか》に、目《め》から血《ち》を流《なが》している顔《かお》を見《み》つけたときは三日以内《みっかいない》に不幸《ふこう》になるといわれている。

だが、トーテムポールをきれいに掃除《そうじ》をしたところ邪気《じゃき》は消《き》えたという。

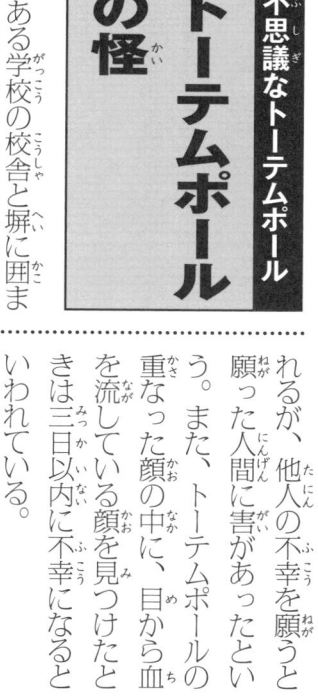

後《うし》ろから足音《あしおと》がびしゃがつく

雪《ゆき》の夜道《よみち》を歩《ある》いていると、後《うし》ろに誰《だれ》もいないはずなのに「びしゃびしゃ。」と足音《あしおと》が聞《き》こえてくるという。「ぴしゃぴしゃ。」と聞《き》こえることもあるので、「ぴしゃがつく。」ともいわれる。

階段《かいだん》に立《た》つと現《あらわ》れるやみ子《こ》さん

やみ子《こ》さんは学校《がっこう》に現《あらわ》れる。階段《かいだん》に十五分《じゅうごふん》以上《いじょう》立《た》っていると、やみ子《こ》さん出《で》てきて、足《あし》を縛《しば》られてから殺《ころ》されてしまうという。また、東京《とうきょう》ではある小学校《しょうがっこう》の三階《さんがい》トイレの三番《さんばん》目《め》の個室《こしつ》のドアを三回《さんかい》ノックして「やみ子《こ》さん。」と声《こえ》をかけると「はーい。」と中《なか》から返事《へんじ》があるが、ドアを開《あ》けても誰《だれ》もおらず、黒《くろ》いものが現《あらわ》れるという。

木《き》を切《き》る霊《れい》の怪《かい》
よさく

ある学校《がっこう》に斧《おの》と鋸《のこぎり》を持《も》って現《あらわ》れる木《き》を切《き》り倒《たお》す霊《れい》。放課《ほうか》後《ご》に廊下《ろうか》を歩《ある》いている生徒《せいと》に「そこを歩《ある》くと足《あし》を切《き》るぞ。」と言《い》う。「足《あし》を切《き》るな。木《き》を切《き》れ。」と答《こた》えると、森《もり》へ行《い》ってしまうという。

高速《こうそく》で走《はし》るおじいさん
百《ひゃっ》キロジジィ

ある男《おとこ》が車《くるま》を運転《うんてん》していた。歩道《ほどう》を歩《ある》いているおじいさんが見《み》えたが気《き》にせず、そのままトンネルの中《なか》を走《はし》っていると、突然《とつぜん》、車《くるま》の横《よこ》に歩道《ほどう》を歩《ある》いていたおじいさんが現《あらわ》れ、百《ひゃっ》キロ近《ちか》い速度《そくど》で走《はし》っている車《くるま》と並《なら》んで走《はし》っていたという。

謎《なぞ》の女《おんな》

稲妻《いなずま》とともに現《あらわ》れる女《おんな》

ある公園《こうえん》に現《あらわ》れる謎《なぞ》の女《おんな》。公園《こうえん》のブランコとすべり台《だい》の真《ま》ん中《なか》あたりに立《た》つと、空《そら》がくもってきて稲妻《いなずま》が光《ひか》り、雷《かみなり》が落《お》ちると女《おんな》が出現《しゅつげん》する。この女《おんな》に触《さわ》られるとその人間《にんげん》は女《おんな》と一緒《いっしょ》に消《き》えてしまう。この女《おんな》が現《あらわ》れたときは、「謎《なぞ》の男《おとこ》。」と言《い》えば助《たす》かるという。

かんひも

恐《おそ》ろしい腕輪《うでわ》

信州新町《しんしゅうしんまち》で確認《かくにん》された怪異《かいい》。それは直径十《ちょっけいじっ》センチメートルほどの腕輪《うでわ》で、黒《くろ》い縄《なわ》ひものようなもので結《ゆ》われていた。この腕輪《うでわ》が入《い》れられた木箱《きばこ》には、意味不明《いみふめい》のお経《きょう》のような漢字《かんじ》が書《か》かれた布《ぬの》が巻《ま》いてあり、木箱《きばこ》は石碑《せきひ》の下《した》に埋《う》められていた。その石碑《せきひ》は、四人《よにん》の人物《じんぶつ》が苦悶《くもん》の表情《ひょうじょう》で絡《から》み合《あ》っているという不気味《ぶきみ》なものだった。この腕輪《うでわ》をはめると「ケー！」と鳥《とり》か猿《さる》のような声《こえ》が聞《き》こえ、数時間後《すうじかんご》には腕輪《うでわ》のひもが解《と》けて一本一本《いっぽんいっぽん》が腕《うで》に突《つ》き刺《さ》さり、皮膚《ひふ》の中《なか》に入《はい》って動《うご》き回《まわ》るので、「かんひも」が入《はい》った部分《ぶぶん》を切《き》り落《お》とすしかない。そのままにしておくと、頭《あたま》のほうまで浸《しん》食《しょく》されるからだ。切《き》り落《お》とした傷口《きずぐち》からは血《ち》ではなく、無《む》数《すう》の髪《かみ》の毛《け》が落《お》ちてくる。

頭《あたま》のほうまで浸食《しんしょく》された場《ば》合《あい》、一本一本《いっぽんいっぽん》の髪《かみ》の毛《け》が脳《のう》に突《つ》き刺《さ》さるという。

太鼓《たいこ》の音《おと》で現《あらわ》れる タイコばばあ

白髪《はくはつ》で大《おお》きな龍《りゅう》を背負《せお》った老婆《ろうば》が太鼓《たいこ》の音《おと》とともに現《あらわ》れる。この老婆《ろうば》に捕《つか》まると河童《かっぱ》のいるところに連《つ》れていかれ、餌《えさ》にされてしまうという。

恐怖《きょうふ》のボール 赤《あか》いボール・青《あお》いボール・黄色《きいろ》いボール

ある小学校《しょうがっこう》のトイレに三人《さんにん》の女子生徒《じょしせいと》が入《はい》ったところ、三人《さんにん》の女《おんな》が現《あらわ》れ、それぞれ赤《あか》・青《あお》・黄色《きいろ》のボールを持《も》っていた。三人《さんにん》の女《おんな》は「赤《あか》いボールいらんかね。」「青《あお》いボールいらんかね。」「黄色《きいろ》いボールいらんかね。」と質問《しつもん》してきた。赤《あか》いボールを選《えら》んだ生徒《せいと》は血《ち》まみれになり、青《あお》いボールを選《えら》んだ生徒《せいと》は血《ち》を抜《ぬ》かれ、黄色《きいろ》いボールを選《えら》んだ生徒《せいと》はそのボールをもらって無事《ぶじ》にトイレから出《で》られたという。

道《みち》を尋《たず》ねる老婆《ろうば》
道聞《みちき》きおばあさん

ある大学《だいがく》の学生寮《がくせいりょう》に現《あらわ》れる白髪《はくはつ》の上品《じょうひん》な老婆《ろうば》の怪異《かいい》。夜《よる》になると寮《りょう》の二階《にかい》のある部屋《へや》をノックして、付近《ふきん》の町《まち》への行《い》き方《かた》を聞《き》いた後《あと》、消《き》えてしまうという。

車《くるま》と同《おな》じ速《はや》さで走《はし》る少女《しょうじょ》
霧《きり》の中《なか》の少女《しょうじょ》

伊豆《いず》スカイラインで霧《きり》の日《ひ》に現《あらわ》れる少女《しょうじょ》で、道端《みちばた》の石垣《いしがき》の上《うえ》を車《くるま》と同《おな》じ速度《そくど》で走《はし》るという。この少女《しょうじょ》を見《み》た後《あと》は、いくら車《くるま》を走《はし》らせても、次《つぎ》のインターチェンジに着《つ》かないような気《き》がするという。

骨《ほね》売《う》りババァ

骨《ほね》を売《う》る殺人老婆《さつじんろうば》

深夜《しんや》の一時《いちじ》から二時頃《にじごろ》に、ある学校《がっこう》に現《あらわ》れる九十歳《きゅうじっさい》ぐらいの老婆《ろうば》。出会《であ》うと「骨《ほね》いりませんか。」と尋《たず》ねてくる。「いらない。」と言《い》うと、骨《ほね》で頭《あたま》を殴《なぐ》られて殺《ころ》されてしまう。「いります。」と言《い》うと、全身《ぜんしん》の骨《ほね》を抜《ぬ》かれて殺《ころ》されてしまう。もし逃《に》げても、秒速三十《びょうそくさんじゅう》メートルというものすごい速《はや》さで追《お》いかけてくる。

ピョンピョンババァ

跳《と》びながら追《お》いかけてくる

山道《さんどう》に出現《しゅつげん》するという怪異《かいい》。車《くるま》で山道《さんどう》を走《はし》っていると、女《おんな》の人《ひと》が小刻《こきざ》みに跳《と》びながら追《お》いかけてくる。追《お》いつかれると、呪《のろ》われて死《し》んでしまうという。この女《おんな》の人《ひと》は、山道《さんどう》をオートバイで走《はし》っていたとき車《くるま》にはねられて死亡《しぼう》した人《ひと》だという。

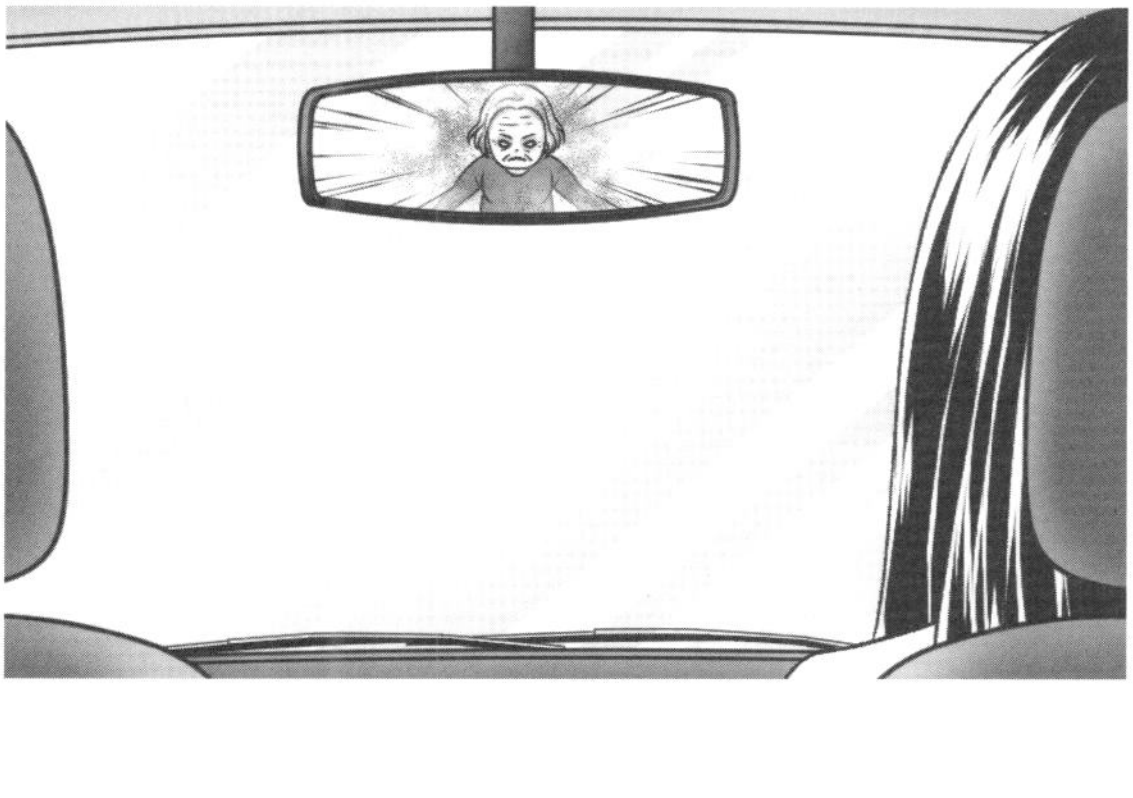

うさぎババア

生徒《せいと》を追《お》いかける怪異《かいい》

ある学校《がっこう》で噂《うわさ》になったという怪異《かいい》。竹藪《たけやぶ》の中《なか》から、頭《あたま》が老婆《ろうば》で体《からだ》がウサギという怪異《かいい》が突然現《とつぜんあらわ》れ、生徒《せいと》と目《め》が合《あ》うとどこまでも追《お》いかけてきたという。また、突然《とつぜん》、壁《かべ》から現《あらわ》れることもあるらしい。

四《よ》つ角《かど》ばあさん

名前《なまえ》を知《し》られてはいけない

夕暮《ゆうぐ》れになると交差点《こうさてん》に現《あらわ》れる老婆《ろうば》。子《こ》どもに名前《なまえ》を尋《たず》ねて、名前《なまえ》を答《こた》えた子《こ》をどこかに連《つ》れ去《さ》ってしまうという。また、名前《なまえ》を言《い》わなくても、名札《なふだ》をつけていて、この老婆《ろうば》に名前《なまえ》を知《し》られてしまうと、やっぱりどこかへ連《つ》れていかれてしまう。

メリーちゃん人形《にんぎょう》の怪《かい》

目《め》が光《ひか》る人形《にんぎょう》

ある学校《がっこう》にメリーちゃんと呼《よ》ばれる西洋人形《せいようにんぎょう》があった。夜《よる》にこの人形《にんぎょう》を見《み》つめると、人形《にんぎょう》の目《め》が光《ひか》り始《はじ》め、その夜《よる》は眠《ねむ》れなくなってしまう。また、この人形《にんぎょう》はかつてアメリカから送《おく》られてきたものだが、二十歳《はたち》をすぎてもこの人形《にんぎょう》のことを覚《おぼ》えていると早死《はやじ》にするという。

偽人力車《にせじんりきしゃ》

カワウソのいたずら

男性《だんせい》がある川《かわ》のそばを歩《ある》いていると、人力車《じんりきしゃ》が飛《と》び出《だ》してきた。川《かわ》には昔《むかし》から人《ひと》を騙《だま》すカワウソがいるという話《はなし》を思《おも》い出《だ》し、車夫《しゃふ》にタバコの煙《けむり》を吹《ふ》きかけると、車夫《しゃふ》の姿《すがた》は消《き》えて川《かわ》で大《おお》きな音《おと》がした。

しばらくして、再《ふたた》び同《おな》じ人力車《じんりきしゃ》が現《あらわ》れたので、またタバコの煙《けむり》を吹《ふ》きかけた。それから同《おな》じようなことが何度《なんど》も起《お》こるので、家《いえ》まで逃《に》げようとしたが体《からだ》が重《おも》くて動《うご》けない。ようやく家《いえ》に帰《かえ》ったが、それから一《いっ》か月《げつ》も寝込《ねこ》んでしまったという。

竹伐《たけきり》狸《たぬき》

夜中《よなか》に聞《き》こえる音《おと》

京都府《きょうとふ》のある竹林《ちくりん》に出現《しゅつげん》する怪異《かいい》。夜中《よなか》になると人《ひと》けのない竹林《ちくりん》から、竹《たけ》の枝《えだ》を切《き》ったり、竹《たけ》を切《き》り倒《たお》す音《おと》が聞《き》こえてくるという。

車窓《しゃそう》の目《め》

目《め》が何十《なんじゅう》も現《あらわ》れた

ある峠《とうげ》を車《くるま》で走《はし》っていると現《あらわ》れる怪異《かいい》。夜《よる》にこの峠《とうげ》を走《はし》っていると車《くるま》のエンジンが急《きゅう》に停止《ていし》し、運転《うんてん》していた人《ひと》は金縛《かなしば》りになってしまった。車窓《しゃそう》を見《み》ると何十《なんじゅう》もの目《め》が現《あらわ》れて、運転《うんてん》していた人《ひと》を見《み》つめてきたという。

きもちの悪《わる》いもの

正体不明《しょうたいふめい》の怪異《かいい》

雨《あめ》が降《ふ》る夜中《よなか》に玄関《げんかん》のドアをたたく音《おと》がした。ドアを開《あ》けると何《なん》ともきもちの悪《わる》いものが立《た》っていた。この怪異《かいい》に「足《あし》、いるかぁ～。」と聞《き》かれ、「いらん。」と答《こた》えると、足《あし》を一本持《いっぽんも》っていかれてしまう。「いる。」と答《こた》えると、足《あし》が一本生《いっぽんは》えてくる。また、「どこから来《き》たんだ。」と聞《き》くと、「かぁ、しぃ、まぁ。」と答《こた》えるという。この意味《いみ》は不明《ふめい》…。

泉《いずみ》の広場《ひろば》の赤《あか》い服《ふく》の女《おんな》

正体不明《しょうたいふめい》の女性《じょせい》

梅田《うめだ》の泉《いずみ》の広場《ひろば》に現《あらわ》れ、赤《あか》いドレスや赤《あか》いワンピースなどの赤《あか》い服《ふく》を着《き》た女性《じょせい》の怪《かい》。人《ひと》によっては見《み》えたり見《み》えなかったりするが、赤《あか》い服《ふく》を着《き》て目《め》の白目部分《しろめぶぶん》が黒《くろ》くなっているという不気味《ぶきみ》な姿《すがた》だ。気《き》づいた人《ひと》には近寄《ちかよ》って、顔《かお》をジーッと見《み》つめてくるという。

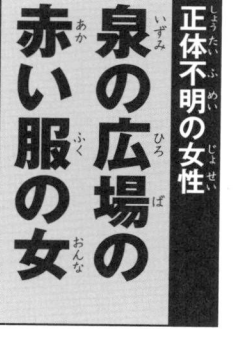

牛女《うしおんな》

牛頭人身《ぎゅうとうじんしん》の妖怪《ようかい》

六甲山地域《ろっこうさんちいき》に出現《しゅつげん》したという。体《からだ》は人間《にんげん》の女性《じょせい》だが頭《あたま》は牛《うし》で、赤《あか》い着物《きもの》を着《き》ている。牛女《うしおんな》に会《あ》うと事故《じこ》を起《お》こしてしまうらしい。

チャーニスさま

閉《と》じ込《こ》められた少女《しょうじょ》

おまじないにまつわる怪異《かいい》。ある学校《がっこう》の旧校舎《きゅうこうしゃ》の理科準備《りかじゅんび》室《しつ》で、机《つくえ》の上《うえ》に鉛筆《えんぴつ》やシャープペンシルを置《お》いて、「チャーニスさま、チャーニスさま、私《わたし》の筆《ふで》にお宿《やど》りください。」と唱《とな》えると、テストで高得点《こうとくてん》を取《と》れるようになるという。

しかし、このおまじないを行《おこな》った生徒《せいと》は、その後《ご》、理科《りか》準備室《じゅんびしつ》から帰《かえ》ってこなくなってしまうのだ。

かつて天才《てんさい》と呼《よ》ばれた左利《ひだりき》きの少女《しょうじょ》が、かくれんぼで理《り》科準備室《かじゅんびしつ》の戸棚《とだな》に入《はい》ったが出《で》られなくなり、死《し》んでしまった。その少女《しょうじょ》の霊《れい》がチャーニスさまの正体《しょうたい》だという。

やまびこ
呼《よ》ぶのは二回《にかい》まで

　夜《よる》になってから、山《やま》に向《む》かって「おーい、やまびこー。」と叫《さけ》ぶと、「だーれーじゃー。」とこだまが返《かえ》ってきて、得体《えたい》の知《し》れない大《おお》きな怪異《かいい》が追《お》いかけてくる。

　やまびこを一回《いっかい》か二回《にかい》呼《よ》ぶだけだと、玄関《げんかん》の中《なか》まで逃《に》げれば安全《あんぜん》だという。だが、三回《さんかい》呼《よ》ぶと家《いえ》の中《なか》まで入《はい》ってきて、眠《ねむ》った後《あと》、夢《ゆめ》にやまびこが出《で》てくる。その後《ご》、目《め》が覚《さ》めると目《め》の前《まえ》のやまびこに食《た》べられてしまうという。夜《よる》にやまびこを呼《よ》ぶのは、二回《にかい》までにしなければならない。

学校《がっこう》の霊《れい》
寂《さび》しがり屋《や》の霊《れい》

　ある中学校《ちゅうがっこう》では、最後《さいご》に帰《かえ》る生徒《せいと》が金縛《かなしば》りに遭《あ》うという。

　また、赤鉛筆《あかえんぴつ》を握《にぎ》っていると金縛《かなしば》りに遭《あ》わなくてすむともいう。学校《がっこう》にいる霊《れい》が寂《さび》しさから、生徒《せいと》に一人《ひとり》でもいいから残《のこ》ってもらいたいと思《おも》って、一番最後《いちばんさいご》に帰《かえ》る生徒《せいと》を金縛《かなしば》りに遭《あ》わせるのだそうだ。

ツチノコ

未確認動物《みかくにんどうぶつ》の怪《かい》

未確認動物《みかくにんどうぶつ》として有名《ゆうめい》なツチノコの怪異《かいい》は古《ふる》くから各地《かくち》にある。和歌山県《わかやまけん》の東牟婁郡《ひがしむろぐん》では毒《どく》の霧《きり》を吐《は》くといわれており、この霧《きり》に触《ふ》れると一週《いっしゅう》間《かん》も寝込《ねこ》んでしまったという。

せんぬきこぞう

謎《なぞ》を解《と》くと逃《に》げてしまう

「せすべんせてうんせそんさ」という、意味不明《いみふめい》な言葉《ことば》を言《い》いながら中学校《ちゅうがっこう》に現《あらわ》れる少年《しょうねん》の姿《すがた》をした怪異《かいい》。栓抜《せんぬ》きを持《も》っていて、ガラスを割《わ》ったり生徒《せいと》を襲《おそ》ったりするという。「すべてうそ。」と言《い》うと、泣《な》きながら逃《に》げてしまう。「せすべんせてうんせそんさ」から「栓抜《せんぬ》き」なので「せん」の文字《もじ》を抜《ぬ》くと「すべてうそさ」になる。

化《ば》け物《もの》の木《き》

木《き》に住《す》む妖怪《ようかい》

春日神社《かすがじんじゃ》（東伯郡琴浦町《とうはくぐんことうらちょう》）にある大木《たいぼく》・椎《しい》の木《き》にまつわる怪異《かいい》。冬《ふゆ》には雪女《ゆきおんな》、夏《なつ》には七尋女房《ななひろにょうぼう》（鳥取県《とっとりけん》や島根《しまね》県《けん》に伝《つた》えられる背《せ》が七尋《ななひろ》〈約《やく》十二《じゅうに》・六《ろく》メートル〉もある女《おんな》の妖怪《ようかい》）が住《す》んでいて、悪《わる》いことをした人間《にんげん》を木《き》の股《また》の穴《あな》に引《ひ》きずり込《こ》むという。

はいじま駅《えき》

消《き》えた駅《えき》

はいじま駅《えき》から歩《ある》いて道《みち》なりに進《すす》んでいくと、人《ひと》の気配《けはい》があるところに出《で》た。そこは青谷町《あおやちょう》（鳥取市《とっとりし》）だったという。後日《ごじつ》、その場所《ばしょ》を訪《おとず》れると、駅《えき》へ向《む》かっていく道《みち》は公《こう》園《えん》に繋《つな》がっていて、はいじま駅《えき》はなかったという。因美線《いんびせん》（鳥取駅《とっとりえき》から岡山県津山市《おかやまけんつやまし》の東津山駅《ひがしつやまえき》までの路線《ろせん》）沿《ぞ》いに存在《そんざい》したとされる異界駅《いかいえき》の怪《かい》。

島《しま》根《ね》県《けん》

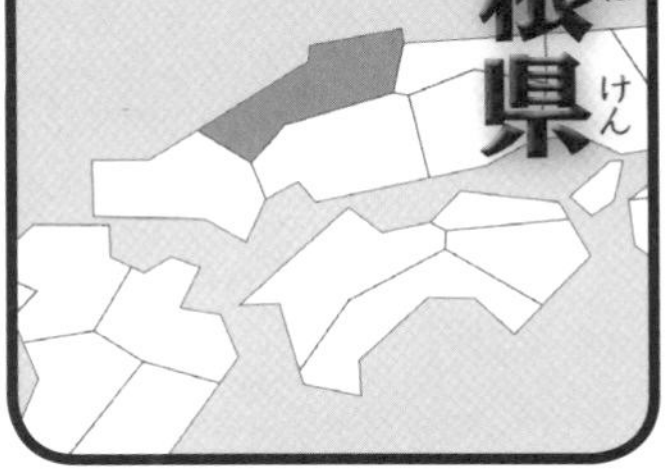

さんぬけぼうず

解読《かいどく》すると喜《よろこ》ぶ

ある学校《がっこう》に現《あらわ》れて「さぼくんはえさんらいんか」という意味《いみ》がよくわからない言葉《ことば》で問《と》いかけてくるという。「バカ。」と言《い》うと知《し》らない世界《せかい》に連《つ》れていかれる。「さんぬけ」なので、「さ」と「ん」の文字《もじ》を抜《ぬ》くと「ぼくはえらいか」という質問《しつもん》になり「偉《えら》い。」と言《い》うと喜《よろこ》んで帰《かえ》っていく。

エリーゼ

ベートーベンの恋人《こいびと》

ある学校《がっこう》の体育館裏《たいいくかんうら》のトイレに現《あらわ》れる。「私《わたし》のベートーベンを返《かえ》して。」と言《い》ってくるので、「あなたのベートーベンを盗《と》っていない。」と言《い》うと、「そうね、あなたは違《ちが》うみたい。」と言《い》って消《き》えていくという。エリーゼとはテレーゼのことでベートーベンが恋人《こいびと》テレーゼのために作《つく》った「テレーゼのために」というピアノ曲《きょく》が、何《なん》らかの原因《げんいん》で「エリーゼのために」という題《だい》になったといわれている。

電車《でんしゃ》幽霊《ゆうれい》

決《き》まった場所《ばしょ》で消《き》える女性《じょせい》

その男性《だんせい》は岡山県《おかやまけん》の赤穂線《あこうせん》を毎日《まいにち》利用《りよう》していた。ある日《ひ》、電車《でんしゃ》に乗《の》ると、きれいな女性《じょせい》が目《め》に入《はい》った。翌日《よくじつ》も、またその翌日《よくじつ》も女性《じょせい》は乗《の》っている。彼女《かのじょ》はいつも男性《だんせい》と同《おな》じ車両《しゃりょう》に乗《の》っていて、必《かなら》ず出入《でい》り口《ぐち》のそばの同《おな》じ席《せき》に座《すわ》っているのだ。男性《だんせい》は彼女《かのじょ》がどこで降《お》りるのか気《き》になったが、いつもいつの間《ま》にかいなくなってしまう。あるとき彼女《かのじょ》が座《すわ》っていた席《せき》を見《み》ると、天気《てんき》のいい日《ひ》にもかかわらず、びしょびしょにぬれていた。

彼女《かのじょ》が電車《でんしゃ》から姿《すがた》を消《け》す場所《ばしょ》には、以前《いぜん》無縁墓《むえんばか》があった。赤穂線《あこうせん》の工事《こうじ》をしたときに、その無縁墓《むえんばか》は壊《こわ》されてしまったのだ。その墓《はか》は、毎日《まいにち》電車《でんしゃ》に乗《の》っている女性《じょせい》のものだった。自分《じぶん》の墓《はか》を壊《こわ》されたために、化《ば》けて出《で》てきているといわれている。

老女《ろうじょ》カコリ

もんぺ姿《すがた》の老婆《ろうば》の怪《かい》

広島県《ひろしまけん》に現《あらわ》れたというカコリという名前《なまえ》の老婆《ろうば》。カコリという名前《なまえ》を口《くち》にすると、三日以内《みっかいない》に自分《じぶん》の家《いえ》の戸《と》の前《まえ》にモンペ姿《すがた》のカコリが立《た》っているという。カコリは戦争《せんそう》で亡《な》くなる前《まえ》、家《いえ》の戸《と》の修繕《しゅうぜん》をしていたという。

マッタケバーチャン

いつの間《ま》にか現《あらわ》れる老婆《ろうば》

広島県《ひろしまけん》のある島《しま》でのできごと。島《しま》に松茸狩《まつたけが》りに来《き》た一家《いっか》のおばあちゃんが山《やま》の中《なか》で迷子《まいご》になって帰《かえ》ってこなかった。しばらくしてから、夜《よる》に車《くるま》でその山《やま》を通《とお》ると、いつの間《ま》にか老婆《ろうば》が座席《ざせき》に座《すわ》っているという怪奇現象《かいきげんしょう》が起《お》こるようになった。老婆《ろうば》を乗《の》せないようにするためには、荷物《にもつ》などを座席《ざせき》に置《お》いて座《すわ》るところがなくなるようにすればよいと伝《つた》わる。

空腹《くうふく》で動《うご》けなくなる
ヒモジイ様《さま》

周防大島《すおうおおしま》の源明峠《げんめいとうげ》にいる妖怪《ようかい》・ヒモジイ様《さま》の話《はなし》。頂上付《ちょうじょうふ》近《きん》でこの妖怪《ようかい》に取《と》り憑《つ》かれると、おなかがすいて動《うご》けなくなるという。握《にぎ》り飯《めし》を一口《ひとくち》でも食《た》べると、動《うご》けるようになる。また、手《て》のひらに「米《こめ》」という字《じ》を書《か》くと助《たす》かるといわれる。

死《し》を呼《よ》ぶ注射《ちゅうしゃ》
三人《さんにん》の看護師《かんごし》さん

ある学校《がっこう》に出現《しゅつげん》する看護師《かんごし》さん。看護師《かんごし》さんに注射《ちゅうしゃ》をされると、すぐに病院《びょういん》に行《い》って治療《ちりょう》をしないと死《し》んでしまうという。

赤《あか》い服《ふく》の警備員《けいびいん》

見《み》てはいけない警備員《けいびいん》

ある小学校《しょうがっこう》には、夜《よる》になるといるはずのない赤《あか》い服《ふく》の警《けい》備員《びいん》が現《あらわ》れるという。そして、その警備員《けいびいん》を見《み》た人《ひと》は、七日《なのか》以内《いない》に死《し》んでしまうという。小学校《しょうがっこう》が建《た》てられる前《まえ》、その場所《ばしょ》は墓地《ぼち》だったと伝《つた》えられている。

夢《ゆめ》のダルマ

ダルマと勝負《しょうぶ》

夢《ゆめ》の中《なか》に大《おお》きなダルマが出《で》てきて、にらめっこを挑《いど》んでくるという。「にらめっこしましょ、あっぷっぷ。」と言《い》い、にらみ返《かえ》してダルマに勝《か》つとダルマは逃《に》げていくが、もし、負《ま》けるとダルマのような姿《すがた》にされてしまうという。

つまようじさんとみきようじさん

不思議《ふしぎ》な名前《なまえ》で出現《しゅつげん》

ある学校《がっこう》では、生徒《せいと》に向《む》かって爪楊枝《つまようじ》（木製《もくせい》の先《さき》のとがった細《ほそ》い棒《ぼう》で、食後《しょくご》、歯《は》の間《あいだ》の食《た》べかすを取《と》ったり、食《た》べ物《もの》に刺《さ》して口《くち》に運《はこ》ぶ食器《しょっき》などとして使《つか》ったりする。）を投《な》げてくる「つまようじさん」と生徒《せいと》を追《お》いかけてくる「みきようじさん」が現《あらわ》れたという。「みきようじさん」のほうの名前《なまえ》の由来《ゆらい》は不明《ふめい》である。

赤《あか》い舌《した》・青《あお》い舌《した》

トイレから声《こえ》が聞《き》こえてくる

直島町《なおしまちょう》の小学校《しょうがっこう》に出現《しゅつげん》したという怪異《かいい》。今《いま》から七十年《ななじゅうねん》以上前《いじょうまえ》の1947、8年頃《ねんごろ》、学《がっ》校《こう》のトイレで「赤《あか》い舌《した》やろうか、青《あお》い舌《した》やろうか。」と言《い》う声《こえ》が聞《き》こえてきて、赤《あか》い舌《した》と答《こた》えても青《あお》い舌《した》と答《こた》えても、お尻《しり》を撫《な》でられたという。また、トイレのドアが開《あ》かなくなって、ドアを壊《こわ》してもらって出《で》たという話《はなし》もある。

肖像画《しょうぞうが》の目《め》が動《うご》く
ヒカルさん

松山大学《まつやまだいがく》の会館《かいかん》が平成《へいせい》に入《はい》って取《と》り壊《こわ》される前《まえ》に起《お》きていた怪異《かいい》。会館《かいかん》には、いすに腰《こし》かけた女性《じょせい》の肖像画《しょうぞうが》が飾《かざ》ってあった。その肖像画《しょうぞうが》の目《め》が動《うご》く、絵《え》を指差《ゆびさ》すとケガをする、触《さわ》ると祟《たた》りがあるなどと噂《うわさ》されていた。

どこからともなく聞《き》こえる声《こえ》
仏崎《ほとけざき》の女《おんな》

約八十年前《やくはちじゅうねんまえ》、新居浜市《にいはまし》と西条市《さいじょうし》の境《さかい》に海《うみ》に面《めん》した仏崎《ほとけざき》という峠《とうげ》があった。峠《とうげ》の先《さき》を船《ふね》で通《とお》ると「乗《の》せてください。」と声《こえ》をかける美女《びじょ》がいて、この声《こえ》を聞《き》いた船乗《ふなの》りは、高熱《こうねつ》を出《だ》して寝込《ねこ》んだという。

その後《ご》、この峠《とうげ》に自動車道《じどうしゃどう》ができると、同《おな》じ美女《びじょ》が車《くるま》に「乗《の》せてください。」と頼《たの》むようになったという。

奥深《おくぶか》い山《やま》の集落《しゅうらく》に現《あらわ》れる
モリモリさま

高知県《こうちけん》に現《あらわ》れたという怪異《かいい》。県内《けんない》の山深《やまふか》くにある集落《しゅうらく》の守《まも》り神《がみ》で、「森守《もりも》り様《さま》」と書《か》く。基本的《きほんてき》には集落《しゅうらく》に恵《めぐ》みをもたらす神様《かみさま》だが、目《め》をつけられると魂《たましい》を抜《ぬ》かれて森《もり》の肥《こ》やしにされる。この対象《たいしょう》となるのは森《もり》を荒《あ》らす不浄《ふじょう》なもので、人《ひと》か獣《けもの》かの区別《くべつ》はないが、モリモリさまに呪詛《じゅそ》の言葉《ことば》を吐《は》きかけられた者《もの》は三年以内《さんねんいない》に祟《たた》り殺《ころ》される。この呪詛《じゅそ》の言《こと》葉《ば》は「アム」「アモ」といったものであるという。またその姿《すがた》は、人間《にんげん》の子《こ》どものようであるとされる。

2ちゃんねるオカルト板《いた》にて、2012年四月十一日《ねんしがつじゅういちにち》に書《か》き込《こ》まれた。

振《ふ》り返《かえ》ってはいけない橋《はし》
見《み》返《かえ》り橋《ばし》

高知県《こうちけん》の心霊《しんれい》スポットとして語《かた》られる怪異《かいい》。香美市《かみし》にあるこの橋《はし》を渡《わた》る場合《ばあい》、途中《とちゅう》で後《うし》ろを振《ふ》り返《かえ》ってはいけないといわれている。なぜなら、振《ふ》り返《かえ》ると茂《しげ》みの中《なか》から恐《おそ》ろしい表情《ひょうじょう》をした和服《わふく》の女性《じょせい》が現《あらわ》れ、体《からだ》を引《ひ》きずるようにして追《お》いかけてくるという。ほかにも振《ふ》り返《かえ》ると橋《はし》の下《した》から無数《むすう》の白《しろ》い腕《うで》が現《あらわ》れ、引《ひ》きずり込《こ》まれるといった話《はなし》もあるようだ。

福岡県《ふくおかけん》

禍垂《かすい》
正体不明《しょうたいふめい》の怪《かい》

禍垂《かすい》は、福岡県《ふくおかけん》の犬鳴山《いぬなきやま》とその周辺《しゅうへん》に出現《しゅつげん》する。人間《にんげん》の上半身《じょうはんしん》だけのような姿《すがた》をしており、普段《ふだん》は木《き》の枝《えだ》に腕《うで》でぶら下《さ》がっている。その地《ち》の犬《いぬ》鳴峠《なきとうげ》や犬鳴《いぬなき》トンネルは、心霊《しんれい》スポットとして有名《ゆうめい》だが、禍《か》垂《すい》は犬鳴《いぬなき》トンネルで事故死《じこし》した人《ひと》の霊《れい》に取《と》り憑《つ》いて、その人《ひと》の肉親《にくしん》や友人《ゆうじん》などにつきまとって殺《ころ》そうとする。

爪《つめ》切《き》りババ
すべり台《だい》の上《うえ》に現《あらわ》れる

ある学校《がっこう》のすべり台《だい》の上《うえ》に現《あらわ》れる怪異《かいい》。夜《よる》の十二時《じゅうにじ》にすべり台《だい》の上《うえ》にいると、「爪《つめ》切《き》ったろうか。」と言《い》ってくる。「はい。」と言《い》うと指《ゆび》まで切《き》られ、「いいえ。」と言《い》うと腕《うで》まで切《き》られるという。

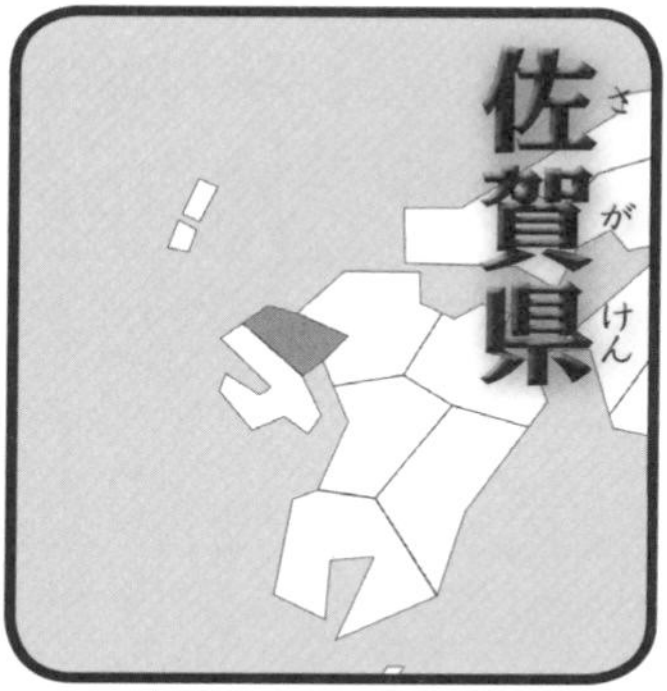

首《くび》ちょうちん

自分《じぶん》の頭《あたま》をぶら下《さ》げている

四国《しこく》によく現《あらわ》れる怪異《かいい》だが、佐賀県《さがけん》や東京都《とうきょうと》にも現《あらわ》れるという。首《くび》ちょうちんは、竹《たけ》の棒《ぼう》に首《くび》から切《き》り離《はな》した自分《じぶん》の頭《あたま》をぶら下《さ》げて現《あらわ》れる。生首《なまくび》はぼんやりとした光《ひかり》を放《はな》っていて、この生首《なまくび》の顔《かお》ににらまれると、重《おも》い病気《びょうき》にかかるという。

ゲームババア

ゲームソフトを集《あつ》める

ある小学校《しょうがっこう》で学校《がっこう》にゲームソフトを持《も》ってくるとゲームババアが現《あらわ》れて、教室《きょうしつ》に誰《だれ》もいないときにゲームソフトを持《も》っていってしまうという。ゲームババアの持《も》っているソフトは、千本《せんぼん》を越《こ》えるという。

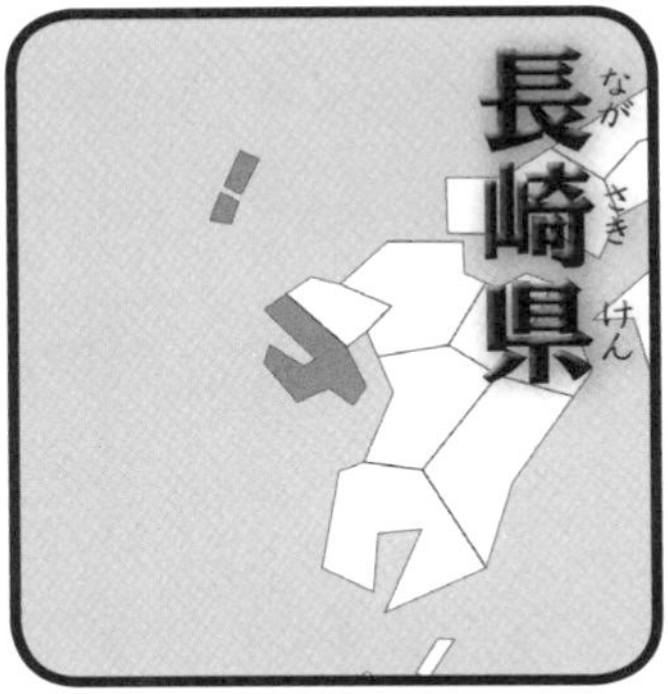

学校《がっこう》のトイレに現《あらわ》れる
しらみのおばけ

ある学校《がっこう》では、「しらみのおばけ」と呼《よ》ばれる不思議《ふしぎ》なものが出《で》るという。出《で》るのは放課後《ほうかご》の学校《がっこう》の三階《さんがい》のトイレだ。しらみは昆虫《こんちゅう》の一種《いっしゅ》で、人間《にんげん》の頭《あたま》などに寄生《きせい》してかゆみなどの症状《しょうじょう》を起《お》こすが、このしらみのことだろうか……。

坂道《さかみち》に現《あらわ》れる怪異《かいい》
毛糸《けいと》ババァ

ある坂道《さかみち》では午後四時《ごごよじ》になると、毛糸《けいと》が落《お》ちてくる。それに気《き》づくと、続《つづ》いて「毛糸玉《けいとだま》を拾《ひろ》ってくれないかね。」と言《い》って老婆《ろうば》が現《あらわ》れるという。毛糸《けいと》を拾《ひろ》って渡《わた》すと、毛糸《けいと》で首《くび》を絞《し》められて殺《ころ》され、「マフラー、手袋《てぶくろ》、靴下《くつした》……赤《あか》い毛糸《けいと》が足《た》りない。」と言《い》うと、老婆《ろうば》は逃《に》げていってしまうという。

火《ひ》の中《なか》に姿《すがた》が現《あらわ》れる
油《あぶら》すまし

ある寂《さび》しい山道《やまみち》に燃《も》え上《あ》がる火《ひ》があり、火《ひ》の中《なか》に恨《うら》めしそうな顔《かお》をしたお坊《ぼう》さんが浮《う》かび上《あ》がるという噂《うわさ》だが、誰《だれ》もその姿《すがた》を見《み》たことがないという。不思議《ふしぎ》なことに見《み》た人《ひと》はいないのに話《はなし》だけが伝《つた》わっている。そして、この妖怪《ようかい》が取《と》り憑《つ》いて病気《びょうき》にするのは、油《あぶら》や電気《でんき》、ガスなどを無駄遣《むだづか》いした人《ひと》だという。

熊本県《くまもとけん》では、元々古《もともとふる》くからこの話《はなし》とは別《べつ》の「油《あぶら》すまし」の話《はなし》も伝《つた》わっている。

大量《たいりょう》のクワガタが現《あらわ》れた
おいてけ森《もり》

ある山《やま》で少年《しょうねん》がクワガタを捕《つか》まえていると、背後《はいご》から「おいてけー、おいてけー。」と言《い》う声《こえ》がした。後《うし》ろを見《み》ると、千匹以上《せんびきいじょう》のクワガタが群《むら》がって飛《と》んでいたという。少年《しょうねん》が捕《つか》まえたクワガタを置《お》いて逃《に》げると、背後《はいご》からは声《こえ》が聞《き》こえなくなったという。

危険《きけん》な老婆《ろうば》 首狩《くびか》りばばあ

臼杵市《うすきし》のある少年向《しょうねんむ》け公共《こうきょう》施設《しせつ》に現《あらわ》れるという老婆《ろうば》の怪《かい》。この老婆《ろうば》はその名《な》の通《とお》り、子《こ》どもの首《くび》を狩《か》るという。

左手《ひだりて》の呪《のろ》い 左手塚《ひだりてづか》の怪《かい》

ある中学校《ちゅうがっこう》に伝《つた》わる話《はなし》。かつて「車《くる》ざき」で殺《ころ》されたお姫様《ひめさま》の左手《ひだりて》がこの中学校《ちゅうがっこう》の体《たい》育館《いくかん》の辺《あた》りに飛《と》んできたことから、供養《くよう》に塚石《つかいし》が置《お》かれた。だが、石集《いしあつ》めを趣味《しゅみ》にしている人《ひと》がこの塚石《つかいし》を持《も》ち去《さ》って以来《いらい》、体育館《たいいくかん》で左手《ひだりて》をケガする、右手《みぎて》を下《した》にして転倒《てんとう》したのに左手《ひだりて》を骨折《こっせつ》するなどの事《じ》故《こ》が起《お》こるようになったという。「車《くるま》ざき」とは、どこの場所《ばしょ》を指《さ》すかは不明《ふめい》だ。

三輪車《さんりんしゃ》のおばあさん

猛《もう》スピードで現《あらわ》れる

海岸沿《かいがんぞ》いで三輪車《さんりんしゃ》をこぐ音《おと》のみがするという怪異《かいい》。しかし、ときには、ものすごいスピードで走《はし》る三輪車《さんりんしゃ》に老婆《ろうば》が乗《の》って現《あらわ》れ、いつの間《ま》にか消《き》えてしまうという。

久峰隧道《ひさみねずいどう》

隧道《ずいどう》の怪奇現象《かいきげんしょう》

宮崎県《みやざきけん》の心霊《しんれい》スポットとして語《かた》られる怪異《かいい》。通称《つうしょう》コツコツトンネルと呼《よ》ばれるこのトンネルでは、車《くるま》のクラクションを三回鳴《さんかいな》らすと怪奇現象《かいきげんしょう》が起《お》きるとされる。たとえば、コツコツと何者《なにもの》かが歩《ある》いてくる音《おと》が聞《き》こえてくる、女《おんな》の幽霊《ゆうれい》が現《あらわ》れる、車《くるま》の窓《まど》が手形《てがた》だらけになる、窓《まど》をコツコツとたたかれる、といった現象《げんしょう》が起《お》きるようだ。

鹿児島県《かごしまけん》

鹿児島県《かごしまけん》

ケンムン
奄美群島《あまみぐんとう》に伝《つた》わる妖怪《ようかい》

奄美群島《あまみぐんとう》で語《かた》られる怪異《かいい》で、「ケンモン」ともいう。体《からだ》がとても小《ちい》さくて、ガジュマルの木《き》に住《す》んでいる。終戦直後《しゅうせんちょくご》、アメリカのマッカーサーの命令《めいれい》でガジュマルの木《き》が伐採《ばっさい》されたので、ケンムンは姿《すがた》を消《け》してしまった。ケンムンは、マッカーサーを祟《たた》るためにアメリカに行《い》ったと噂《うわさ》された。しかし、その後《ご》、奄美群島《あまみぐんとう》で目撃《もくげき》されるようになったので、アメリカから帰《かえ》ってきたとまた噂《うわさ》されたという。

ヌイの亡霊《ぼうれい》
悲《かな》しみの中《なか》で死《し》んだ女性《じょせい》の霊《れい》

ある小学校《しょうがっこう》で若《わか》い男《おとこ》の教師《きょうし》が遅《おそ》くまでオルガンの練習《れんしゅう》をしていると、人《ひと》の気配《けはい》を感《かん》じた。顔《かお》を上《あ》げると、古風《こふう》な格好《かっこう》の美《うつく》しい女性《じょせい》が立《た》っていた。しかし、教師《きょうし》が声《こえ》をかけると彼女《かのじょ》は黙《だま》って消《き》えてしまった。その日《ひ》からオルガンの練習《れんしゅう》をしていると、いつもその女性《じょせい》が現《あらわ》れて悲《かな》しい顔《かお》でそばに立《た》っているようになった。

校長先生《こうちょうせんせい》は教師《きょうし》に、昔《むかし》ここで死《し》んだ女性《じょせい》の霊《れい》だろうと教《おし》えてくれた。江戸時代《えどじだい》にヌイという女性《じょせい》がこの地《ち》に流《なが》されてきて、若《わか》くして命《いのち》を落《お》としたという話《はなし》があり、その亡骸《なきがら》がこの小学校《しょうがっこう》の校庭《こうてい》の桜《さくら》が咲《さ》いている場所《ばしょ》に埋《う》められているという。

キジムナー

琉球《りゅうきゅう》、沖縄《おきなわ》に伝《つた》わる妖怪《ようかい》

小《ちい》さな子《こ》どものような姿《すがた》で、ガジュマルの木《き》の精《せい》といわれている。人間《にんげん》の漁《りょう》を手伝《てつだ》ってくれたりする。カニが大好物《だいこうぶつ》だといわれている。

ブナガヤ

古《ふる》くから知《し》られている妖怪《ようかい》

「ブナガヤー」とも呼《よ》ばれ、子《こ》どものような姿《すがた》で、全身《ぜんしん》が赤《あか》い毛《け》で覆《おお》われている。川辺《かわべ》でよく目撃《もくげき》されるという。

馬人間《うまにんげん》

運動場《うんどうじょう》を走《はし》る怪人《かいじん》

体《からだ》が人間《にんげん》で顔《かお》が馬《うま》の怪人《かいじん》が夜十時《よるじゅうじ》になると、ある学校《がっこう》に現《あらわ》れ、運動場《うんどうじょう》を走《はし》っているという。

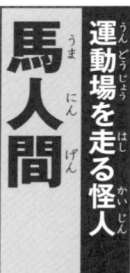

朝里《あさざと》 樹《いつき》が選《えら》ぶ

恐《おそ》ろしい怪異《かいい》ベスト5

この本《ほん》を読《よ》んだら分《わ》かるように、日本《にほん》には恐《おそ》ろしい怪異《かいい》がたくさんいる。その中《なか》でもトップクラスに恐《おそ》ろしいものをここで紹介《しょうかい》しよう。

五位《ごい》は八尺様《はっしゃくさま》。気《き》に入《い》った人間《にんげん》にいつまでもついていって、最後《さいご》には殺《ころ》してしまう。

四位《よんい》はカシマさん。話《はなし》を聞《き》いた人間《にんげん》の元《もと》に現《あらわ》れ、その質問《しつもん》に正《ただ》しく答《こた》えられないと手《て》や足《あし》を奪《うば》ってしまうのだ。

三位《さんい》は口裂《くちさ》け女《おんな》だ。今《いま》から四十《よんじゅう》年《ねん》ぐらい前《まえ》、日本中《にほんじゅう》に出現《しゅつげん》し、子《こ》どもたちにその裂《さ》けた口《くち》を見《み》せつけておびやかした。

二位《にい》はくねくねだ。一見《いっけん》、奇妙《きみょう》なくねくねとした物体《ぶったい》だけどその正体《しょうたい》を知《し》ってしまうと、心《こころ》が壊《こわ》れてしまうんだ。

一位《いちい》はひきこさん。雨《あめ》の日《ひ》に現《あらわ》れ、子《こ》どもを見《み》つけると襲《おそ》ってくる。もし捕《つか》まってしまえば、生《い》きたままあらゆるところを引《ひ》きずり回《まわ》され、そのまま死《し》んでしまう。

このほかにも恐《おそ》ろしい怪異《かいい》はたくさんいる。もし、出会《であ》ってしまったときに生《い》き延《の》びられるよう、きちんと対処法《たいしょほう》を覚《おぼ》えておくといいぞ。

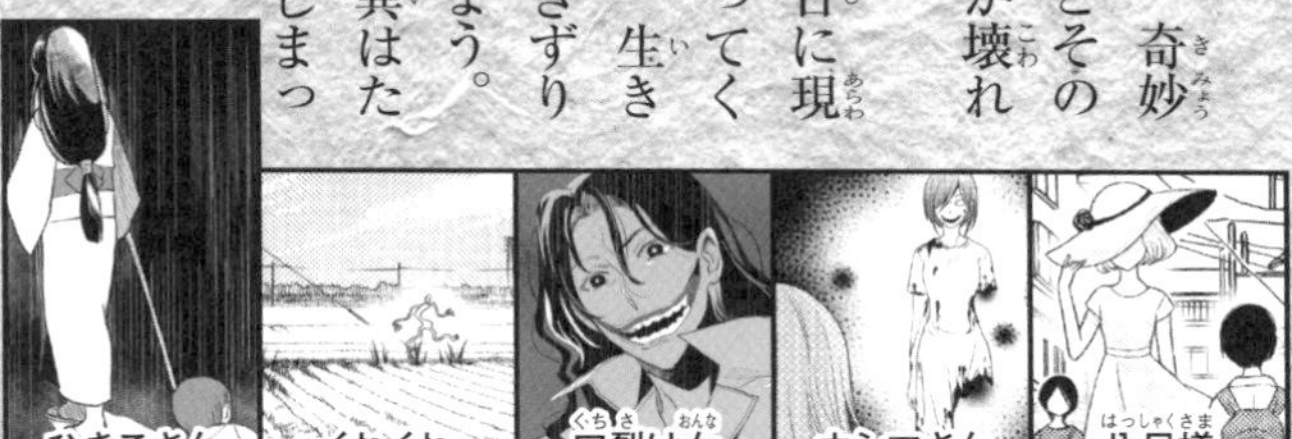

【花ちゃん】『トイレの花子さん３』花子さん研究会編（ベストセラーズ）
【バハーサル】『怪異百物語３』不思議な世界を考える会編（ポプラ社）
【バラバラ殺人事件の怪】『わたしの学校の幽霊』マイバースデイ編集部編（実業之日本社）
【プールのジョー】『オンナのコたちが語り伝える恐怖のホラー怪談』怪談実話収集委員会編（二見書房）
【二口女】『怪異百物語１』不思議な世界を考える会編（ポプラ社）
【二面女】『みんなの学校の怪談 緑本』常光徹編著（講談社）
【布団の怪】『現代民話考５』松谷みよ子著（筑摩書房）
『学校の怪談２』常光徹著（講談社）
【ブリッジマン】『怪異百物語８』不思議な世界を考える会編（ポプラ社）
【ヘリコプターばばあ】『本当にいる 日本の現代妖怪図鑑』山口敏太郎著（笠倉出版社）
【彷徨少女】『トイレの花子さん』花子さん研究会編（ベストセラーズ）
【保健室の眠り姫】『学校の怪談３』学校の怪談編集委員会編（ポプラ社）
【真っ赤なおばさん】『都市伝説百物語—君のとなりの怪しい話』天堂晋助著（ベストセラーズ）
【真っ赤なリンゴ】『みんなの学校の怪談 緑本」常光徹編著（講談社）
【真っ黒なモノ】『怪異百物語７』不思議な世界を考える会編（ポプラ社）
【迷いの小屋】『都市の穴』木原浩勝他著（双葉社）
【真夜中のゴン】『夢で田中にふりむくな』渡辺節子他編著（ジャパンタイムズ）
【みどりガッパ】『わたしのまわりの怪奇現象1000』マイバースデイ編集部編（実業之日本社）
【耳そぎばあさん】『オンナのコたちが語り伝える恐怖のホラー怪談』怪談実話収集委員会編（二見書房）
【夜叉神ヶ淵の怪】『女子高生が語る不思議な話』久保孝夫編（青森県文芸協会出版部）
【ゆう子ちゃん】『トイレの花子さん』花子さん研究会編（ベストセラーズ）
【幽霊授業】『怪異百物語１』不思議な世界を考える会編（ポプラ社）
【雪女】『日本国縦断 学校のこわい話』学校の怪談研究会編（永岡書店）
『トイレの花子さん４』花子さん研究会編（ベストセラーズ）
『日本怪奇物語』平野威馬雄著（日本文芸社）
【ゆきちゃん】『オンナのコたちが語り伝える恐怖のホラー怪談』怪談実話収集委員会編（二見書房）
【ユミコさん】『日本全国縦断 学校のこわい話』学校の怪談研究会編（永岡書店）
【ヨシオくんの木】『怪異百物語８』不思議な世界を考える会編（ポプラ社）
【読んではいけない本】『学校の怪談８』常光徹著（講談社）

【日本現代怪異事典】　　　朝里樹著（笠間書院）
【日本現代怪異事典　副読本】朝里樹著（笠間書院）

【青い目の人形】『学校の怪談４』学校の怪談編集員会編（ポプラ社）
【赤いワンピース】『怪異百物語10』不思議な世界を考える会編（ポプラ社）
【足をください】『わたしの学校の七不思議』マイバースデイ編集部編（実業之日本社）
【あわない】『怪異百物語６』不思議な世界を考える会編（ポプラ社）
【石女】『みんなの学校の怪談 緑本』常光徹編著（講談社）
【ウサギの祟り】『ピアスの白い糸』常光徹他編著（白水社）
【えみこちゃん】『わたしの学校の七不思議』マイバースデイ編集部編（実業之日本社）
【おだいじに】『怪異百物語２』不思議な世界を考える会編（ポプラ社）
【オバリョ山の怪女】『学校の怪談６』常光徹著（講談社）
【骸骨少女】『私の学校のこわい話　パート２』ピチ・ブックス編集部編（学研）
【学校鬼婆】『怪異！ 学校の七不思議』山岸和彦他編（河出書房新社）
【河童】『現代民話考１ 河童・天狗・神かくし』松谷みよ子著（筑摩書房）
【カマキリさん】『みんなの学校の怪談 緑本』常光徹編著（講談社）
【黒いモヤ】『女子高生が語る不思議な話』久保孝夫編（青森県文芸協会出版部）
【こいとさん】『最強の都市伝説３』並木伸一郎著（経済界）
【寂しがり屋の幽霊】『トイレの花子さん』花子さん研究会編（ベストセラーズ）
【白いずきんの女の子】『みんなの学校の怪談 緑本』常光徹編著（講談社）
【整形オバケ】『呪いの都市伝説 カシマさんを追う』松山ひろし著（アールズ出版）
【セーラー服の少女】『学校の怪談２』常光徹著（講談社）
【石像の友だち】『怪異百物語３』不思議な世界を考える会編（ポプラ社）
【ダブル】『学校の怪談12』学校の怪談編集委員会編（ポプラ社）
【食べたいババア】『学校の怪談７』常光徹著（講談社）
【血を吸う目玉】『怪異百物語９』不思議な世界を考える会編（ポプラ社）
【つきまとうテスト用紙】『学校の魔界ゾーン―教室、トイレ、体育館、グラウンドで
実際にあったこわ～い話』学校の怪談研究会編（永岡書店）
【デスタウン】『都市伝説 あなたの知らない世界』山口敏太郎著（河出書房新社）
【童女石】『帰ってくる火の玉』日本児童文学者協会編（偕成社）
【七曲がりの怪女】『学校の怪談２』常光徹著（講談社）
【生首面】『怪異百物語９』不思議な世界を考える会編（ポプラ社）
【二十二号ロッカーの怪】『学校の魔界ゾーン―教室、トイレ、体育館、グラウンドで実際に
あったこわ～い話』学校の怪談研究会編（永岡書店）
【人形使い】『学校の怪談２』常光徹著（講談社）
【花子さんのお母さん】『トイレの花子さん２』花子さん研究会編（ベストセラーズ）

■監修／朝里 樹（あさざと いつき）

1990年、北海道生まれ。2014年、法政大学文学部卒業。日本文学専攻。現在公務員として働く傍ら、在野で怪異・妖怪の収集・研究を行う。著書に『日本のおかしな現代妖怪事典』（幻冬舎）『日本現代怪異事典』（笠間書院）『日本現代怪異事典 副読本』（笠間書院）『歴史人物怪異談事典』（幻冬舎）『世界現代怪異事典』（笠間書院）など。

■イラスト／一ノ瀬いぶき　沖野れん　shoyu　ミニカ
■カバーデザイン／久野 繁　■本文デザイン／スタジオQ's
■編集／ビーアンドエス　■編集協力／久野早苗

日本の都市伝説大事典

2020年7月25日　初版発行
2022年8月5日　第4刷発行

監修者　朝里　樹
発行者　富永靖弘
印刷所　今家印刷株式会社

発行所　東京都台東区台東2丁目24　株式会社　新星出版社
〒110-0016　☎03(3831)0743

ISBN978-4-405-07314-2